SHANGHAI UNIVERSITY OF POLITICAL SCIENCE AND LAW

行政法主流

新时代行政法趋势

关保英　著

中国政法大学出版社

2019·北京

校庆筹备工作领导小组

组　长：夏小和　　刘晓红
副组长：潘牧天　　刘　刚　　关保英　　胡继灵　　姚建龙
成　员：高志刚　　韩同兰　　石其宝　　张　军　　郭玉生
　　　　欧阳美和　王晓宇　　周　毅　　赵运锋　　王明华
　　　　赵　俊　　叶　玮　　祝耀明　　蒋存耀

总序

三十五年的峥嵘岁月，三十五载的春华秋实，转眼间，上海政法学院已经走过三十五个年头。三十五载年华，寒来暑往，风雨阳光。三十五年征程，不忘初心，砥砺前行。三十五年中，上海政法学院坚持"立足政法、服务上海、面向全国、放眼世界"，秉承"刻苦求实、开拓创新"的校训精神，走"以需育特、以特促强"的创新发展之路，努力培养德法兼修、全面发展，具有宽厚基础、实践能力、创新思维和全球视野的高素质复合型应用型人才，在中国特色社会主义法治建设征程中留下了浓墨重彩的一笔。

学校主动对接国家和社会发展重大需求，积极服务国家战略。2013 年 9 月 13 日，习近平主席在上海合作组织比什凯克峰会上宣布，中方将在上海政法学院设立"中国–上海合作组织国际司法交流合作培训基地"，愿意利用这一平台为其他成员国培养司法人才。此后，2014 年、2015 年和 2018 年，习主席又分别在上合组织杜尚别峰会、乌法峰会、青岛峰会上强调了中方要依托中国–上合基地，为成员国培训司法人才。2017 年，中国–上合基地被上海市人民政府列入《上海服务国家"一带一路"建设、发挥桥头堡作用行动方案》。五年来，学校充分发挥中国–上合基地的培训、智库和论坛三大功能，取得了一系列成果。

入选校庆系列丛书的三十五部作品印证了上海政法学院三十五周年的发展历程，也是中国–上海合作组织国际司法交流合作培训基地五周年的内涵提升。儒家经典《大学》开篇即倡导："大学之道，在明明德，在亲民，在止于至善"。三十五年的刻苦，在有良田美池桑竹之属的野马浜，学校历经上海法律高等专科学校、上海政法管理干部学院、上海大学法学院和上海政法学院等办学阶段。三十五年的求实，上政人孜孜不倦地奋斗在中国法治建设的道路上，为推动中国的法治文明、政治进步、经济发展、文化繁荣与社会和谐而不懈努力。三十五年的开拓，上海政法学院学科门类经历了从单一性向多元性发展的过程，形成了以法学为主干，多学科协调发展的学科体系，学科布局日臻合理，学科交叉日趋完善。三十五年的创新，在我国社会主义法治建设进程中，上海政法学院学科建设与时俱进，为国家发展、社会进步、人民福祉献上累累硕果和片片赤诚之心！

所谓大学者，非谓有大楼之谓也，有大师之谓也。三十五部作品，是我校学术实力的一次整体亮相，是对我校学术成就的一次重要盘点，是上政方家指点江山、激扬文字的历史见证，也是上海政法学院学科发展的厚重回声和历史积淀。上海政法学院教师展示学术风采、呈现学术思想，如一川清流、一缕阳光，为我国法治事业发展注入新时代的理想与精神。三十五部校庆系列丛书，藏诸名山，传之其人，体现了上海政法学院教师学术思想的精粹、气魄和境界。

红日初升，其道大光。迎着佘山日出的朝阳，莘莘学子承载着上政的学术灵魂和创新精神，走向社会，扎根司法、面向政法、服务社会国家。在佘山脚下这座美丽的花园学府，他们一起看情人坡上夕阳抹上夜色，一起欣赏天鹅一家漫步在上合基地河畔，一起奋斗在落日余晖下的图书馆。这里记录着他们拼搏的青春，放飞着他们心中的梦想。

《礼记·大学》曰："古之欲明明德于天下者，先治其国"。怀着修身、齐家、治国、平天下理想的上政师生，对国家和社会始终怀着强烈的责任心和使命感。他们积极践行，敢为人先，坚持奔走在法治实践第一线；他们秉持正义，传播法义，为社会进步摇旗呐喊。上政人有着同一份情怀，那就是校国情怀，无论岁月流逝，无论天南海北，他们情系母校，矢志不渝、和衷共济、奋力拼搏。"刻苦、求实、开拓、创新"的校训，既是办学理念的集中体现，也是学术精神的象征。

路漫漫其修远兮，吾将上下而求索。回顾三十五年的建校历程，我们有过成功，也经历过挫折；我们积累了宝贵的办学经验，也总结了深刻的教训。展望未来，学校在新的发展阶段，如何把握机会，实现新的跨越，将上海政法学院建设成一流的法学强校，是我们应当思考的问题，也是我们努力的方向。不断推进中国的法治建设，为国家的繁荣富强做出贡献，是上政人的光荣使命。我们有经世济民、福泽万邦的志向与情怀，未来我们依旧任重而道远。

天行健，君子以自强不息。著书立说，为往圣继绝学，推动学术传统的发展，是上政群英在学术发展上谱写的华丽篇章。

上海政法学院党委书记　夏小和教授

上海政法学院校长　刘晓红教授

2019 年 7 月 23 日

目 录 CONTENTS

总　序 ……………………………………………………………… 001

第一辑　行政法的时代意涵

第一章　行政法治的时代精神解读 ………………………………… 003

一、行政法治的含义 ……………………………………………… 004

二、行政法治的时代特征 ………………………………………… 012

三、行政法治在当代的正当价值 ………………………………… 023

第二章　法治政府的新内涵 ………………………………………… 035

一、传统法治政府内涵的误读 …………………………………… 035

二、法治政府新内涵的认知背景 ………………………………… 039

三、法治政府新内涵确定的方法论 ……………………………… 043

四、法治政府新内涵的范畴 ……………………………………… 047

第三章　给付行政的精神解读 ……………………………………… 051

一、给付行政的历史背景 ………………………………………… 051

二、给付行政的实体精神 ………………………………………… 057

三、给付行政的程序价值 ………………………………………… 062

四、给付行政与我国行政法治的走向 …………………………… 066

第四章　法治体系形成指标的法理 ………………………………… 072

一、法治体系形成指标的界定 …………………………………… 072

二、法治体系形成指标在我国的状况 …………………………………… 080

三、法治体系形成指标的性质 …………………………………………… 086

四、法治体系形成指标的基本构成 ……………………………………… 091

五、法治体系形成指标的运用 …………………………………………… 099

第二辑　行政法的时代属性

第五章　行政法治新的时代精神解构 …………………………………… 109

一、行政法治新的时代精神的涵义 ……………………………………… 109

二、行政法治新的时代精神的背景 ……………………………………… 112

三、行政法治新的时代精神的精神气质 ………………………………… 117

四、行政法治新的时代精神的价值 ……………………………………… 122

第六章　新时代背景下行政法功能的重构 ……………………………… 127

一、行政法功能变迁的缘由 ……………………………………………… 127

二、行政法新功能的构型逻辑 …………………………………………… 132

三、行政法新功能的科学范畴 …………………………………………… 137

四、行政法新功能重构的进路 …………………………………………… 142

第七章　依法治国背景下立法先行 ……………………………………… 146

一、立法先行的法治价值 ………………………………………………… 146

二、立法先行的先行性解读 ……………………………………………… 151

三、立法先行的制约因素分析 …………………………………………… 154

四、立法先行的实现路径 ………………………………………………… 159

第八章　新时代立法促进社会公正 ……………………………………… 164

一、立法促进社会公正所取得的成就 …………………………………… 164

二、立法促进社会公正存在的问题 ……………………………………… 168

三、立法促进社会公正的时代精神解读 ………………………………… 172

四、立法促进社会公正的新进路 ………………………………………… 176

第三辑　行政法的时代变迁

第九章　行政法结构性变迁的法哲学分析 ················· 183

一、行政法结构性变迁的涵义 ····················· 183

二、行政法结构性变迁的客观表现 ················· 187

三、行政法结构性变迁的原因分析 ················· 193

四、行政法结构性变迁与新的行政法时代精神的形成 ······· 198

五、行政法结构性变迁对我国行政法治的挑战 ········· 202

第十章　行政法治社会化的进路 ··················· 207

一、行政法社会维度的界定 ······················ 208

二、行政法社会维度的维度范畴 ··················· 213

三、行政法社会维度与行政法治的新进路 ············ 219

第十一章　部门行政法在新时代的变迁 ············· 225

一、部门行政法变迁的涵义 ······················ 226

二、部门行政法的当下特征 ······················ 231

三、部门行政法变迁的维度 ······················ 236

四、部门行政法的新走向 ························· 240

五、部门行政法变迁与行政法体系的重构 ············ 245

第十二章　行政编制法的新定位 ··················· 250

一、传统行政编制法的滞后性分析 ················· 250

二、行政编制法新定位的缘由 ····················· 255

三、行政编制法新的时代价值 ····················· 260

四、行政编制法在新时代的法治特性 ··············· 264

第一辑

行政法的时代意涵

行政法治的时代精神解读[*]

行政法治的精神气质究竟是什么，关于这个问题存在着不同的理论认知和实践认知。有人认为行政法的精神气质可因法系的不同而有所不同，也可因国别的不同而有所不同；也有人认为行政法治的精神气质是存在一定的共性的。例如：行政控权就被广泛认为是行政法的实质和内在精神[1]。这些论点应当说都具有一定的合理性，但在笔者看来行政法治的精神是一个发展变化着的事物，深而论之，行政法治的精神实质受制于时代的发展和变化。在不同的历史条件下，行政法治有着不同的内涵和内涵上的合理性，这就提出了一个问题，那就是当今行政法治的时代精神究竟是什么。笔者注意到，学界对行政法治的变迁是有广泛而深入的研究的，这些研究大多表现在对行政法形式方面变化的描述上，正如有学者所指出的："随着现代政府的发展，尤其是随着种种新政立案在 20 世纪 30 年代以及之后的出台，有必要为干预更多的国家提供一种新的行政法理论。人们更多地从实用角度看待程序——其被当成实现国家政治合法性的工具。法院、甚至立法机构在连贯地采用这种理论方面进展缓慢，部分是因为程序问题总是被当作与所涉实体问题相分离

---

* 该文发表于《政法论坛》2017 年第 1 期。

〔1〕 有关行政法的控权本质，几乎贯穿在近百年来的行政法学理论中。在行政法产生的初期，人们从自然公正的角度认知行政法的控权问题，后来人们又从行政自由裁量权的角度给行政法下定义，认为行政法就在于控制行政自由裁量权，这个认知在当代的新行政法理论中得到了拓展。参见 K. Davis, *Administrative Law Text*, St. Paul, Minn.：West Pub. Co.，1972，p. 1；〔美〕朱迪·弗里曼：《合作治理与新行政法》，毕洪海、陈标冲译，商务印书馆 2010 年版，第 20 页。

的不同问题。"[1]而鲜有学者对行政法所应当体现的时代精神进行哲理上的解释。

《中共中央关于全面推进依法治国若干重大问题的决定》（以下简称《决定》）对我国依法治国的目标提出了要求，这个目标就是建设中国特色社会主义法治体系，建设社会主义法治国家。可见，法治体系和法治国家的建设是我国在新的历史条件下依法治国的基本精神气质，也就是说它是我国依法治国的时代精神。同时，《决定》对法治政府建设也做出了总体上的要求："法律的生命力在于实施，法律的权威也在于实施。各级政府必须坚持在党的领导下、在法治轨道上开展工作，创新执法体制，完善执法程序，推进综合执法，严格执法责任，建立权责统一、权威高效的依法行政体制，加快建设职能科学、权责法定、执法严明、公开公正、廉洁高效、守法诚信的法治政府。"这是我国当今历史条件下行政法治的总体要求，这些要求都是非常具体的，甚至是可直接用以操作的，那么在这些有关行政法治的形式背后，对行政法治的时代精神究竟应当如何进行解读便是我国学界和实务部门应当关注的问题。行政法时代精神的解读是一个行政法治实践问题，更为重要的是，它还是一个行政法哲学上的问题。如果我们能够从法哲学层面对行政法治时代精神做出科学解读，那对我国建设法治政府乃至于法治国家就必然会有所助益，正是基于这样的考虑，笔者撰写本文，拟对行政法治的时代精神做初步探讨。

一、行政法治的含义

行政法治的称谓之下包括了若干不同的元素：一是行政；二是法；三是治理。所谓行政就是指依公法所形成的主体，在自主范围内及在广泛的引导及监督之下，为公益的目的，依不同的法规所作的行为。[2]所谓法则包括两个板块：一个板块是立法机关决定的法，就是由代议机构制定的法，另一个板块则是由行政机构制定的法，至少在行政法的法概念中，这两个部分都存

---

　　[1] 参见［新西］迈克尔·塔格特编：《行政法的范围》，金自宁译，中国人民大学出版社 2006 年版，第 113 页。
　　[2] 黄异：《行政法总论》，三民书局 2009 年版，第 4 页。

在于西方法治发达国家以及我国的行政法体系中〔1〕。所谓治理也可以做出三个方面的区分：一个是笼统地存在于行政过程中的治理，该治理与行政权的运行过程有关，对治理对象不作出倾向性的选择；另一个是对行政的治理，就是由其他主体用法律对行政进行专门或者系统的治理，这个治理的对象便是行政系统；还有一个就是由行政主体主导的治理。行政法治的三个元素是可以进行若干种不同的组合的，例如：在西方法治发达国家，行政与法组合以后，法是矛盾的主要方面，行政则是矛盾的次要方面，用法来控制行政便是行政法关键之所在，正如韦德所言："行政法定义的第一个含义就是它是关于控制政府权力的法。"〔2〕还如，在苏联以及其他社会主义国家行政与法组合以后，行政是矛盾的主要方面，法是矛盾的次要方面，由行政系统主导行政法治的运行过程就是这种关系的精神实质。如何把治理套在行政法治中同样存在着一定的选择，同样存在着治理模式之分。我们可以将这些治理模式归结为以下三种情形：第一种情形就是以行政为主导的治理，在这种治理模式之下，行政系统是治理的主体，是治理过程的主导者，它可以选择用什么样的方法来进行治理，它同时有权制定治理过程中的规则，在治理过程中有着非常大的权威。第二种情形是对行政过程的治理，就是在治理中不强调行政法的具体作用对象而强调行政法与行政过程的关系。一方面，行政法在这个过程中可能会设定相应的权利义务关系，而这种权利义务关系不是针对某一个特定主体的，只要是介入到行政法关系中来的任何一个主体都应当受行政法所设定的权利义务的约束。另一方面，治理过程也会通过行政法形成相应的社会秩序，而这样的秩序也不会有意识地选择特定的主体，它所强调的是秩序本身的价值而不是治理过程中对某个主体发生作用的价值。第三种情形是以行政为对象的治理。英国行政法治中自然公正原则体现了该行政法治的最高内涵，而自然公正所要求的便是对行政权的控制和约束，在这样的治理模式中，行政系统和行政机构系统是治理的直接对象，是治理的着重基点。

---

〔1〕　我国行政法体系，向来就是由两个元素构成的，一是由立法机关制定的，专门用以规范和控制行政系统的法，例如行政组织法、行政程序法和行政救济法，而另一个元素则是由行政系统制定的，有关履行行政管理职能的典则也就是部门行政法。笔者注意到，一些美国学者也将政府规章归到行政法的概念之中。参见〔美〕克密特·L.霍尔主编：《牛津美国法律百科辞典》，林晓云等译，法律出版社2008年版，第4页。

〔2〕　〔英〕威廉·韦德：《行政法》，楚建译，中国大百科全书出版社1997年版，第5页。

有学者指出："公法中规定行政机关权力和职能的分支。它所涉及的基本问题是国家行政机关对权力的运用。在某些法律制度中，行政法还制约着行政机关与其他行业部门之间形成的其他各种权力行使。因此，宪法所涉及的是通过宪法对权力进行分配，并对基本的自由权加以保护；而行政法关注的则是政府行政部门对出自任何来源的权力的行使问题。行政法在 20 世纪的发展，是现代国家勃兴的结果。对于政治体制的研究者来说，行政法的意义在于它是对行政部门权力的一种限制。"[1]这个层面的治理或称行政法治已经得到了普遍认可，所以当我们解读行政法治的内涵时必须非常清楚，行政法治既不是对某种抽象过程的治理，更不是由行政系统所主导的治理，而是以行政为对象的治理，从这个治理理念向下演绎，就可以说行政法治包括下列含义：

第一，发生在行政秩序中的治理。行政法治是国家治理体系的组成部分，即是说一个国家的国家治理包括了诸多方面的内容。从一个方面看，国家治理可以包括国家治理、政府治理和社会治理等方面，中共十八届四中全会关于国家治理的划分就是从上述三个方面展开的[2]。从另一方面看，国家治理可以包括对经济的治理、对文化的治理、对社会的治理等。[3]另外，我们还可以把国家治理分为公共范畴的治理与私人范畴的治理。总而言之，国家治理的范围是能够包容所有治理的内容的。而行政法治作为国家治理的内容之一显然有着特定的范围，有着特定的治理客体和治理对象。在传统行政法治理论中，行政法治是发生在行政秩序中的治理，那么如何界定和选择行政秩序的具体范围则需要具体问题具体分析。在我国计划经济体制下，行政法治是以政府的行政管理为外延的，也就是说发生于行政管理中的所有事项都应当是行政法治的构成部分，这个范畴的行政法治有着非常大的范围。例如，

---

〔1〕 ［英］戴维·米勒、韦农·波格丹诺英文版主编：《布莱克维尔政治学百科全书》（修订版），邓正来中译本主编，中国政法大学出版社 2002 年版，第 10 页。

〔2〕 应当指出，国家治理、政府治理和社会治理的具体概念以及它们的关系在《中共中央关于全面推进依法治国若干重大问题的决定》中还没有非常具体的界定和阐释，而且在有些表述中，法治国家似乎包括了法治政府和法治国家的概念，但在另一些表述中，三者似乎又是并列的。在我国今后的法治建设中，这些问题应当通过典则的形式予以界定和规范。

〔3〕 我们注意到，2013 年 11 月 12 日通过的《中共中央关于全面深化改革若干重大问题的决定》则提出了经济治理、文化治理、社会治理、生态文明治理等治理范畴，其中有关生态文明治理的提法很有新意，究竟如何从横向上划分治理的范畴，也需要我国在今后的治理中予以厘清。

我们可以把政府行政系统自身的治理作为行政法治的范畴，还可以把政府行政系统对社会的治理作为行政法治的范畴，应当说在我国以及社会主义的行政法治理论中，后者是行政法治的核心内容。苏联学者就从社会主义行政法治的治理范围角度做出这样的描述："我们的任务是要保证加速实现各种科学技术的发明和发现，以提高社会劳动生产率增长速度和产品质量；在计划中更充分地考虑社会的需要，并且在最有效地适用劳动、物资、财政、资源的情况下满足这种需要；在改善产品和价格指标体制的基础上保证计划的平衡；建立国家储蓄，集中力量和资源，执行最重要的全国性计划项目。统一计划系统的环节应该包括长期计划、五年计划和年度计划。长期计划要根据科学的预测编制。在计划工作中，现在要解决下述任务：保证计划的部门原则和地域原则更好地结合，更广泛地采用纲要式方法，就最重要的科学技术、经济和社会问题制定综合性计划纲要，改善编制计划的组织和方法，缩短编制期限。"[1] 随着社会的发展，行政系统会对社会的管理越来越采取相对间接的手段，传统上属于行政系统的东西可能要慢慢地回归到社会系统之中。我国在世纪之交提出了行政职权剥离的问题，就是要让本来应当由社会组织或社会系统承担的职能回归到社会系统之中，行政主体将一些行政职权剥离出去，不要给不是行政秩序的内容强行贴上行政管理的标签。我们注意到，《决定》将整个治理体系分成三个范畴，在笔者看来，这三个范畴中，有关的社会治理不应当再归入到行政秩序之中，而国家治理之中也有相当一部分不是行政秩序的范畴，因为国家治理包括了立法与司法等公权治理范畴，而这个公权治理范畴与行政秩序并没有必然联系。也就是说，国家治理体系之中只有法治政府与行政秩序紧密地联系在一起。我们说行政法治发生在有关行政秩序的治理之中，便是在使用政府治理尤其政府治理中的行政秩序对行政法治的含义进行限定，这个限定是非常关键的，因为如果我们没有一定的科学限定，则有可能把不属于行政秩序的东西归到行政法治中来。当然行政秩序对行政法治含义的限定并不是一个绝对静态的东西，它会随着国家治理体系的变化而变化，它会随着我们对行政法治内涵认知的变化而变化。

---

[1]　[苏] П. Т. 瓦西林科夫主编：《苏维埃行政法总论》，姜明安、武树臣译，北京大学出版社1985年版，第51页。

第二，以法律为主治的治理。行政法与其他部门法相比仅从概念上看就带有一定的复合性，这样说是因为在其他部门法中该部门法的名称是不可以拆开而论之的，如果予以拆分就无法对这个部门法进行说文解字上的解读，如果能够解读那也是非常偶然的，例如民法学中的"民"与"法"二字就无法进行拆分，拆分以后也难以对它做出进一步的概念上的推演。但是行政法则是可以从说文解字的角度进行拆分的，例如行政与法就可以予以拆分，而且拆分以后它们都有着完整的内涵。这就表明行政与法的结合虽然产生了行政法这样一个概念，但我们可以对行政与法的关系作出不同的描述和解释，事实上行政法在其发展和变化过程中，在法与行政的关系上也有着完全不同的认知和理解。在控权理论之下，就行政法这个概念而论，行政是法的副词，法是行政的关键词，就是用法律规范和制约行政，而行政是被法律所规制的。[1] 而在管理论的行政法模式之下则是一个完全相反的情形，那就是行政是法的关键词，法是行政的副词，因为行政法是行政主体在行政过程中的法律规范的总称，即是指法是附属于行政过程和行政职权的："行政机关就是在具体的管理活动过程中，以立法机关的基本原则为参照完成社会秩序之设定的。行政机关设计新的社会秩序的权能实质上是建立行政法规范的活动，行政法的扩权本质便从这种秩序设计中体现出来。"[2] 那么当我们在理解行政法治的概念时，行政与法的关系就是不可以回避的问题，是必须做出合理解释的问题。当我们在讨论行政法治的概念时，我们可以认为行政系统用法律对社会进行治理是行政法治的含义，这样的话行政法治就是由行政对社会所进行的法律治理。无须争论，这样的理解所导致的结果就是行政的地位要相对高于法律的地位。反之，我们可以用现代治理理念来处理行政与法的关系，那就是法律对行政进行的治理，在这个关系中行政系统和行政职权是治理的对象而法律则是这个治理过程中的主导者，我们将其称之为法律对行政的主治。《决定》提出了"法律是治国之重器"的概念，提出了与该概念相联系

---

〔1〕 有学者将行政法概括为三种模式：第一种是法律一体主义的模式，该模式不承认在公法和私法之间有明确的界限，将调整行政机关的法律规则视为所有法律调整规范中的一个组成要素；第二种是法律分立主义模式，该模式分别建立了公法体系与私法体系，适用于控制行政机关的法律体系则是公法体系的范畴；第三种是行政监督模式，就是通过法律对行政行为进行监督，上述三种模式都是用以控制行政权的。

〔2〕 关保英：《比较行政学》（第2版），法律出版社2014年版，第111页。

的其他的确定法律最高价值的概念〔1〕，《决定》的总体价值追求所体现的就是，法律和法治在我国政治生活和社会生活中的地位必须予以凸显。我们知道，法律主治和法律至上的现代法治理念是在将法治与其他权力模式相互对比中提出来的，例如英国在 16 世纪就提出国王虽然有着非常高的权威和权力，国王虽然可以在万民之上但必须在法律之下，就是说法律至上意味着法律高于任何形式的国家权力。这个关于法律至上的理论被后来的英国思想家戴雪做了进一步的拓展，这个拓展的结果就是著名的法律主治理论的产生。戴雪认为："概念指明凡人民不能无故受罚，或被法律处分，以致身体或货财受累。有一与此，除非普通法院曾依普通法律手续，讯明此人实已破坏法律不可。用在如此指意时，法律主治与下文所陈一个政制刚相反。这个相反的政制是：在政府中有一人或数人能运用极武断又极强夺的限制权力……大凡一切阶级均受命于普通法律，而普通法律复在普通法院执行。当法律主治用在此项指意时，凡一切意思之含有官吏可不受治于普通法律及普通法院者皆被摒除。"〔2〕这个关于法律主治概念的解释是非常科学的，它意味着相关的国家权力都应当受到法律的规范和约束。行政法治的基本含义之一就是法律对行政的主治，这个概念的选择已经在我国形成共识，也得到了我国宪法规范的认可，《中华人民共和国宪法修正案（1999）》［以下简称《宪法修正案（1999）》］第 13 条就强调了法律主治在我国治理体系中的地位。行政法治必须突出法律对行政的治理，必须将法律置于行政机构体系和行政权之上，一定意义上讲，这是行政法治内涵的核心内容。

　　第三，面对行政权力的治理。我国官方在 2011 年向全世界宣示，中国特色社会主义法律体系已经建成，行政法律体系是法律体系的构成部分之一，它不能够从法律体系中游离出去，说明行政法律体系在我国也已经基本形成。而在我国官方所认可的行政法律体系中，从规范层次上讲，包括法律层面上的行政法规范体系、行政法规层面上的行政法规范体系、地方性法规层面上

---

　　〔1〕　中共十八届四中全会《决定》关于依法治国，尤其是关于我国在新的历史条件下法治的精神实质提出了一系列新的概念，例如："把依法执政确定为党治国理政的基本方式""依法执政是依法治国的关键""法律的生命力在于实施""人民是依法治国的主体和力量源泉""公正是法治的生命线""守法诚信的法治政府""法律的权威源自人民的内心拥护和真诚信仰"等。
　　〔2〕　［英］戴雪：《英宪精义》，雷宾南译，中国法制出版社 2001 年版，第 232 页。

的行政法规范体系、政府规章层面上的行政法规范体系等[1]，这些规范体系已经得到了立法法的认可，而且该法也对上述不同的规范体系做了上下位关系上的处理，这是一方面。同时从行政法律体系所分布的部门来看，大体有下列行政法部门：一是内务行政与司法行政法，二是监察与人事行政法，三是民政行政法，四是宗教行政法，五是档案与保密行政法，六是教育行政法，七是科学技术行政法，八是文化与传播行政法，九是医药卫生行政法，十是工商行政法，十一是国有资产行政法，十二是物价行政法，十三是交通与通信行政法，十四是电力与机电行政法，十五是计量与标准行政法，十六是海关行政法，十七是出入境与进口行政法，十八是生产与质量行政法，十九是财政与税务行政法，二十是土地管理行政法，二十一是建筑行政法，二十二是农林与自然资源行政法，二十三是对外贸易行政法，等等。[2]从上述对行政法部门的划分，可以看出我国行政法治在传统上呈现二元结构，所谓二元结构就是指行政法治一方面治理行政系统行政权力，另一方面治理行政相对人。这种二元结构在我国的形成是有一定思想背景的，这个思想背景便是："扩权行政法虽然是社会主义国家行政法研究的主张，或者说，其思想进路主要产生于社会主义国家，其与社会主义行政法学家的研究习惯有关。但进一步的分析则表明，扩权的行政法概念是社会主义国家行政法概念的一种政府主张。即扩权行政法概念既是社会主义国家的意识形态和治国方略所肯定和认同的，又是社会主义政权体系对行政法理论带有的强制性的指导意见。"[3]二元结构从形式上看，行政法也对政府权力进行治理，但其本质仍然在管理法方面。而且二元法结构无法解决行政法中一系列非常关键的问题，例如行政法治理对象上的问题、行政法学科体系上的问题、行政法典则结构上的问题，等等。当法治发达国家提出行政法治的理念时，它们非常清晰地表明行政法就是用来治理行政权力的，正如有学者指出的："行政法是一个晚近的法

---

[1] 行政法规范体系除了规章以上的典则以外，还应当包括规章以下的行政规范性文件，这些行政规范性文件在我国行政法治实践中占有非常大的比重。在我国，凡是具有行政主体资格的行政机关，都有权制定相应的行政规范性文件。由于我国立法法没有确立它作为行政法渊源的地位，学者们在表述行政法渊源时常常将它从整个渊源体系中排除出去，但客观事实是，行政规范性文件在行政过程中调整着非常广泛的权利义务关系。

[2] 参见最高人民检察院法律政策研究室编：《中华人民共和国现行法律法规及司法解释大全》（第1卷），中国方正出版社2010年版，目录。

[3] 关保英：《比较行政法学》（第2版），法律出版社2014年版，第125~126页。

律领域，正是因为近年来出现了权力法治化以及对必须保护利益的满足。对于一个生活在当今世界的人来说，不受规范的公共权力显然是特例，因此我们也很难理解作为一个残酷斗争成果的权力法治化的重要性。同样，涉及国家和公民间关系的'公法'之存在，也是一个较近的成果。"〔1〕这实质上是对现代行政法以及现代行政法治精神的阐释，这个阐释非常生动地表明行政法治就是面对行政权力的治理。

第四，以正当程序为理念的治理。正当法律程序在现代公法中有着极其重要的地位，它的基本含义是："美国宪法第五修正案宣称，不经过法律正当程序，任何人都不可以被剥夺生命、自由或财产；第十四修正案把同一原则扩展到国家行为中。依据这些宣言，建立了一个巨大的宪法上层建筑，它保证了政府的权力不被用来反对个人，除非是依据法律并对个人的权利予以应有的保护。"〔2〕正当程序有着非常丰富的内涵，一方面，政府机关无论行使什么职权，都不能够随意地介入到私人空间中去，也就是说私人空间有一个相对完整的空间域，这个空间域对于社会个体而言甚至是绝对的；另一方面，公共权力的行使应当受严格的法律程序的制约，尤其当该权力对社会系统发生作用时这种严格程序是必不可少的。由此可见，正当程序对于人类法治进程有着非常积极的意义。我国在行政法治的发展中逐渐加强了对正当程序理论和实践价值的重视，但是当我们接受正当程序理论和相关的制度时，采取了较为谨慎的处理方式。2004 年国务院制定的《全面推进依法行政实施纲要》对正当程序的有关精神做了吸收："程序正当。行政机关实施行政管理，除涉及国家秘密和依法受到保护的商业秘密、个人隐私的外，应当公开，注意听取公民、法人和其他组织的意见；要严格遵循法定程序，依法保障行政管理相对人、利害关系人的知情权、参与权和救济权。行政机关工作人员履行职责，与行政管理相对人存在利害关系时，应当回避。"这个规定反映了我国在行政法典则中对有关正当程序精神的接受，在笔者看来，我们没有从公权与私权的关系中对正当程序做出处理，但是我们已经吸收了正当程序的核心价值，例如要求行政系统在实施行政管理和行政执法时要保

〔1〕　〔意〕Giampaolo Rossi：《行政法原理》，李修琼译，法律出版社 2013 年版，第 1 页。

〔2〕　〔英〕戴维·米勒、韦农·波格丹诺编：《布莱克维尔政治学百科全书》，中国问题研究所等组织翻译，邓正来主编，中国政法大学出版社 1992 年版，第 210 页。

护个人的隐私，要求行政主体的行政行为必须严格地按照法定程序作出，还赋予了行政相对人相应的救济权。我们认为，行政法治从根本上讲必然涉及行政公权与社会个体的权利关系，必然涉及行政权对公众生活的渗入方式，甚至涉及行政系统对行政相对人公平对待的问题，而这些问题都是正当程序所要求的，都是正当程序的精神实质之所在。尽管正当程序是西方法律制度的构成部分，但它的诸多内容并没有明显的阶级属性，对于它的合理精神，我们已经有所吸收，问题的关键在于我们应当建构一种与我国行政法治相适应的正当程序理论，建构一种与我国行政法治相适应的正当程序制度。我们注意到《决定》强调应当对政府行政系统的决策行为进行合法性审查，这是正当程序在我国行政行为中的一个新的走向，而我国行政法治在基本内涵上已经有了正当程序的精神实质，这必然会使我国行政法治在公权与私权的处理上符合理性，符合我国宪法所规定的平等价值和理念。

二、行政法治的时代特征

英国法理学家博温托·桑托斯对当代法律发展的走向作了较为系统的研究，他在研究中提出了法律的后现代化这样一个命题，认为当代社会中的法律已经不能够用现代性这样的定语进行规定，因为当代社会中的法律已经贴上了诸多新的标签。博温托对当代法律的多元性进行了研究，认为当代法律或者具有明显的地方色彩，或者具有明显的民族色彩，或者具有明显的全球化色彩，等等。他还提出，与传统的法律仅仅体现统治阶级意志的情形相反，当代法律应当被视为 "被压迫者" [1]的法律。他还认为当代法律与全球霸权的关系密不可分，他指出："在霸权政治思维看来，我们生活在一个在民族国家内部与民族国家之间存在着政治鸿沟的时代。这种观点认为，在一些外围国家甚至半外围国家之间，尽管或多或少地存在着激烈的战争（往往是因为种族和宗教冲突），但是，整个世界却正朝着全球共识的方向发展，东西冲突不过是历史遗迹，而南北分化并不是真正的沟壑。倒毋宁说它是一个轴线，

---

　　[1]　该概念的提出反映的是当代法律在发展中的一种新走向，那就是法律的社会化或者民间化的趋势，即便法律体系从总体上看体现了某种权威意志，但这样的权威意志也必须是在吸收或者体现社会意志的基础上形成的。

它增强了国家的相互联系和相互依赖，最终导向了全球经济、全球公民社会甚至导向了全球政体。"〔1〕他还认为，在当代全球化的社会格局中，法律的内涵是不断扩展的。这些关于法律发展的论点是从法哲学层面上对法律和法治作为一个总的体系在现代社会背景下相关状况的描述，他的这些法哲学论点，对于我们解读行政法治的时代特征有着深刻的指导意义。在笔者看来，行政法治的时代特征及其相关分析必须有一定的切入点，下列方面则是一些最主要的切入点：其一，行政法治的时代特征受经济背景的影响。法律和法治作为上层建筑的组成部分，它与特定的经济基础必须相适应，才能够体现调控社会过程的价值。20世纪中期以后，人类社会的经济格局发生了深刻变化，这其中包括经济的日益全球化。所谓经济的日益全球化是指任何一个国家的经济发展都不能够离开作为整体的人类经济共同体。例如，市场经济在其发展初期，仅仅存在于资本主义的经济制度和经济形态之中，20世纪中后期，尤其21世纪之后，市场经济几乎成了全覆盖的经济形态。经济领域的这个变化，必然会影响法治，其中管制与放松管制作为一些发达国家行政法治数十年来的变化过程就生动地证明了这一点。当然，管制与放松管制包含着诸多非常复杂的技术因素，而且有着多样的变化形式，但无论如何，各国的行政法治在数十年来的变化都与经济领域发生的变化有着千丝万缕的联系，经济的全球化以及市场化总体上使政府管制的强度越来越低，反过来说，建立在这种经济基础之上的行政法治将原来的二元结构转换成了现在的单元结构，就是将行政法治的着眼点予以集中的政府行政系统。其二，行政法治的时代特征受社会背景的影响。有学者对近二十年来法律发展的新动向作了这样一些描述：一是法律的运作趋向于有学者的参加，就是指法律在其社会控制过程中越来越能够吸收专业的法律人介入其中；二是趋向于减少歧视，"未来消除歧视的趋向将是依从于一些准则，并抨击那些潜藏在法律制度表面底下的歧视现象……联合国防止歧视及保护少数民族小组委员会已对一切形式的歧视作了一系列研究，发展并分析了现有的各种权利，并让世界各国都注意到了这些权利"〔2〕。三是趋向于容忍亚文化，对于亚文化的容忍是法治的一个

---

〔1〕　[英] 博温托·迪·苏萨·桑托斯：《迈向新法律常识——法律、全球化和解放》（第2版），刘坤轮、叶传星译，中国人民大学出版社2009年版，第387页。
〔2〕　[澳] 维拉曼特：《法律导引》，张智仁、周伟文译，上海人民出版社2003年版，第387页。

新的走向，它反映了法律在当今多元社会中的包容性——"少数民族由于依照主要民族的生活方式来改变自己的生活方式而得到好处。文化冲突问题无论在哪里出现，哪里法院的反应都会是越来越关心少数民族的文化，对文化差异的容忍态度正在取代偏颇态度，这在从前被看作是恩惠，而现在则被看作是权利。这种趋势将继续反映在法律之中。"[1]四是趋向于维护社会权利，联合国 1966 年通过的《经济、社会及文化权利国际公约》（Internotional Covenant on Economic，Social and Cultural Rights）第 1 条规定："所有人民都有自决权。他们凭这种权利自由决定他们的政治地位，并自由谋求他们的经济、社会和文化的发展。"[2]这是一个全球性的社会公约，它的宗旨在于维护社会公众的相关权利。五是趋向于促进劳资协调，就是法律尽可能将劳资关系纳入到调整范围之中，并通过具体的法律规则构建劳资之间的和谐关系。六是趋向于建立开放的政府，所谓开放的政府就是通过宪法和法律让政府行政系统的权力行使面向社会，让不同的社会集团或者社会阶层能够深入到行政过程中来，使行政系统与其他社会系统建立一种互动的良性循环关系。上述方面只是人们对法律近年来发展趋向的一个相对概括的描述，从这些描述可以看出，社会格局的相关变化引起了法律的全面变化，行政法治莫不如此。近年来，我国行政法体系中就出现了社会行政法这一新的部类。[3]社会行政法是与相关的社会福利、社会救助、社会保障关联在一起的，是与相关的社会问题解决关联在一起的。这就是相关社会背景的变化对行政法治产生影响的一个生动例子。其三，行政法治的时代特征受技术背景的影响。现代科学技术及其革命对法律以及法治体系的影响是全方位的，几乎每一个部门法都会因为科学技术的发展而产生这样和那样的不适，最终的结果就是法律体系和典则的变化。但在笔者看来，现代科学技术对部门法产生的最大冲击体现于行政法治中，主要原因在于，行政法所调整的范围比其他部门法要宽一些。行政法体系中的一些典则和规范在制定的初期并不一定有科学技术上的支撑，这就使得这些法律规范纯粹是一种经验的体现，它们反映较多的是法律过程中的社会因素和人文因素。而当代社会中，科学技术的发展日新月异，诸多

---

[1] [澳] 维拉曼特：《法律导引》，张智仁、周伟文译，上海人民出版社 2003 年版，第 389 页。

[2] 张国忠主编：《世纪宣言》，华夏出版社 1998 年版，第 264 页。

[3] 张淑芳：《社会行政法的范畴及规制模式研究》，载《中国法学》2009 年第 6 期。

具有人文因素的规则必然被技术规则取代,〔1〕"法律与技术之间的交界领域将是未来会得到发展的领域之一,必须给予密切的关注"〔2〕。除了上述主要背景因素之外,相关的文化因素和社会道德因素的变化都是行政法治时代特有的制约因素。这提醒我们,有关行政法治时代特征的研究应当扎根于现代社会背景之中,并以现代社会背景为切入点,因为如果脱离了这些背景,行政法治时代精神的揭示就会变成无源之水和无本之木。从上述综合因素出发,行政法治的时代特征应当体现于下列方面:

第一,契约主义的时代特征。公法与私法的界限是法理学法哲学中的基本问题,从法律发展的历史来看,通常认为私法要早于公法,而且从法律制度上讲,早在古罗马时期作为私法核心部分的民法就已经非常发达了,其中查士丁尼的《法学阶梯》以及其他法学家的著作〔3〕就是典型的民法学的著作,近世的拿破仑法典更是将私法推向了一个新的历史时期。与之相比,公法产生的历史时期则相对较晚,我们知道,典型意义上的公法包括宪法和行政法。依据康德的理论,公法与公共权力有着密切的关系,它的范畴被康德框定在下列内涵之中:"公共权力包括全部需要普遍公布的、为了形成一个法律的社会状态的全部法律。因此,公共权力是这些法律的体系,公共权力对于人民(作为组成一个民族的一批人)或者对于许多民族,在它们的相互关系中都是必需的。人民和各民族,由于他们彼此间的相互影响,需要有一个法律的社会组织,把他们联合起来以服从一个意志,他们可以分享什么是权利。就一个民族中每个人的彼此关系而言,在这个社会状态中构成公民的联合体,就此联合体的组织成员,在这个社会状态中构成公民的联合体,就此联合体的组织成员作为一个整体关系而言,便组成了一个国家。首先,国家,从它是由所有生活在一个法律联合体中的具有公共利益的人们所组成,并从它的形式来看,叫作共同体或称之为共和国(这个词的广义含义而言)。有关这方面的权利原则构成公共权利的第一部分:国家权利或民族权利。其次,

---

〔1〕　人类社会的发展是一个从必然王国向自由王国的理性过程,在这个过程中,人们越来越能够运用技术规则实行理性化的治理,尤其在当今高科技普遍运用的情况下,诸多技术规则便自然而然地变成了法律规则,而且这个过程还在不断地深化。

〔2〕　[澳] 维拉曼特:《法律导引》,张智仁、周伟文译,上海人民出版社 2003 年版,第 140 页。

〔3〕　[德] 萨维尼:《当代罗马法体系 I:法律渊源·制定法解释·法律关系》,朱虎译,中国法制出版社 2010 年版,第 198 页。

国家，如果从它和其他人民的关系看，叫作权力，由此产生主权者的概念。从另一方面来看，如果组成国家的人民的统一体假定是一代一代传下来的，那么，这个国家便构成一个民族。在公法上的普遍概念下，除了个人状态的权利外，又产生了另一部分权利（法律），它构成了'万国权利'（法律或万国公法）或称国际权利。最后，地球的表面不是无止境的，它被限制为一个整体，民族的权利（法律）和国际的权利必然最终地发展到人类普遍的法律概念之中，这种法律可以称之为世界的权利（法）。民族的、国际的和世界的权利，彼此关系如此密切，以致在这三种可能的法律关系形式中，如果其中任何一种不能通过法律体现那些应该用来调整外在自由的基本原则，那么，由其他两种公共权力来建立的立法结构也将同样被破坏，整个体系最终便被瓦解。"[1] 由此可见，公法与私法的界限是非常清楚的，在公法概念问世的初期，没有人想到，两个完全不同的法律类型会有相互的借鉴乃至于原则和规范之间的渗入。然而，近现代以后，在普通法系国家，首先不认为真正意义上的行政法院有存在的必要和价值，如戴雪就认为无论私人之间的纠纷还是由公共权力引起的纠纷都应当由普通法院进行管辖，他甚至认为，行政法院的设立是对公权所进行的特别保护，他的法治概念包括了公法与司法适用普通程序的内容。[2] 这个论点遭到了大陆法系学者的普遍反对，因为以法国为首的大陆法系设立了行政法院，并且认为行政法院在对公权的约束上有比普通法院更加明显的优势。这个争论可以暂且搁置，我们要说的是戴雪的理论引出了一个非常重要的理论和实践问题，那就是公法与私法之间有无渗入关系的问题，其中的核心问题之一就是，历史更加悠久的私法上的原则能否在公法中予以运用。也许对该问题的认识一开始并不一定有清晰的认知进路，然而进入 20 世纪以后，尤其是在进入福利国家时代以后[3]，该问题则日益

---

〔1〕 ［德］康德：《法的形而上学原理——权利的科学》，沈叔平译，商务印书馆 2005 年版，第 135~136 页。

〔2〕 ［英］戴雪：《英宪精义》，雷宾南译，中国法制出版社 2009 年版，第 239 页。

〔3〕 福利国家是人们对国家职能发生变化以后国家状况的一个描述，早期的国家职能被视为是"守夜人"职能，即是说，国家的职能在于为社会提供公共安全。20 世纪中期以后，人们关于国家职能的变化有了新的认识，而且事实上，在一些经济较为发达的国家，政府承担了诸如社会保障、医疗卫生服务、个人的社会服务、国民教育、就业政策、住房等全新的职能。人们认为在当代国家政权体系中，这些职能是国家最重要的职能，便以此认为，国家进入了福利时代，这就是福利国家概念的来源。参见 ［英］迈克尔·希尔：《理解社会政策》，刘升华译，商务印书馆 2003 年版，第 6 页。

明朗，那就是相关的私法原则乃至于私法规则完全可以在公法理论中发挥功能，在这里最为关键的就是契约理论在行政法中的运用。毫无疑问，契约本是民法中的王牌原则，它仅仅适用于对平等主体之间关系的调控，而在不平等主体之间是不可以得到运用的。但近年来，问题却发生了根本性变化，契约已经成了诸国行政法发展的趋势之一——"在英国，就像在其他自由民主国家一样，过去的十年是公共行政领域发生静悄悄革命的时期。一系列因'回缩国家权力'的政治承诺而当选的政府致力于改变治理方式，使公私关系发生了变化。在英国，这些变化于 20 世纪 80 年代以最为引人注目的方式开始于将公营公司相对直接地转交给私人部门。实际上，所有的公共事业（电信、水、电、煤气、铁路运输）现在都已属私人所有，它们各自服从特定的法定管理方案。"[1]这说明契约及其相关原则能够在公法中普遍适用，也就是说契约的精神气质与现代行政法的精神气质并不是对立的，这是一方面。另一方面，现代行政法的发展领域在不断地拓展。例如公用事业作为行政法的范畴之一就在各国行政法治实践中普遍存在，而公用事业的行政法调控手段主要就是契约。正如有学者指出的："公用事业委托书乃是一种契约，一个公法法人通过契约，将自己负责的某项公共事业委托给一个国营的或者私营的受托人经营，后者的报酬主要与开发经营该项公共事业的效益相联系。"[2]行政契约在我国的行政法治中也已得到重视，行政法治的诸多领域就采用了契约调控的方式。我们要说的是，我国行政法治中契约的运用只是问题的一个方面，即我国行政法治的精神会随着时代的发展越来越能够包容契约原则，能够用契约调整行政主体和行政相对人之间的关系。[3]《决定》在行政法治部分尚未提到契约的调控价值，但在"社会治理"的治理内容构造中则给政府行政系统的契约治理留下了巨大的空间。《决定》要求："坚持系统治理、依法治理、综合治理、源头治理，提高社会治理法治化水平。深入开展多层

---

〔1〕［新西］迈克尔·塔格特编：《行政法的范围》，金自宁译，中国人民大学出版社 2006 年版，第 27 页。

〔2〕［法］让·里韦罗、让·瓦利纳：《法国行政法》，鲁仁译，商务印书馆 2008 年版，第 297 页。

〔3〕契约调整的范围越来越广泛，可以说，我国以前的行政管理有关契约的适用所涉及的是公权与私权的关系，即是说，一些公共职能还不可以用契约进行调整。但近年来，随着政府公共服务的提升，契约的适用领域越来越广泛，诸多公共职能也通过发包服务的方式而为之，这便大大拓展了契约在我国行政法治中的内涵和外延。

次多形式法治创建活动，深化基层组织和部门、行业依法治理，支持各类社会主体自我约束、自我管理。发挥市民公约、乡规民约、行业规章、团体章程等社会规范在社会治理中的积极作用。"

第二，参与主义的时代特征。美国学者科恩在《论民主》一书中认为，民主在现代社会中就是一种社会参与，就是社会对政治过程的参与——"民主是一种社会管理体制，在该体制中，社会成员大体上能直接或间接地参与或可以参与影响全体成员的决策"[1]。这个关于民主的论点虽然有所偏颇，但它将"参与"提升到如此的高度进行认知却是值得我们学习的。根据科恩的理论，公众对政治过程和政府行为方式的参与已经不仅仅是一个法律方面的问题，更是一个政治问题，是一个在新的历史条件下的社会价值问题，有学者将公众的参与和政府权力行使的技术细节有机地联系在一起："税收改革议案或政府有关外交政策的决定，对全体公民有着集体影响。有人曾争辩说，这是政府活动的本质，这类活动的结果不可分解（奥尔森，1965 年；科尔曼，1971 年）。但是政府不仅仅就广泛的社会政策作出决定。它所造成的结果常常只影响某个公民或这个公民的直系亲属。政府公布区域布局变动，这样某个个人就可以扩大宅基地；提供许可证；因家庭困难准予免服兵役；拆除一根不雅观的电话线杆；提供农业援助或同意给某个家庭提供质量较好的用水。此类法案对任何一个个人或家庭都可能有着巨大的影响，这类只考虑目前需要的决定对某个个人或家庭都可能有着巨大的影响，而这种影响也许取决于公民的知识、技术或活动，也就是说取决于参与的有效性。"[2]也就是说，公众对政府行为的参与随着社会的发展越来越深化。在科恩参与式民主的概念中，参与是一种价值取向，有着明显的政治属性，而在后一个论断中，参与更是一种公众介入到政治和行政过程中的技术。正是这样的发展逻辑使当代行政法与公众的普遍参与紧密地结合在一起，一定意义上讲，诸国行政程序法的一个核心内容就在于正确处理公众对行政过程的参与。《美国联邦行政程序法》第 552 条规定：每个行政机关都应使公众可以获得信息；为便于公众查索，每个机关都应随时在《联邦公报》上公布并说明——①其总部和基层

〔1〕 ［美］科恩：《论民主》，聂崇信、朱秀贤译，商务印书馆 1988 年版，第 10 页。
〔2〕 ［美］格林斯坦、波尔斯比编：《政治学手册精选》（上卷），竺乾威、周琪、胡君芳译，商务印书馆 1996 年版，第 298 页。

组织的机构设置，以及公众可以获得信息、提交呈文或要求、得到决定的意见的地点、雇员（在军职部门中则为组成人员）和方法；②其功能运转和作出决定的一般途径和方法，包括所有可以采用的正式和非正式程序的性质和要求……〔1〕后来其他国家的行政程序法典也都规定了公众对行政的参与。公众对行政过程的参与可以体现在这样一些方面：一是公众对政府行政决策的参与，例如重大行政决策的听证制度、重大行政决策的社会论证制度等；二是对行政立法的参与，就是对有关政府规章制定的参与，规章制定属于抽象行政行为，它面对的是不特定的人和不特定的事，公众是否能够介入该行政行为牵扯到政府行政权行使的整体上的质量，在现代法治发达国家，这方面的参与已经非常普遍了；三是公众对行政执法的参与，就是公众对行政系统作出具体行政行为时的参与，应当说我国行政法关于此方面的参与已经有了比较完善的制度，1996 年制定《中华人民共和国行政处罚法》（以下简称《行政处罚法》）时就确立了作出重大行政处罚时的听证制度，〔2〕公众通过听证参与到行政处罚中来，可以使行政处罚更加理性。应当说我国政府行政系统的行政决策一向没有得到行政法的有效调整，因此，公众也没有能够通过相应的法律机制的保障介入到行政决策中来。然而《决定》则改变了这样的格局，一方面其将行政决策视为行政法治中的基本问题，这就使行政决策由原来的技术行为变成了现在的法律行为。另一方面《决定》对公众参与行政决策的细节问题也做了规定："把公众参与、专家论证、风险评估、合法性审查、集体讨论决定确定为重大行政决策法定程序，确保决策制度科学、程序正当、过程公开、责任明确。建立行政机关内部重大决策合法性审查机制，未经合法性审查或经审查不合法的，不得提交讨论。"这个规定表明，我国整个行政法治过程中的公众参与已经是一个非常普遍的现象，它已经使我国行政法治有了一种新的时代属性。

　　第三，程序主义的时代特征。上文讨论了正当程序对行政法治新的时代精神的影响，正当程序除了公平与公正的价值判断之外，还有一个重要的价值就是程序主义的价值。所谓程序主义就是指政府行政系统的行政过程应当

---

〔1〕　应松年主编：《外国行政程序法汇编》，中国法制出版社 1999 年版，第 42 页。

〔2〕　《行政处罚法》第 42 条、第 43 条，其中第 42 条规定了行政机关作出责令停产停业、吊销许可证或者执照、较大数额罚款等行政处罚决定之前，应当告知当事人有要求举行听证的权利；当事人要求听证的，行政机关应当组织听证。

依据法定程序而为之。[1]行政程序在行政法治中尤其在政府行政权的行使中并不是一开始就有的，在国家权力体系作出权力分立划分的初期，行政权虽然受制于立法权和司法权，但是行政权行使的较为细密的程序规则却并不那么完整，即便是在法治发达国家，行政程序法的制定与行政权从国家政权体系中独立出来，其间也存在一个很长的历史时期，即有着较长的时间差。以美国为例，早在18世纪其宪法就规定了权力制约的问题，但美国的行政程序法几乎在两个世纪之后才制定出来。我国的行政权是在打碎旧的国家政权体系之后建立起来的，我国宪法赋予了行政主体非常高的管理权能，行政系统可以根据这些权能对行政过程进行控制，而这些并没有明显的程序倾向。[2]我们在长期的政府管理中强调行政权要对社会过程进行控制，这实质上是对行政系统在法律实体上提出的要求，而且在我国计划经济的体制模式之下，我们并没有认识到行政程序的重要性。但是，改革开放以来，随着一些先进的法律理念在我国的引入，我们逐渐认识到了行政程序的重要性。美国政治哲学家罗尔斯在《正义论》一书中提出了将程序作为正义标准的理论，所谓程序的正义标准是指程序本身就是有价值的，程序本身就能够作为正义的判断标准，而当程序能够独立对正义进行判定时，并没有给实体留下什么空间。罗尔斯指出："当在这些程序方面出现偏离时，法治要求某种形式的恰当程序；即一种合理设计的、以便用与法律体系的其他目的相容的方式来弄清一个违法行为是否发生、并在什么环境下发生的真相的程序。例如法官必须是独立的、公正的、公开的，不能因公众的吵闹而带有偏见。自然正义的准则要保障法律秩序被公正地、有规则地维持。"[3]我们认为，我国早在1996年制定《行政处罚法》时就赋予了行政程序非常高的法律地位和价值。后来我

---

〔1〕 罗尔斯在《正义论》中讨论了程序的这样一些含义，一是法治所要求和禁止的行为应该是人们合理地被期望去做或不做的行为，二是那些制定法律和给出命令的人是真诚地这样做的，三是类似情况类似处理，四是法无明文不为罪的准则及其暗含的种种要求等。上述内涵被认为是现代程序主义的核心内容。参见［美］约翰·罗尔斯：《正义论》，何怀宏等译，中国社会科学出版社2015年版，第235~236页。

〔2〕《中华人民共和国宪法》第89条对国务院职权作了18个方面的规定；第107条对县级以上地方各级人民政府职权作了规定。这两个条文对我国行政系统的行政权及其范围的规定具有高度的概括性，即是说，行政系统可以根据这两个条文行使非常广泛的行政权。

〔3〕［美］约翰·罗尔斯：《正义论》，何怀宏等译，中国社会科学出版社2015年版，第225~229页。

们还制定了《中华人民共和国行政许可法》《中华人民共和国行政强制法》（以下简称《行政许可法》《行政强制法》），这些法律典则都充分体现了程序在我国行政法治中的地位。《决定》提出了"完善行政组织和行政程序法律制度"的理念，进一步强调了程序在我国行政法治中的重要地位。我们认为，如果说我们在前些年强调行政过程中的实体公正的话，近年来则更强调行政过程中的程序公正，可以肯定地讲，程序主义已经成为我国行政法治的又一新的时代精神。应当说明的是，行政程序主义有着独特的内涵，它所要求的是行政过程既要符合一定的顺序和方式，又必须体现相应的效率价值。反过来说，如果程序规则没有体现效率价值，这样的程序规则就是非正义的，笔者曾经对行政法中程序与效率的关系做过这样的表述："作为一个行政法体系或一个行政法规范来讲，其内在价值应当是程序与效率的统一。其一，一个行政法治体系或一个行政法规范有机地把效率和程序统一在一起，使二者共容于行政法治系统和行政法规范之中，构成了行政法这一部门法的两个方面。其二，我们所说的行政法的效率是程序化了的效率，在行政法治系统中任何称得上具有效力价值的规范和行为都必须通过程序体现出来，不能够是脱离程序的纯粹效率。同样，我们所说的行政法规范的程序是效率化了的程序，一个行政法规范和行政行为过程无论程序如何都必须体现效率内涵……"[1]在我国传统的行政过程中，有些行政主体从表面上看似乎非常重视程序的功能，但有时候对程序的过度追求则可能导致程序的庸俗化和对程序的滥用。

第四，给付主义的时代特征。行政法经过了一个由红灯理论到绿灯理论的发展变化过程，我们可以把红灯理论和绿灯理论作为两个相互对立的理论来看待。[2]红灯理论所体现的是政府不能渗入到社会之中，必须对公权与私权的关系予以明确的界分。绿灯理论则要求政府行政系统积极地渗入社会领域，渗入公民个体或相关社会组织的生活空间，但是，这种渗入不是政府对公众生活的一种干预，不是通过行政许可等方式对公众生活的管制，而是要求行政系统能够为社会提供相应的公共服务。有些国家甚至产生了公共服务法这样的一个部门行政法："所谓公共服务法的专有特征是其政策成分；无论

---

〔1〕　关保英：《行政法的价值定位——效率、程序及其和谐》，中国政法大学出版社 2003 年版，第 74 页。

〔2〕　［英］卡罗尔·哈洛、理查德·罗林斯：《法律与行政》（上卷），杨伟东等译，商务印书馆 2004 年版，第 92 页。

是作为诉讼人员、初级律师、法律咨询者、法令制定者、政策发展者或是公司法律顾问，公共服务法律人必须重视作为其顾客的部分或行政机关的部门目标、政策目标以及实践考虑。它们必须实现更广泛的公共利益、一般立法及宪政上的考虑之间的和谐平衡。"[1]行政职能的这种变化改变了行政法治的精神气质，红灯理论与控权论是天然地联系在一起的，行政法通过对行政权的控制，不允许行政系统渗入私人空间，某种意义上讲，这是近现代行政法产生初期的基本价值判断。而随着市场经济的深入，尤其随着政府公共财政的充实，出现了上面提到的福利国家的概念，而在福利国家之下，政府行政系统的基本职能便是为社会提供公共服务，这也改变了原来行政法的底土，使行政法与政府行政系统提供公共服务的行为联系在一起。行政法中有关社会行政法体系的发达就是一个例证，这应当是全球行政法发展的共同趋向，我国也不例外。在计划经济年代，行政法所追求的是一种行政扩权，就是通过行政法拓展行政系统的权威和权力，[2]此种行政法治强化了行政系统的管理权能，而行政系统在行使行政职权时常常将行政相对人视为管制的对象。我国在20世纪90年代初期推行市场经济以来，允许不同社会主体依据一定的规则进行竞争，随着竞争机制的引入，在社会群体中必然会出现一定的弱势群体，同时随着行政法治与公共服务的关联度越来越高，行政主体的职权行使就不能够像传统行政法治那样进行权力的扩充，而是将行政主体作为一个义务主体，使其为行政相对人和其他利害关系人提供服务。2003年我国对原来的《城市流浪乞讨人员收容遣送办法》进行了修改和废止，并于2014年发布了《社会救助暂行办法》，这个行政法规的修改过程从表面上看仅仅是一个立法行为，但从本质上看，它体现了我国行政法治的一个根本性变化，就是将原来的管制变为现在的服务。事实上，这两个行政法典则所面对的对象是相同的，但后法与前法采取了完全不同的处理方式。近年来公共服务的行政法格局已经有了新的含义和新的处置方式，那就是给付行政，与服务行政

---

〔1〕 [新西] 迈克尔·塔格特编：《行政法的范围》，金自宁译，中国人民大学出版社2006年版，第148页。

〔2〕 在我国行政法理论中，有两个重要理论生动地证明了这一点：一个理论是行政优先权理论，就是指行政系统在行政过程中，享有优先处置甚至优先设定社会关系的权力；另一个理论是行政法关系单方面性的理论，就是认为行政系统有权单方面决定行政法关系的形成，单方面变更行政法关系的内容等。这些理论实质上都为行政权的拓展提供了依据。

相比，给付行政更加生动地体现了政府行政系统与行政相对人的理性关系：
"人人都想规避风险的社会正在逐步形成，在这种社会当中，人们会认为国家
公共服务能够将每一位公民都包裹在国家为其编织的、能确保其人身安全的
毛毯之中。"〔1〕有学者对给付行政的科学内涵作了这样的解读："即政府行政
机关是在提供人民给付、服务或其他福利，以照顾人民生活之行政行为。此
有别于以规范社会秩序与活动之取缔（规范）行政不同。在日益重视政府职
能之现代国家'给付行政'已然成为国家所应负担之重要任务之一，且其种
类甚为广泛诸如实施全民健康保险、劳工保险、公务员保险、学生保险、失
业保险等各种社会保险，或提供社会救助，或与供水、电、交通事业等各种
公用事业，或与建道路、桥梁、公园等各种公共设施，或推动图书馆、美术
馆、文化艺术中心等各种文化建设之普及，或提供职业训练，或提供中小企
业贷款等经济辅助，或实施进出后或对大陆投资等行政指导等，均属于'给
付'行政之具体实践范围。"〔2〕我国对给付行政已经形成共识，2013 年中共
十八届三中全会通过的《中共中央关于全面深化改革若干重大问题的决定》
就规定："坚持社会统筹和个人账户相结合的基本养老保险制度，完善个人账
户制度，健全多缴多得激励机制，确保参保人权益，实现基础养老金全国统
筹，坚持精算平衡原则。推进机关事业单位养老保险制度改革。整合城乡居
民基本养老保险制度、基本医疗保险制度。推进城乡最低生活保障制度统筹
发展。建立健全合理兼顾各类人员的社会保障待遇确定和正常调整机制。"

三、行政法治在当代的正当价值

人们对行政法及行政法治价值的认识是一个不断发展变化的过程，即随
着时代的发展而不断发展。西方国家，在其行政法产生的初期，给行政法赋
予了行政控权的价值，英国行政法学家韦德在《行政法》一书中对该价值作
了充分的论证，韦德从自然公正的原理出发认为行政法和行政法治的价值就
在于为行政系统的权力行使提供规范，并制约行政权的行使。我国台湾学者
左潞生先生对行政法的这种控权功能做了如下描述："行政法是关于行政权之

---

〔1〕 ［英］卡罗尔·哈洛：《国家责任：以侵权法为中心展开》，涂永前、马佳昌译，北京大学出版社
2009 年版，第 16 页。

〔2〕 郑美华、谢瑞智编著：《法律百科全书：行政法》，三民书局 2008 年版，第 243 页。

立法，现代立宪国家，多将国家统治权力分为立法、司法、行政三种，是为
'三权分立制'……行政权属于行政机关，以行政权为其规制对象，则为'行
政法'，如各种行政机关组织法及一切行政法规等均属之。故行政法是以行政
权为中心，为关于行政权之法。"〔1〕行政法对行政权力的控制不仅仅是关于行
政权的定义问题，更为重要的是它是一个行政法实在。所谓行政法实在就是
指一些国家在形成自身的行政法体系时便追求行政法对行政权的控制。一方
面，通过行政法使一国行政权的行使有着特定的行政主体，只有这些有资格
的行政主体才能够行使行政权，没取得行政主体资格的机关则没机会行使行
政权。另一方面，通过行政法为行政过程划定一定的范围，就是将行政职权
的行使与行政管理的领域予以对应，不是行政领域的东西行政主体就不可以
行使相应的权利。德国学者平特纳就指出："行政法是公共行政所使用或者与
公共行政有联系的公法，并非行政当局在很大范围所使用的私法，尤其不是
所谓的行政私法。故此，不能将行政法同行政所涉及的所有法律相提并论。
此外，对行政法具有重要意义的宪法也不属于行政法的范畴，而属于国家法。
由此可见，行政法甚至不能包括所有对行政有重要影响的公法。"〔2〕最为重要
的是，行政法为行政权的行使提供规范和程序。行政控权最主要的是通过相
应的程序规则对行政主体权力的行使进行控制——"行政程序的根本政策问
题就是如何设计一种制约制度，即可最大限度地减少官僚武断和超越权限的
危险，又可保持行政部门需要的有效采取行动的灵活性。行政法所涉及的是
用来控制和限制政府权力的法律制约"。〔3〕行政法的控权功能体现了某一特定
历史阶段行政法的时代精神，应当强调的是，也有一些学者认为，行政法的
控权价值具有普遍性，甚至是行政法永恒不变的价值；〔4〕与行政法的控权价
值形成反差的是社会主义国家建国初期对行政法价值的认识，社会主义国家
通常将行政法理解为行政管理法，就是行政系统在履行行政管理职能时的法
律规范的总称。〔5〕该认知认为行政法的最主要的功能是实现政府行政系统对

---

〔1〕 左潞生：《行政法概要》，三民书局 1977 年版，第 7~8 页。

〔2〕 ［德］G. 平特纳：《德国普通行政法》，朱林译，中国政法大学出版社 1999 年版，第 3 页。

〔3〕 ［美］欧内斯特·盖尔霍恩、罗纳德·M. 利文：《行政法和行政程序概要》，黄列译，中国
社会科学出版社 1996 年版，导言第 2 页。

〔4〕 ［美］E. 博登海默：《法理学——法哲学及其方法》，邓正来、姬敬武译，华夏出版社 1987
年版，第 353~354 页。

〔5〕 应松年主编：《行政法学新论》，中国方正出版社 1999 年版，第 11 页。

社会的控制，苏联学者在给行政法下定义时几乎都持这样的观点。之所以形成管理的功能认知，主要原因在于社会主义制度是在废止旧的政权体系后建立起来的，它要在全新的基础上构造社会秩序，分配社会角色，而在这个过程中，行政系统的作用是最为明显的，而行政系统在完成对社会过程的控制时应当有相应的社会规则作为指南，行政法就是这个指南，因此行政法的价值就体现为管理的价值。有学者在界定苏联行政法的概念时就指出："苏维埃行政法调整整个国家管理，首先包括国民经济的管理。但经济法构想的拥护者们否认这一事实。他们断言，国民经济领域的管理关系和社会主义企业、联合组织进行经济活动时所发生的关系有着密不可分的联系，它们一道构成由经济法调整的统一的'经济关系'。实际上，国民经济领域的国家管理是统一的苏维埃国家管理的一个组成部分，因此它是由行政法所调整的。"〔1〕行政法的管理价值同样不仅仅是一种理论认知，它在社会主义国家的行政法治中几乎是占主流地位的，在我国，这个认知也有几十年的历史。近年来虽然我们也接受了行政法价值的其他理论认知，但管理法的价值认知在我国还有较为广阔的市场。〔2〕在我国经济体制转型的 20 世纪 90 年代，有学者将行政法的价值表述为"平衡"，这也就是我国著名的行政法平衡理论。众所周知，我国在 1992 年邓小平南方谈话之前，一直实行的是计划经济，而计划经济也是我国宪法所认可的经济形态，在计划经济体制之下，行政系统对行政过程的控制是以行政高权为之的，也就是说，行政法的调控是由行政系统对社会所进行的单方面性的调控："在行政实体关系中，法律承认行政权具有公定力，由行政机关优先实现一部分权力以保证行政管理的效率，形成不对等的法律关系。"〔3〕1992 年以后，我国逐步推行市场经济，政府行政系统便将相当一部分针对行政过程的调控功能交由市场机制进行处理，这便出现了行政系统

---

〔1〕　[苏] П. T. 瓦西林科夫主编：《苏维埃行政法总论》，姜明安、武树臣译，北京大学出版社 1985 年版，第 33 页。

〔2〕　这牵扯到对行政法概念和范围的理解问题，笔者注意到有关行政法控权价值的认知，常常将行政法与行政程序法对应，将行政法与有关行政救济法对应，将行政法与有关行政组织法对应，它们没有将有关行政系统对社会进行管理的规范框定在行政法之内，而管理论的行政法价值判断则主要是将有关的部门管理规则视为行政法的核心内容，我国学者在编撰行政法典时将典则类型主要集中在部门行政法，因此，行政法的概念和范围对行政法价值的判定问题同样是不可忽视的。

〔3〕　全国高等教育自学考试委员会组编、罗豪才主编：《行政法学》，北京大学出版社 2005 年版，第 19 页。

与其他社会主体之间的新的关系形式，出现了行政主体与行政相对人之间的新的关系形式。一方面行政主体要实现和维护行政过程和行政秩序，另一方面是其他社会主体的行政相对人要追求自己相对独立的经济空间和其他社会空间。这就使得传统的行政法管理价值的认知已经无法适应新的历史条件，就是在这样的背景下，我国学者提出了行政法的新的价值，那就是平衡行政主体与行政相对人之间的关系。应当说近20年来我国行政法学界有相当一部分学者坚持认为行政法的价值就在于平衡，对于行政法的平衡价值，有学者做过这样的描述："我们不能只强调行政主体的权利，而不强调其所应承担的义务；不能只讲个人义务，而不讲个人的权利，更不能使个人的权利为客体。在我国行政法制相对还不健全的今天，如果把行政主体与行政相对一方的行政法律关系仅仅归结为权力与服从的关系，那就会扭曲我国人民和政府的关系，就会给滥用权力的人找到借口。"[1]也有学者提出了行政法的服务价值，所谓行政法的服务价值是指行政法通过对行政权的规范，督促行政系统为社会提供公共服务，同时行政法所体现的就是有关服务的行政意识，该理论或者认知早在我国20世纪80年代就有学者做过论证。[2]其基本理论体系是进入现代法治国家以后才发展完善的。在资本主义国家，基本的宪政理念是主权在民，就是指根据自然法，政府的权力是从公众和社会个体中产生的，政府所行使的权力是后来获得的权力，而人民的权力则是固有权力。[3]基于行政系统与公众的这个关系原理，行政法的价值便在于促使政府行政系统为社会公众提供服务。而社会主义国家的宪法通常规定国家权力来源于人民，我国宪法就规定了相关政治实体的权力来自人民，就是说，在政府尤其政府行政系统与公众的关系上，政府所能够做的仅仅是为社会提供服务，行政法作为调整政府与公众关系的法律部门，它便应当建立在这样的理论基础之上并根据该理论基础推演行政法的价值。这个论证过程具有一定的合理性，而且从法治发达国家行政法治发展的进路来看，它们都不同程度地接受了行政法的服务价值的理论。上述关于行政法价值的四个方面的论点，基本上涵盖了人们对行政法价值的认知，这些认知之间并不是没有任何逻辑关系的，它们

---

〔1〕 罗豪才主编：《行政法学》，中国政法大学出版社1996年版，第22页。

〔2〕 应松年、朱维究编著：《行政法学总论》，工人出版社1985年版，第103页。

〔3〕 [法]卢梭：《社会契约论》，何兆武译，商务印书馆2009年版，第20页。

从行政法和行政法治发展的历史长河出发较为科学地揭示了不同的历史阶段行政法应有的功能。那么在当代历史条件下，行政法的正当价值究竟是什么呢？笔者认为随着行政法在复杂社会机制中的多元特性的出现，我们不能简单地用某种单一价值来给当代行政法的正当价值进行定性，也就是说行政法的价值在当代是多元的或者复合性的，笔者试从下列方面对此做一论证。

第一，宪法至上的价值。人类社会的政治体制和行政体制的发展，同样经历了不同的历史阶段，而现代意义的政治体制和行政体制的形成，则是以宪法典的制定为前提条件的。即是说，在现代宪法制定以前，国家的政治体制和行政体制应当是以专制为特征的，因为在宪法和宪法制度形成之前，国家权力很难有科学的理论划分和实践划分，它常常是一个机构甚至于一个人集中了国家的所有权力[1]，而手上握有权力的机构或个人，由于不受内外条件的制约，所以它的权力行使也带有极大的任意性和随意性，这也是专制权力行使的共同特征。正如法国思想家孟德斯鸠所指出的，握有权力和滥用权力是成正比的，也就是说手上握有的权力越不受控制，滥用权力的机会就越大。[2]而现代宪法的制定以及与宪法相关的制度的形成，则使政治体制和行政机制有了新的内涵，宪法非常好地处理了一个国家的国民、一个国家的政府以及一个国家的法律之间的关系。正如有学者指出的："政府只同政府相联系，国家通过规章和宪法来约束其代理人，因此，设想国民本身要受这些规章和宪法的制约，这是荒谬的。如果国民非要等到有一种人为的方式出现才能成其为国民，那就至今也不会有国民。国民唯有通过自然法形成。政府则相反，这只能隶属于人为法。国民唯其存在才能起到自己能起的一切作用。将自己所不具有的更多的权利赋予自己，这根本不取决于国民的意志。在第一个时期，国民拥有它的一切权利；在第二个时期，它行使这些权利；在第三个时期，它通过其代表行使为保存共同体和保持共同体的良好秩序所必需的一切权利。我们如果背离这一简单的思维顺序，便只能谬误百出。政府只有合于宪法，才能行使实际的权力；只有忠实于它必须实施的法律，它才是合法的。国民意志则相反，仅凭其实际存在便永远合法，它是一切合法性的

---

〔1〕　关保英：《行政法学》（上册），法律出版社 2013 年版，第 52 页。

〔2〕　[法] 孟德斯鸠：《罗马盛衰原因论》，婉玲译，商务印书馆 1984 年版，第 61 页。

本源。"〔1〕这是对国民、政府和宪法关系的较为科学的描述。通过这个描述，我们可以看出，现代宪法制度具有最高的法律形式，通过宪法将国民与政府的关系予以合理处理，进一步讲，在现代宪法产生之前，国民是受制于政府的，政府是国民权力的来源，国民则受政府权力的支配，而现代宪法制度则将这种逻辑关系做了颠倒，那就是国民是政府存在的基础，国民的权力是政府权力的来源，二者的关系通过宪法秩序予以确认。事实上，各国宪法都规定了国民与政府之间的关系，更为重要的是，同时也规定了政府机构的类型以及政府机构之间的关系。〔2〕总而言之，宪法以及宪法制度确立了国民、公民或者人民在国家政治生活中的至高无上的地位，宪法确立了国家机构包括行政机构在内的构成以及职责，确立了行政系统的职权范围和活动的空间范围。当然不同的政权体制所选择的宪法形态是有所不同的，但是现代宪法都毫无例外地将政府行政权放置在了各种各样的制约机制中，例如放置在了公众对行政进行制约的体系之中，放置在了其他机关对行政系统进行制约的体系之中，而当宪法做出这样的选择时，是从法治的理念出发的。当英国思想家戴雪给法治的概念下定义时，他就提出法治包括了宪法治理的含义〔3〕，行政法治是法治概念在行政系统的具体化，即是说没有法治的概念也就没有行政法治的概念，而行政法治通过对行政治理，充分与现代宪法的精神相契合，尤其与宪法所规定的政府行政系统的权力来源于公众这个精神相契合，从这个角度讲，行政法治体现了宪法至上的价值。当我们强调宪法至上，被行政法治正当地予以体现时，有着一定的针对性，因为在我国尽管已经有了较为完善的宪法典则和宪法制度，但我国宪法在规范行政过程和行政权力时还存在着一定的真空地带，这个真空地带的形成与我国宪法没有得到有效实施存在着较大的关联性。基于此，《决定》指出："宪法是党和人民意志的集中体现，是通过科学民主程序形成的根本法。坚持依法治国首先要坚持依宪治国，坚持依法执政首先要坚持依宪执政。全国各族人民、一切国家机关和武装力量、各政党和各社会团体、各企业事业组织，都必须以宪法为根本的活动准则，并且负有维护宪法尊严、保证宪法实施的职责。一切违反宪法的行为都

---

〔1〕[法]西耶斯：《论特权：第三等级是什么》，冯棠译，商务印书馆1990年版，第60页。
〔2〕参见谢瑞智编著：《法律百科全书：宪法》，三民书局2008年版，第224页。
〔3〕[英]戴雪：《英宪精义》，雷宾南译，中国法制出版社2009年版，第239页。

必须予以追究和纠正。完善全国人大及其常委会宪法监督制度，健全宪法解释程序机制。加强备案审查制度和能力建设，把所有规范性文件纳入备案审查范围，依法撤销和纠正违宪违法的规范性文件，禁止地方制发带有立法性质的文件。将每年十二月四日定为国家宪法日。在全社会普遍开展宪法教育，弘扬宪法精神。建立宪法宣誓制度，凡经人大及其常委会选举或者决定任命的国家工作人员正式就职时公开向宪法宣誓。"这是对我国依法治国中宪法地位的高度肯定，也是对目前我国法治进程中宪法实施需要进一步强化的宣示。宪法在一个国家政治生活和现实生活中的地位与该国的法治进程是天然地联系在一起的，而在这中间，通过宪法制度对行政系统以及行政权的行使进行治理是重中之重，上述我们所讨论的行政法治的新的时代精神，都刻画了这样一个命题，那就是让宪法在我国政治生活中的地位越来越突出，让宪法能够有效地规制行政权。

第二，行政过程理性化的价值。有学者给现代行政下了这么一个定义："所谓行政，是指除立法、司法及政府之外的国家作用。"[1]该定义简单地看，是将行政与其他国家行为在相互比较的基础上，确定现代行政之内涵的。但是该定义反映了当代诸多学者乃至诸多政府对行政的一种带有倾向性的认识，就是行政在现代国家中处于政权的核心地带，有人甚至用"行政国"[2]的称谓来概括行政的这种状况，就是说行政在与其他国家行为相比较以后，它应当处于核心地位，因为一方面，其他国家行为是有明确的界限的，而行政则无法用一个严格的界限予以框定，如果认为把立法行为与司法行为排除掉，剩下的都是行政范畴，这就表明行政是不定界限的；另一方面，有人甚至认为在行政国的概念之下，立法是围绕行政而运作的，也就是通过立法为行政提供规则，司法也是围绕行政而运作的，就是通过司法排除行政权行使过程中的障碍。这两个方面都表明行政在国家政治生活中的核心地位，这样的论点并不是偶然的，它实质上是对当代国家政权体系中行政权常识性的客观描述。毫无疑问，从国家秩序的稳定性角度讲，行政权应当具有相应的强制性，行

---

〔1〕　黄异：《行政法总论》，三民书局 2009 年版，第 4 页。
〔2〕　行政国，或称警察国家，是一个社会科学名词，用以形容描述一国家政府职能扩张，人民依赖政府日深的一种情形。在这种状况下的行政部门占有极重要的地位，虽然立法权、司法权还存在，但行政组织与运作变得特别重要，几乎成为所欲为的极端了，掌控行政主导权的人物几乎等同于极权者。

政系统应当有相应的行政权威，然而，20世纪中期以后，行政权的强势性使行政对社会过程进行了非常强势的干预，行政的规制也往往渗入到市场的运行之中，上面我们提到的政府管制就具有典型性。然而，行政的强势性也常常使行政权的行使带有强烈的非理性色彩，这种非理性色彩可以表现为行政系统通过单方意志为行政相对人设定义务，就是说行政主体设定义务的行为常常是由行政主体自行决定并自行运作的，这种强势性也可以表现在行政系统在对社会进行控制时，常常是多变的、不可预期的[1]，这种强势性还表现在行政系统的行为常常是不连贯的，我国学界近年来关注的选择性行政执法就是例证。这些行政权力的非理性行使，本质都是公权对私权的干预，都体现了公权在对私权干预过程中的无序性。[2]行政法治所体现的新的时代精神，其中有一个非常重要的价值，就是要求政府行政系统的权力行使要回归理性，对于这个问题，我们可以从下列角度进行理解，那就是行政系统在权力行使中的强势性、不可测性以及选择性都带有强烈的主观色彩，说到底都是将人的意志，尤其是个人的意志加进了行政权的行使。也许这种受个人意志左右的行政权行使会产生较高的效率，但它在什么情况下都是非理性的。亚里士多德认为，最不好的法治也比最好的人治来的更好，其原因在于，他认为再好的人治也是非理性的，而再不好的法治也是理性的。由此可见，行政法治在当下的重要价值之一，就是能够体现行政权行使的理性化。《决定》对我国的法治政府有过这样一个顶层设计："法律的生命力在于实施，法律的权威也在于实施。各级政府必须坚持在党的领导下、在法治轨道上开展工作，创新执法体制，完善执法程序，推进综合执法，严格执法责任，建立权责统一、权威高效的依法行政体制，加快建设职能科学、权责法定、执法严明、公开公正、廉洁高效、守法诚信的法治政府。"该顶层设计对行政法治有诸多新的要求，例如对行政体制机制有所创新，对行政程序有所完善，对行政权威有所强化，尤其提到政府行政系统应该建立在诚信的基础之上，显然这些新的

---

〔1〕 应当说，在《行政许可法》出台之前，我国行政系统的行政行为常常是行政相对人乃至其他公众无法进行正当预期的，而《行政许可法》第8条规定了信赖保护原则，该原则对于约束行政系统在具体行政行为中的多变性和不可预期性是很有效的，但它不可约束行政系统的行政立法行为和其他具有普遍约束力的行为。

〔2〕 如2014年12月29日发布的《深圳市人民政府关于实行小汽车增量调控管理的通告》对私家车的购置进行了一定的限制。而在此之前，深圳市有关部门还表示深圳不会出台相应的限购令。

行政法治精神都强调追求行政过程的理性化。

第三，行政的社会治理价值。中共十八届三中全会通过了《中共中央关于全面深化改革若干重大问题的决定》，其对社会治理做出了下列规定："坚持系统治理，加强党委领导，发挥政府主导作用，鼓励和支持社会各方面参与，实现政府治理和社会自我调节、居民自治良性互动。坚持依法治理，加强法治保障，运用法治思维和法治方式化解社会矛盾。坚持综合治理，强化道德约束，规范社会行为，调节利益关系，协调社会关系，解决社会问题。坚持源头治理，标本兼治、重在治本，以网格化管理、社会化服务为方向，健全基层综合服务管理平台，及时反映和协调人民群众各方面各层次利益诉求。"这个论断提出了社会治理的概念，该概念的提出是对我国传统的行政管理概念的深刻变革，我们知道我国长期以来对政府行政系统行为方式的定位是行政管理，就是说行政系统对社会过程的控制是通过管理的行为方式而为之的，而在管理的理念之下，行政系统是通过对社会和行政相对人的单方控制而为之的。当然，政府管理还有其他一些内涵，例如管理过程中，政府行政系统可以单方面地制定规则，政府行政系统可以单方面地为其他社会主体设定义务，等等，而社会治理概念的提出，从深层次上改变了管理理念和管理模式，一则社会治理是多主体参与的治理方式，包括行政系统，包括利害关系人，包括相关的社会组织，包括行政相对人等，他们共同构成了治理的主体，这必然比原来的单元主体治理更加具有优势；二则社会治理是一种公平而治，而不是简单地通过行政强权进行的治理，在整个治理过程中，其他行政主体与行政主体有着平等的地位，这就更有可能体现治理过程中的公平公正；三则社会治理的治理对象也是多元的，在社会管理的概念之下，治理对象仅仅是社会公众或者行政相对人，而社会治理则将所有参与到社会治理过程中的主体作为治理的对象，这个含义也是非常关键的；四则社会治理的调控方式是法律机制，也就是说，在社会治理中，所有主体都是通过法律关系而进行连接的，它们之间不存在简单的控制与被控制的关系，而是一种权利和义务及其主体的转化形式。从上述含义我们可以看出，行政法治与社会治理的概念是相互贯通的，但同时还要强调，行政法治所突显的是对行政的社会治理。所谓对行政的社会治理，就是指在行政对社会的控制过程中，行政系统本身就是治理的对象，有思想家认为："在现代高度有机化的社会中……如果行政行为和决定将会从根本上影响到许多公民、特别是穷人的福利和幸福，那么，行政行为对个人自由和财产的干预就不得超出民选立法机构授权的范围……授权范围之内的行政决定，也应以正当的方式作出，如果没有保证这一点的手段，那么，生活将变得使人无法忍受。"[1]这表明行政机构及其体系的存在必须有合法性，如果行政系统没有了合法性，那它的治理主体资格就应当受到质疑，而这样的合法性是具体的，例如一个行政主体要取得行政处罚权，就必须首先具有行政处罚法上所规定的行政处罚主体资格。我国在1996年制定《行政处罚法》时，曾经对行政处罚的主体资格进行过规范，但是除行政处罚主体资格以外，其他的行政主体在履行行政执法职能时，便不一定必然具有行政主体资格，这才导致近年来我国有些地方出现了农民工执法问题[2]，基于此，《决定》规定："严格实行行政执法人员持证上岗和资格管理制度，未经执法资格考试合格，不得授予执法资格，不得从事执法活动。"这就为我国今后行政主体资格合法性指明了方向，还表明行政系统的行政过程，必须受到严格的程序制约。有学者对行政程序作了这样全面的概括："行政程序法是指行政机关行使公权力或代表国家做意思表示时，所遵循之程序规范：所谓公权力之行使，可能做单方行为亦可为双方行为，可作具体行为亦可作抽象行为，可作法律行为亦可作事实行为。因此，公权力之行使，就行政程序法治学理观点而言，包括行政调查、行政处分、行政立法、行政计划、行政契约、行政指导等行为，如经营企业、管理财产、签订私法契约等，纵使有程序规范可循，亦不得称为行政程序法。"[3]对行政进行治理，是行政法治的核心内涵，而行政治理的社会化，除了此一方面的内容之外，还要求行政对社会的控制必须通过社会机制而为之，也就是说随着行政法治内涵的拓展，在行政对社会的治理过程中，行政职权的空间将越来越小，诸多民间机制，诸多私权范畴的东西都会不同程度地渗入这个制度中来，这是行政法治的另一个非常重要的价值。

第四，司法最终裁判的价值。人类法治文明有一个非常重要的测评标准，那就是司法权在国家政治生活和社会生活中的地位，进一步讲，法治化程度

---

〔1〕 ［英］彼得·斯坦、约翰·香德：《西方社会的法律价值》，王献平译，中国人民公安大学出版社1990年版，第43页。

〔2〕 我国一些地方一旦出现违法执法的情形，有关部门就把责任推到农民工头上，常以这个执法行为是农民工所为进行搪塞，但从执法主体资格规范化的角度看，农民工是不具有执法主体资格的。

〔3〕 罗传贤：《行政程序法论》，五南图书出版股份有限公司2004年版，第4页。

较高的国家在政治机制和社会系统中出现的所有冲突和矛盾最后都可以通过司法权解决[1]。托克维尔在对美国政治与社会进行研究以后，就得出一个结论，他认为美国社会是非常理性的，之所以是理性的，在托克维尔看来，是因为所有社会问题和政治问题最后都可以回归司法程序，司法的最终裁判权在这样的社会中得到了认可。反之，在法治化程度较低的国家，则是另一种情形，那就是本来属于司法范畴的问题，最后也可以变成政治问题，本来归属于司法机制的问题，最终也会通过政治机制来解决。这个关于法治水平的测评指标是有一定道理的，该测评指标后来也成了法治发达国家的一个治国理念，所以现代宪法制度比较完善的国家都建立了司法审查制度。它们的司法审查往往是广义上的，所谓广义上的，是指司法权能够对立法中的制定行为进行相应的审查，司法权能够对政府的行政行为进行司法审查，在发达国家中，对行政权的治理便包括了司法对行政行为的审查制度。之所以要授权司法既对立法行为的审查，又对行政行为的审查，关键在于诸多国家认为，司法是最能够靠得住的部门，也是危险最小的部门，正如有学者指出的："司法机关为分立的三权中最弱的一个，与其他二者不可比拟。司法部门绝对无从成功地反对其他两个部门；故应要求使它能够自保，免受其他两方面的侵犯。同样可以说明：尽管法院有时有压制个别人的情况发生，但人民的普遍自由权利却不会受到出自司法部门的损害。这种提法是以司法机关确与立法、行政分离之假定为条件的。因笔者赞同这种说法：'如司法与立法、行政不分离，则无自由之可言。'是故可以证明：归根结底，对自由的威胁，既不虑单独来自司法部门，则司法部门与其他二者任一方面的联合乃最堪虑之事；纵然仍有分权之名，一经联合则必置前者于后者庇护之下；因司法部门的软弱必然招致其他两方的侵犯、威胁与影响；是故除使司法人员任职固定以外，别无他法以增强其坚定性与独立性；故可将此项规定视为宪法的不可或缺的条款，在很大程度上并可视为人民维护公正与安全的支柱。法院的完全独立的限权宪法中尤为重要。所谓限权宪法系指为立法机关规定一定限制的宪法。如规定：立法机关不得制定剥夺公民权利的法案；不得制定有追溯力的法律等。在实际执行中，此类限制须通过法院执行，因而法院必须有宣布违反宪法明文规定的立法无效之权。如无此项规定，则一切保留特定权利与特权的

---

[1]　参见［美］H. S. 康马杰：《美国精神》，南木等译，光明日报出版社 1988 年版，第531页。

条款将形同虚设。"[1]司法对行政的审查,既是行政法治的重要内容,也在现代法治国家中形成了行政诉讼制度或者与行政诉讼制度相似的司法审查制度。我国对这个问题的认知经过了一个发展过程,在 1989 年我国制定《中华人民共和国行政诉讼法》(以下简称《行政诉讼法》)之前,有关行政的控制便存在于立法体制之中,就是由权力机关通过法治监督对行政权进行控制,而司法机关则没有这样的主体资格和控制权能。《行政诉讼法》制定以后,我们构造了司法权约束行政权的制度形态,但是人民法院对行政权的约束是非常有限的,一方面这种约束仅仅存在于个案之中,就是只有在发生一个具体的行政案件时,司法机关才可能对行政权进行制约;另一方面,这个制约只适用于特定的行政行为,就是说人民法院只对具体行政行为的合法性进行审查。2014 年我们修改了《行政诉讼法》,通过修改,尽可能强化人民法院对行政权的制约,但是这个修改仍然没有从实质上拓展行政诉讼的受案范围,因为行政系统的抽象行政行为在目前情况下仍然不能接受司法审查。正是这种情形,导致我国长期以来诸多由行政权引起的纠纷没有走上司法救济的渠道,甚至有些通过司法已经完成救济的案件,也被纳入了信访制度之中。总体上讲,我国的行政纠纷解决机制还不是完全司法化的,司法的最终裁判还是非常有限的,但我们注意到《决定》在这个问题上有了新的认知,甚至可以说已经有了新的制度构造。例如《决定》规定:"健全行政机关依法出庭应诉、支持法院受理行政案件、尊重并执行法院生效裁判的制度。"该规定显然提出了对行政权进行司法制约的新的理念。笔者认为,行政法治中有一个重要的板块,就是正确处理行政系统与立法系统之间的关系,正确处理行政系统与司法机关之间的关系,等等。我们必须强调,权力机关对行政系统的监督当然应当予以强化,这也是行政法治的重要内容。而行政法治还有一个核心内容,就是当行政系统与其他社会系统、当行政主体与行政相对人产生纠纷之时,纠纷的解决可以强调多元机制,但最后的解决机制必然要回归司法系统。如果司法权不能够成为行政纠纷的最后解决机制,那就不是真正意义上的行政法治,因为它只强调了政治机制对行政的制约过程,而从法治进一步的测评体系来看,司法的最终制约才是最符合现代意识的测评指标。

---

[1] [美]汉密尔顿、杰伊、麦迪逊:《联邦党人文集》,程逢如、在汉、舒逊译,商务印书馆 1989 年版,第 391~392 页。

法治政府的新内涵 *

《中共中央关于全面推进依法治国若干重大问题的决定》（以下简称《决定》）对我国依法治国做出了顶层设计，其中关于法治政府有很多新的理念和要求，例如行政决策终身责任追究、创新执法体制、推进综合执法、建构守法诚信的法治政府、重大行政决策合法性审查和责任追究等，这些关于法治政府的精神使我国法治政府的内涵有了新的变化。这些内涵究竟应当如何进行解读，尽管我国学界已有一些评价和认知，但该问题的系统研究可以说还有待深入。正是基于这样的考虑，笔者撰就本文，拟对我国在依法治国大背景下法治政府的新内涵作较为系统的解读，以希对法治理论和实务有所裨益。

一、传统法治政府内涵的误读

在我国，政府行政系统与法治关系的认知和内涵确定经过了一个较为漫长的发展过程，在 1978 年我国提出依法治国的十六字方针以前，关于政府行政系统与法治的关系是这样框定的，即认为政府行政系统承担着行政法的制定与实施功能，并从制度上赋予了行政法作为管理法的属性，就是说行政系统既是行政法的造法主体，也是行政法的当然执行者[1]。在"有法可依、有

---

* 该文发表于《南京社会科学》2015 年第 1 期，原标题为《论法治政府的新内涵》。

〔1〕 行政系统兼行政立法与执法于一身的特殊身份是在 1982 年《中华人民共和国宪法》（已被修改）中明确规定的，宪法在确立了行政系统法律执行者的身份以后，赋予国务院制定行政法规的权力、职能部门制定政府规章的权力等，而地方省级政府、设区的市级政府也有规章制定权，这实际上使行政系统有了双重身份。在这种特殊身份下，行政法治内涵的确定也就比较复杂了。

法必依、执法必严、违法必究"的十六字方针诞生以后，我国政府行政系统与法的关系上出现了一个政府法治的概念，这个概念所强调的是政府行政系统在行政权行使中自身应当接受和适用一定的行为规则，而政府行政系统在职权行使中也应当依据相应的行政法制度为之。尤其在 20 世纪 80 年代，政府法治已经有了相对确定的含义，它也曾经为我国行政权行使的规范化提供过法律上的解释和法治逻辑[1]。《宪法修正案（1999）》第 13 条中提出了建设法治国家的要求，该概念提出以后，政府行政系统与法的关系逐渐有所明朗，就是要求我们通过行政实在法对行政系统的权力进行约束和规范。由此可见，在《决定》颁布之前，经过若干个历史阶段的我国法治政府已经有了一定的内涵，例如我们都知道要通过行政组织法为行政机关进行合理的职权分配，要通过行政程序法保证行政权行使的有序性，要通过行政救济法对行政侵权行为予以救济，等等[2]。这些内涵在《决定》出台之后，我们可以将其定位为传统内涵，那么传统的关于法治政府的内涵究竟怎么样呢？一方面，它基本上使我们形成了法治政府的含义；另一方面，它存在着诸多方面的误读，换言之，在传统的法治政府内涵中包括了一些对法治政府较为片面的理论和实践认知，笔者试将这些认知概括为下列方面：

第一，对治理对象的误读。法治政府的治理对象究竟是什么，这既是一个非常敏感的问题也是一个不得不做出选择的问题。我国传统法治政府的治理对象从广义上讲是政府行政系统，这似乎是没有争议的[3]，然而当我们建构法治政府时，我们似乎对治理对象是有所选择的。在笔者看来，我们选择

---

〔1〕 应当说明的是，20 世纪 80 年代形成的政府法治的概念是以制度的"制"为重点的，它要求政府行政系统内部有一系列制度构造，而构造过程要尽可能通过法律规范予以规定。有关政府行政系统的组织法、有关政府行政系统的内部工作机制、有关政府行政系统的编制规则都是政府法制的构成范围，后来人们用政府法治的概念取代了政府法制的概念，其在内涵上也有了新的变化。

〔2〕 正如《全面推进依法行政实施纲要》指出的，行政机关依法履行经济、社会和文化事务管理职责，要由法律、法规赋予其相应的执法手段。行政机关违法或者不当行使职权，应当依法承担法律责任，实现权力和责任的统一。依法做到执法有保障、有权必有责、用权受监督、违法受追究、侵权须赔偿。

〔3〕 我国法治政府的概念在产生初期似乎与依法行政的概念没有明确界限，如果这两个能够等同的话，其在治理对象的问题上也不是十分清晰的。因为依法行政指的是行政权受到法律调整的一个过程，在这个过程中，只要某一主体介入，其就是治理的对象。进一步讲，真正意义的依法行政既包括用法律对行政系统进行的治理，也包括行政主体运用法律对行政相对人的治理。关于这个过程中的微妙关系，我国学术界鲜有学者系统研究。

了政府行政系统的一部分机构，也就是将某一个特定的机构作为治理的对象。我国的若干行政法典则，其调整对象都是行政执法机关，即是说行政执法主体成了法治政府的基本治理对象，而就一个行政过程而论，它包括了决策机构、执行机构、咨询机构、信息机构和监督机构等若干不同的机构类型。在一个周延的治理对象之中，上述主体都应当被纳入治理对象之中，都应当成为法治政府的治理标的。显然将治理的注意力或者焦点集中在行政执法机构之中便下意识地误读了治理的对象，因为它没有将法治政府作为一个系统工程来看待，更没有将法治政府与依法治国的宏观理念予以有机结合，该误读对我国法治政府的建构产生了非常负面的效应。

第二，对治理理念的误读。法治政府从法律逻辑上讲是对政府行政系统行为模式的一个价值判断，该价值判断所要求的是政府权力行使的理性化和权力行使的自觉性，尤其对规则遵守的自觉性，这应当是法治政府的最高境界。然而我国传统的法治政府理念所强调的是对政府个别敏感行为的一个控制，而这个控制所追求的是某个个别行为的规范化，是某个个别行为的刻板化，而不是行为过程的理性化。我们知道，我国虽然在行政程序立法方面制定了三个具有代表性的法典，即《行政许可法》《行政处罚法》和《行政强制法》，这三个典则都与特定的行政行为联系在一起，即与行政许可行为、行政处罚行为和行政强制行为联系在一起，而客观事实是我国行政系统之中至少还有二十多种与这三类行政行为相并列的行政行为[1]，而这些并列的行政行为对行政执法而论同样是非常重要的，但我们并没有将这些广泛的行政行为纳入程序法典之中。还应指出，法治政府绝对不能够简单地理解为通过法律对政府权力进行毫无节奏的控制，使政府权力在运行过程中呈现碎片化的状态。而我国传统的法治政府理念是将行政过程的规范化完全与对行政权的控制混在一起，我们知道在一些法治发达国家，行政权已经进入了行政给付的时代，在这样的时代格局下行政法的控权已经不是行政法的最高境界，由此我们认为，我国传统法治政府的理念是存在误读的。

第三，对治理规则的误读。法治政府是由一定的行政法典则和行政法规

---

[1]　2014年1月14日，最高人民法院发布了《关于规范行政案件案由的通知》，该通知将行政行为的种类分成27种。

范构成的，这是没有任何争议的，但是法治政府中的行政法典构成和行政法典的立法主体则是非常具体的。《中华人民共和国立法法》（以下简称《立法法》）对与法治政府有关的典则作了下列名称上的确定，那就是法律层面上的法治政府典则，行政法规层面上的法治政府典则，政府规章层面上的法治政府典则和地方性法规层面上的法治政府典则等。[1]我们可以笼统地讲，上述各个位阶的行政法典则都是法治政府典则体系的构成部分，它们都能够成为法治政府的法律渊源。但从"自然公正"的现代法治理念出发，法治政府的行为规则原则上是不能够产出于行政系统之内的，如果能够从行政系统之内产出，也需要通过严格的法律授权。质而言之，有关法治政府的典则和规范应当来自于政府行政系统之外，也就是说来自于立法机关制定的规范体系，而我国传统法治政府的概念来自于行政系统规范之中，却很少从法律角度去框定法治政府的行为规则，这显然是存在误读的。

第四，对治理方式的误读。行政法治在其发展过程中经过了若干不同的历史阶段，这些历史阶段在不同的国家有着细微区别，但从总体上讲具有较大的相似性和趋同性。例如在英国的行政法治发展中就先后有"红灯理论""黄灯理论"和"绿灯理论"等较为形象的历史断代[2]；而在美国则有"传送带"模式、尊严模式和服务模式等历史断代[3]。不同的历史时代行政法治所体现的规范模式是完全不同的，在这个过程中从对行政权的带有强制力的控制到让行政权慢慢地渗入公众生活之中，然后再到通过私法上的契约关系将行政系统与社会公众予以联结，这些过程的脉络都体现了法治政府不同的治理方式。进入 21 世纪之后有关法治政府的治理方式已经有了更加具有时代精神的气象，其中给付行政和服务政府就是非常典型的表现。在有些国家的行政法学中甚至出现了公共服务法学的概念："该课题的目标是：①辨别公共服务法律职业——包括其背后的价值与伦理的独特或典型特征；②通过与公共服务法律人和非法律专业公务人员的联系来阐明法律在公共行政中的角色

---

〔1〕 近年来诸多地方通过行政规范性文件规范政府行为，例如一些地方和部门制定了行政决策程序规定，一些地方和部门制定了行政自由裁量基准规则，一些地方和部门制定了政府信息公开规则，等等。这使得法治政府的行政法渊源显得更加复杂。

〔2〕 参见［英］卡罗尔·哈洛、理查德·罗林斯：《法律与行政》（上卷），杨伟东等译，商务印书馆 2004 年版，第 92 页。

〔3〕 参见叶俊荣：《环境行政的正当法律程序》，翰芦图书出版有限公司 2001 年版，第 23 页。

与功能。"〔1〕由此可见，政府法治发展到 21 世纪，其在调控方式上已经不仅仅限于对权力的约束和限制，而在于从深层次上要求政府提供公共服务的创造性。而我国传统法治政府在治理方式上却对此没有任何回应。

二、法治政府新内涵的认知背景

《决定》关于依法治国有诸多非常精辟的表述，其中提到了我国依法治国的指导思想、依法治国的基本原则、依法治国要实现的目标，尤其提出了依法治国包括法治国家、法治政府和法治社会三个有机联系的方面，这三个方面有机统一，存在着非常密切的逻辑关系，因此我们对法治政府新内涵的认知应当说是有一定的主客观背景的。具体地讲，法治政府如果向上推演就是法治国家，若向下推演则是法治社会。总而言之，法治政府在依法治国的体系之中具有承上启下的价值，这就要求我们，要科学地解释法治政府的内涵就必须首先从法治国家的含义出发，厘清法治国家的基本精神进而推演出法治政府的内涵。其次要从法治社会的发展进路中寻求法治政府进一步发展的脉络。法治国家要求我们的国家机器必须受制于宪法和相应的法律原则，而国家机关无论其承担什么样的职能都必须形成符合时代精神的新的法律关系，当然法治国家在《决定》中还有诸多新的规范和要求；〔2〕就法治社会而论，《决定》指出："法律的权威源自人民的内心拥护和真诚信仰。人民权益要靠法律保障，法律权威要靠人民维护。必须弘扬社会主义法治精神，建设社会主义法治文化，增强全社会厉行法治的积极性和主动性，形成守法光荣、违法可耻的社会氛围，使全体人民都成为社会主义法治的忠实崇尚者、自觉遵守者、坚定捍卫者。"这个论断是对我国新的法治环境下法治社会的总体定

〔1〕 ［新西］迈克尔·塔格特编：《行政法的范围》，金自宁译，中国人民大学出版社 2006 年版，第 123 页。

〔2〕《决定》将法治国家的内涵框定在下列方面：一是有关宪法和法律的制定与实施，包括健全宪法实施和监督制度、完善立法体制，推进科学立法、民主立法，加强重点领域的立法等；二是保证公正司法，提高司法公信力，包括完善确保依法独立公正行使审判权和检察权的制度、优化司法职能配置、推进严格司法、保障人民群众参与司法、加强人权司法保障等；三是加强法治工作队伍建设，包括建设高素质法治专门队伍、加强法律服务队伍建设、创新法治人才培养机制等。应当说，法治国家在《决定》中有两种涵义，一是广义的，二是狭义的。广义法治国家包括法治政府和法治社会，而狭义法治国家则不包括法治政府和法治社会。如果我们把法治政府作为一个独立事物来看待的话，那么，法治国家也只能作狭义解释了。

位，法治政府应当说建立在法治社会的基础之上，但同时它对法治社会的建构也有着非常积极的作用。上述两个方面是我们探讨和把握法治政府新内涵之背景的出发点。具体地讲，法治政府新内涵的认知背景应当和下列方面有机地结合，并且可以说下列若干方面就是法治政府新内涵的客观背景。

第一，依法治国系统化的认知背景。《决定》指出的"全面推进依法治国是一个系统工程"这个论断对于我国建设法治国家和法治政府以及法治社会具有划时代的意义。之所以这样说，是因为在《决定》出台之前我们的依法治国在有些环节上具有较为明显的选择性，我们在制定法律时常常带有强烈的问题意识，就是哪个环节存在需要解决的问题，就制定相应的典则，这样的选择性显得更为突出。而在法律的执行和实施中，我们也常常用政策指导执法行为，这便出现了诸多非理性的执法方式，其中选择性执法就是这些非理性执法方式中的一种[1]。不论立法中的选择性还是执法中的选择性都与依法治国的系统工程是相对立的，我们要强调的是，我国的法治政府之所以没有达到相对理想的状态，是与这样的选择性密不可分的。《决定》关于依法治国是系统工程的论断也体现在其对依法治国的具体要求上，例如《决定》将法治体系概括为五个范畴，那就是完备的法律规范体系，高效的法治实施体系，严密的法治监督体系，有力的法治保障体系，完善的党内法规体系等，我们认为法治政府的新内涵与这个系统化的法治体系密不可分，换句话说系统化的法治体系是法治政府新内涵确定的大背景之一。这要求我们在审视和构建法治政府时也应当具有体系化的眼光，也应当将法治政府的规范体系和实施体系作为一个系统工程来看待。总之，如果没有依法治国的系统化这个背景，法治政府的新内涵也就无法予以框定。

第二，依法治国动态化的认知背景。2011年我国宣布社会主义法律体系已经形成[2]，这个向全世界所做的宣示行为在我国依法治国的历史中是一个重大事件，它意味着我国的法律体系已经有了一个属于我们自己的客观定在，

---

〔1〕 选择执法是行政法治实践中的一种非理性的执法现象，主要表现为执法主体对不同的执法对象采取区别对待方式，这有违执法公正性。

〔2〕 2011年中国特色社会主义法律体系已经形成后，学界有两种认识，一种认为这个判断是准确的，我国法律体系已经形成体系且有了自己的特色；另一种认为如果运用我国法律体系基本建成的措词则更加准确一些，因为我国法律体系中还缺少一些重要的法律典则，如民法典、行政程序法典、新闻法典等。《决定》强调了我们在今后的立法中应当下很大的功夫，从这个角度讲，我国法律体系还需要进一步完善。

这本来是一个很正面的东西。然而在我国法治实践中它却遭到了一定范围的误解，即是说有人以此作出判断认为我国已经是一个完善的法治国家，显然这从方法论上混淆了依法治国中动态和静态的辩证关系，当我们宣布我国法律体系已经建成时，我们是从静态的角度对我国依法治国进行认知的，这是必须予以强调的。《决定》非常合理地纠正了这样的偏见，明确指出我国虽然有静态的法律体系，但我们离动态的法治体系还有非常长的距离，《决定》在这个问题的判断上是实事求是的。在笔者看来，我们关于依法治国有动态和静态之分的方法论是十分关键的，它为我们进行法治国家、法治政府和法治社会的建设指明了符合时代精神的方法论，可以说依法治国动态化的大背景为我们确立法治政府的新内涵指出了具体的道路，这也是我们在法治政府建设中将整个建设视为一个过程，而不是视为一个行为的原因之所在。很难想象如果没有这种动态化的判断，我们还能够将有关的行政决策纳入法治政府的内涵之中〔1〕。事实上，法治国家、法治政府和法治社会三者的关系就是在相对动态的框架中体现出来的，因为它们反映了依法治国中一个相对完整的过程，这样的动态化使我们对法治政府新内涵的确定眼前一亮。

　　第三，依法治国结构化的认知背景。依法治国是一个结构化的东西，这也是《决定》的一个重大理论贡献和实践贡献，可以说传统的依法治国理论并没有对治理国家的过程以及治理国家的法律模式做出有层次的结构化的处理，"有法可依、有法必依、执法必严、违法必究"虽然反映了依法治国的若干方面，但它并不是一个完整的结构，因为它并没有反映社会系统在依法治国中的地位和价值〔2〕。而《决定》一是指出依法治国要有典则体系，二是要求依法治国应当强调法律的实施，三是强调依法治国必须进行有效的法律监督，四是要求依法治国必须有相应的保障机制，五是要求在依法治国中要形成完善的党内法规体系。这五个方面是一个带有立体感的结构，尤其关于

---

　　〔1〕　行政决策本是行政管理学中的一个技术问题，其属于科学范畴，将其纳入法律调整之中是有很大难度的，正因为如此，我国行政法治中几乎没有行政决策的概念，但《决定》强调依法治国是一个系统工程，其既有结构性又是一个过程，而作为政府行政系统的职权行使而论，第一环节就是在若干方案中进行选择，这个行为是其他行为过程的前提，那么，作为过程化治理的行政决策被纳入法治政府之中就顺理成章了。

　　〔2〕　应当说，"有法可依、有法必依、执法必严、违法必究"在其所处的法治背景中就基本上是针对立法机关和执法机关等法内体制而言的，其并没有将其他社会主体纳入法治系统，这其中的道理是非常明显的。

法治保障的判断是非常有新意的。《决定》还用新的十六字方针来概括这个结构——"科学立法、严格执法、公正司法、全民守法",这样的结构不但强调了法律人共同体在依法治国中的作用,更为重要的是将社会公众作为依法治国的主体。毫无疑问,依法治国的结构化是法治政府新内涵的另一个认知背景,反过来说,如果没有依法治国的结构化,我们对法治政府的理解则要片面得多,另外,这使我们在解读依法治国的新内涵时有了广阔的思维空间。事实上,《决定》对法治政府建设中有关具体要求的判断所遵循的也是结构化处理的原则。

第四,依法治国技术化的认知背景。习近平同志《关于〈中共中央全面推进依法治国若干重大问题的决定〉的说明》中指出:"我们在立法领域面临着一些突出问题,比如,立法质量需要进一步提高,有的法律法规全面反映客观规律和人民意愿不够,解决实际问题有效性不足,针对性、可操作性不强;立法效率需要进一步提高。还有就是立法工作中部门化倾向、争权诿责现象较为突出,有的立法实际上成了一种利益博弈,不是久拖不决,就是制定的法律法规不大管用,一些地方利用法规实行地方保护主义,对全国形成统一开放、竞争有序的市场秩序造成障碍,损害国家法治统一。"这表面上是针对我国目前依法治国中的立法行为而言的,但在笔者看来,其是将依法治国当成一个高度技术化的东西来看待的。例如依法治国应当与客观规律相一致,这不单单包括法律与客观规律的一致性,还包括法治其他方面与客观规律的契合性;还如依法治国应当从客观实际出发尤其要从中国的实际出发,不能够在超越中国实际的情况下施行立法和执法方面的举措;还如依法治国应当有针对性和可操作性,我们认为这样的针对性和可操作性是辩证哲学具体问题具体分析在依法治国中的体现[1];还如依法治国应当是高效率的,而不应当在推进依法治国中呈现出低效率的行为方式,等等。这些判断都表明依法治国带有非常明显的技术色彩,也就是说我们不能够在依法治国中受唯心主义的驱动,受形而上学的驱动。这些符合科学的对依法治国的技术处理是法治政府内涵确定的另一个背景,该背景有效地克服了我国传统上用一些

---

[1] 我们知道,《决定》出台的背景是十八届三中全会已经作了关于改革开放的顶层设计,新的历史条件下的改革开放已经进入了深水区和攻坚期,在如此复杂的社会背景下进行改革开放,就必须在规范的规制下进行。从这个角度讲,《决定》的制定就是具体问题具体分析的结果,而《决定》中的一系列内容都充分体现了这一点。

机械的模式来建构法治政府的弊害。

三、法治政府新内涵确定的方法论

《决定》是中共中央以党的文件的形式作出的，它和我党众多的文件一样都包含着辩证哲学的内容，都包含着科学的方法论。依法治国无论对于我们党还是我们国家来讲都是一件大事，正如习近平同志在说明中指出的，我们在十八届三中全会中对改革开放作了顶层设计，而这个顶层设计的实现必须符合新的时代精神，尤其在改革开放进入攻坚期和深水区的格局下，改革开放必然要沿着法治化的轨道进行运作，而改革开放的法治化自然而然地应当适应改革开放的总体设计，当然依法治国是我国的一个治国方略。就依法治国而论，它就应当体现相应的方法论，我们注意到《决定》对依法治国的指导思想作出了如下规定："全面推进依法治国，必须贯彻落实党的十八大和十八届三中全会精神，高举中国特色社会主义伟大旗帜，以马克思列宁主义、毛泽东思想、邓小平理论、'三个代表'重要思想、科学发展观为指导，深入贯彻习近平总书记系列重要讲话精神，坚持党的领导、人民当家作主、依法治国有机统一，坚定不移走中国特色社会主义法治道路，坚决维护宪法法律权威，依法维护人民权益、维护社会公平正义、维护国家安全稳定，为实现'两个一百年'奋斗目标、实现中华民族伟大复兴的中国梦提供有力法治保障。"该规定表明我们的依法治国必须受主流价值观的指导，我们的依法治国必须与社会主义法治理念相契合，我们的依法治国还必须围绕中国梦而展开，这实质上是从方法论上对依法治国进行框定，当然，这样的方法论也适合对法治政府新内涵的解读。[1]《决定》关于依法治国的内容非常全面，包括了我国实现社会治理的方方面面，这也决定了有关法治政府新内涵确定的方法论的复杂性。在笔者看来，法治政府新内涵的确定与下列方法论的关系最为密切：

第一，对法治政府进行历史与现实分析的方法论。《决定》把依法治国放在我国改革开放的大视野之中进行分析和制度定位，其无论是关于法治国家的内涵、关于法治政府的内涵、还是关于法治社会的内涵都是在相对宏观的

---

〔1〕　当然，法治政府建设的新的方法论在《决定》中还有许多，在笔者看来，其他方法论都必须以价值判断的方法论为指导，必须受此方法论的制约。

基础上进行确定的。笔者注意到，其对法治政府内涵的确定有机地将历史分析与现实分析的方法作了结合。一方面，《决定》对我国法治政府的历史作了间接或者直接的回顾，在这个回顾中肯定了我国法治政府所取得的历史成就，也指出了我国法治政府在建设中存在的问题，《决定》尤其紧密结合了1978年改革开放以来我国法治政府的演化过程。另一方面，《决定》又紧紧围绕我国目前政府与社会的关系，并由这一对关系进行切入指出了法治政府存在的相关问题，对目前存在的问题进行了针对性的处理。《决定》强调了深化行政执法体制改革的重要性，尤其对推进综合执法、大幅减少市县两级执法队伍种类作了部署，这显然是立足于我国行政法治的现实的。我们知道历史的方法论是辩证哲学方法论的重要内容，尤其在有关社会机制的分析和判断中该方法论不可或缺，但是历史的方法论只有在与现实分析的方法论结合后，才能够体现自身的价值。[1]《决定》在法治政府建设中有效地处理了两种方法论的关系，所以才得出了非常合理的结论。很难想象没有这样的方法论，《决定》会对法治政府的新内涵作出如此精确的解释。

第二，对法治政府进行外在与内在分析的方法论。法治政府从权力范畴上来讲是围绕行政权而展开的，所以有关行政权及其机制是法治政府的内在要素，正如有学者所指出的："行政权是宪法和法律赋予行政机关管理政治、经济和社会事务的最重要的国家权力。由于行政权具有管理领域广、自由裁量度大、以国家强制力保证实施等特点，决定了它既是与公民、法人的利益最密切相关的一种国家权力，又是最容易违法或滥用的一项国家权力。因此，监督和规范行政权无疑是建设法治国家和法治政府的重点。"[2]同时行政权的行使有诸多制约它的外在条件，包括物质条件、意识条件、法治条件、体制条件，在物质条件中就包括了经济基础、社会技术和国家强力等，"近现代社会，科学与技术的发展日新月异，我们注意到科学与技术的发展与行政权的

---

〔1〕 正如有学者所言："法律与民族的存在和性格的有机联系，亦同样展现于时代的进步中。这里，再一次的，法律堪与语言相比。对于法律来说，一如语言，并无绝然断裂的时刻；如同民族之存在和性格中的其他的一般性取向一样，法律亦同样受制于此运动和发展。此种发展，如同其最为始初的情形，循随同一内在必然性规律。法律随着民族的成长而成长，随着民族的壮大而壮大，最后，随着民族对于其民族性的丧失而消亡。"参见 [德] 弗里德里希·卡尔·冯·萨维尼：《论立法与法学的当代使命》，许章润译，中国法制出版社2001年版，第9页。

〔2〕 袁曙宏：《法治规律与中国国情创造性结合的蓝本——论〈全面推进依法行政实施纲要〉的理论精髓》，载《中国法学》2004年第4期。

发展有着非常密切的关系。科学与技术常常可以改变原来的社会结构和社会关系，而原先形成的社会结构和社会关系的变化又使传统的行政职能发生变化，一些职能可能因社会技术的发展和社会关系的变化不复存在，另一些职能则在新的社会技术出现以后必须进行重新组合，还有一些新的社会关系需要政府确立新的职能。一国的行政体制系统对社会技术发展变化的感应程度反映该国行政权行使的质量，即一国行政系统能够及时地对社会技术变化引起的社会结构和社会关系的变化作出反应，那么该国的行政权就处在一种良性循环状态下。反之，一国的行政体制系统对社会技术所引起的诸方面的变化反应迟钝，其行政权的运转将必然被阻滞。社会技术除决定行政权格局外还决定行政权的行使方式，现代信息系统在行政权行使中的广泛运用就是一个明显例证。"〔1〕我们注意到在《决定》有关法治政府的内涵确定上有机地将这些内在因素与外在因素作了结合，例如《决定》要求行政系统必须全面履行政府职能，这无疑是本质性的东西，因为政府行政系统的职能是行政权运行最为实质的东西，而《决定》在有关行政决策的法治构建中强调了其他社会主体尤其法律顾问在决策中的作用，这就巧妙地从内在分析与外在分析上重新框定了法治政府的内涵。这样的方法论在我国传统法治政府的构造中很少采用，我们认为我国在传统法治政府中将更多的注意力集中在了内在分析方面而忽视了外在分析，《决定》所采用的新的方法论弥补了传统法治政府构造中的不足。

第三，对法治政府进行定性与定量分析的方法论。定性分析是我国法治建设中采用的最为基本的方法或者方法论，《决定》关于法治政府的构建仍然采用了这样的方法论。例如《决定》指出："法律的生命力在于实施，法律的权威也在于实施。各级政府必须坚持在党的领导下、在法治轨道上开展工作，创新执法体制，完善执法程序，推进综合执法，严格执法责任，建立权责统一、权威高效的依法行政体制，加快建设职能科学、权责法定、执法严明、公开公正、廉洁高效、守法诚信的法治政府。"这个规定强调了各级政府必须在党的领导下进入法治轨道，这显然强调了法治政府的主流价值判断，我国的法治政府当然不能够游离于我国的主流价值判断之外。定量分析从哲学的角度讲是对定性分析的补充，也可以说没有定量分析，定性分析就会空泛和

---

〔1〕　关保英：《行政法学》（上册），法律出版社 2013 年版，第 49 页。

抽象，正是基于这一点，《决定》在定性分析的同时也强调了定量分析的重要性，而且在诸多方面或者进行具体的定量分析，或者要求相关的主体进行定量分析，《决定》关于法治政府就有这样的内容："建立健全行政裁量权基准制度，细化、量化行政裁量标准，规范裁量范围、种类、幅度。"诸如这样的内容还有许多，应当说《决定》在定量分析方面已经有了巨大的超越，法治政府的新内涵无论用单一的定性分析的方法还是用单一的定量分析的方法都不可能形成，正是由于将上述两个科学的方法论作了统一，我们关于法治政府的内涵才更加符合时代精神。

第四，对法治政府进行具体与一般分析的方法论。归纳的方法论与演绎的方法论是两种具有严格界限和不同逻辑的方法论，两种方法论各有各的优势，在我们对事物的考察和分析中，两种方法论既可以单独运用也可以交织运用。在我国传统的有关社会问题和法律问题的分析中演绎方法是占主导地位的，之所以会形成这样的格局主要在于我们更愿意从价值判断的角度对社会问题和法律问题进行定性[1]，与之相比，我们不大用归纳的方法对社会和法律问题进行分析。应当说在现代社会科学中实证分析和实用分析作为主流的方法论已经在各国成为风尚，而这种较大范畴的方法论留给归纳分析方法巨大的存在空间，而我国则在社会问题和法律问题的分析中淡化了归纳的方法。如果我们将这两种方法具体到《决定》之中就可以发现，它可以概括为对法治政府的具体分析和一般分析，所谓对法治政府的一般分析就是指我们从法治政府的大概念出发，设定若干大前提然后对其作出一个总体的判断；而具体分析则是指，对法治政府的具体问题、具体制度、具体规范进行定性和定量分析并得出相应的结论。我们注意到《决定》对具体问题的分析给予了大量的笔墨，例如提到了执法腐败问题、执法责任制问题、决策公开问题等，该具体分析的进路使《决定》显得非常有说服力，在具体问题上显得更加接地气。同时《决定》也提出了法治政府的若干重大原则，上述两个方法的交替运用是《决定》在法治政府分析方法上的又一亮点。

---

[1] 演绎方法常常预设一个大前提，并从相关大前提出发对有关具体问题进行判断和审视。由于我国基本宪法制度已经形成，因此，对有关法治政府的构造从宪法制度出发才能保障制度构造的合宪性。但是，就法治政府的发展看，其所应当具有的大前提还有诸多方面需要我们进一步审视。

四、法治政府新内涵的范畴

《决定》关于法治政府建设仅从外延来看提出了六个方面的内容：一是全面履行政府职能，就是要求政府行政系统必须明确自己所承担的职能，而且应当对职能进行科学分解，根据职能的分解由行政主体分别履行自己的职能，同时政府行政系统作为一个有机的整体要将所有的职能予以完成和实现；二是健全依法决策机制，就是要求行政系统要科学决策和民主决策，使每一个行政决策都具有合法性和合理性，如果行政系统出现了错误的行政决策，就应当有人为此买单，而且错误决策的追究是终身的，行政系统由于决策的不作为而使国家遭受损失的同样应承担责任；三是深化行政执法体制改革，包括对相关职能部门的行政执法进行综合，也包括政府主体资格的规范化等；四是坚持严格规范公正文明执法，即是说行政执法既要讲公正性也要有适度的法治文明；五是强化对行政权力的制约和监督，对行政权力既要进行内在的制约也要进行外在的制约，通过制约防止行政越权和行政职权滥用的发生；六是全面推进政务公开，我国的信息公开已经有新的突破，而《决定》更是提出政务信息化的新的公开理念。上述六个方面所揭示的仅仅是法治政府的外延，当然在这些外延中包括了法治政府的相关内涵，从上面关于法治政府内涵的认知背景、内涵确定的方法论以及《决定》关于法治政府外延的规定等切入，笔者试对法治政府新内涵的范畴作出如下解释：

第一，强调开放式政府治理的范畴。政府治理的封闭化和开放化是相互对立的，换言之，在政府治理封闭化的情形下，政府治理的开放性是受到制约的，反之政府治理的开放性则是对封闭化的一个否定。我国传统的政府治理在内涵上呈现出了明显的封闭倾向[1]，这个封闭化包括政府权力行使对相关外在因素的排斥，例如对较为发达的治理理念的排斥，对相关社会系统的排斥，对相关国家机关的排斥，等等。而《决定》所体现的法治政府新的精神气质则具有明显的开放性，例如《决定》要求："把公众参与、专家论证、风险评估、合法性审查、集体讨论决定确定为重大行政决策法定程序，确保

---

〔1〕　我国的政府信息公开制度起步较晚，而且法律典则地位较低，即目前还没有法律层面上的政府信息公开法，这便导致我国行政系统的权力行使仍然存在较为严重的封闭化倾向，公众对行政过程的参与和渗入受制于诸多条件，这样的封闭性使整个行政权的行使相对滞后。

决策制度科学、程序正当、过程公开、责任明确。"这些要求充分体现了政府治理的开放性，当然《决定》还有诸多方面都体现了政府治理的开放性。我们认为政府治理的开放性对于新的历史条件下政府治理的价值选择意义非常重大，因为政府治理与社会系统本身就是一个事物的两个方面，本身即是相互渗透的，如果人为地将政府系统与社会予以隔绝那就必然会造成政府权力的无效性乃至破坏性。

第二，强调价值化政府治理的范畴。孟德斯鸠指出："这些法律应该量身定做，仅仅适用于特定的国家；倘若一个国家的法律适用于另一个国家，那是罕见的巧合。各种法律应该与业已建立或想要建立的政体性质和原则相吻合，其中包括藉以组成这个政体的政治法，以及用以维持这个政体的公民法。"[1]这段精辟论述是针对法律而言的，而从另一个角度看它也是针对国家治理而言的。进一步讲，依据孟德斯鸠有关法律治理和国家治理的原理，治理本身即带有明显的本土特色，不能够将其他国家的治理模式原封不动地移植到另一个国家中去，我国的政治体制和文化传统决定了我国的政府治理必须从我国政治体制和宪法规范出发，例如我们要强调党对法治政府的领导，这实质上是以我国相关的行政生态为基础的。《决定》在基本原则中就强调了社会主义法治理念在依法治国中的统摄地位，强调了依法治国必须从中国实际出发等，在法治政府的建设中我们的治理也必然带有相应的价值属性，甚至可以说我们的治理是一种价值化的治理，《决定》在对行政权力制约的规定中有这样的内容："加强党内监督、人大监督、民主监督、行政监督、司法监督、审计监督、社会监督、舆论监督制度建设，努力形成科学有效的权力运行制约和监督体系，增强监督合力和实效。"我们认为价值化的政府治理能够充分体现法治政府建设中人民当家作主的地位。

第三，强调过程化政府治理的范畴。前面已经指出我国传统的政府治理将治理的侧重点集中在对行政行为的治理上尤其集中在对具体行政行为的治理上。若从行政法关系的角度出发[2]，对行政行为的治理是没有错的，因为

---

〔1〕 〔法〕孟德斯鸠：《论法的精神》（上卷），许明龙译，商务印书馆2012年版，第15页。

〔2〕 一个行政过程必然存在于一个具体的行政法关系之中，即是说，行政主体的权力行使只有具体到行政法关系之中才是法律化和法治化的。而行政相对人承受行政主体的作用也是在具体的行政法关系中为之的，能够将行政法关系两方主体联结起来的就是行政行为。因此，传统行政法重在对行政行为的治理是合乎逻辑的。

正是行政行为将行政主体与行政相对人予以联结，正是行政行为体现了行政权力行使的状况。但是具体行政行为或者行政行为仅仅是行政权力的末端，易而言之，在行政行为作出之前行政系统已经存在了一个行为过程，那么若要使对行政行为的治理更加有效就必须把行政权作为一个整体来进行治理。《决定》在这个问题上理念是非常清楚的，例如《决定》首先从政府职能进行规范，要求行政组织和行政程序必须规范化，更为重要的是，《决定》将行政决策纳入治理之中。我们知道行政决策本是行政管理学范畴的问题，行政法在通常情况下对行政决策进行调整并不容易，而新的行政法治内涵则将行政决策的科学化、民主化、合法化作为了法治政府的内容，这就使得法治政府的治理是一种过程性的治理，这种过程性治理必然能够在治理过程中强调行政目标的重要性，尤其强调政府目标在实现过程中的重要性，该新内涵应当引起我国学界和实务部门的高度重视，因为它可能对我国法治政府带来革命性变化。

第四，强调给付性政府治理的范畴。邓小平同志早在 20 世纪 80 年代就指出管理就是服务，但是改革开放四十多年来，我国政府行政权的运作向来就是以行政高权对社会过程的规范乃至于干预为趋向的，这与我国行政权运行的传统是分不开的。我们在新中国成立初期借鉴了苏联关于管理法的行政法模式，这种模式可以简单地概括为："行政法作为一种概念范畴就是管理法，更确切一点说，就是国家管理法。"[1]显然，行政系统对整个社会过程的控制是行政权运作的基本特征。由此可见，传统的法治政府概念之中虽然强调政府内部行为的规范化，但并不因此削弱政府对私人生活空间的干预。我国法治进程中也曾经有过由管制到给付的个案，例如 2003 年发生的孙志刚案就导致我们废止了收容审查制度，而代之以社会救助制度，[2]但这样的个案并没有能够从根本上使政府的行政模式由管制变为服务。《决定》在多处提出了新的历史条件下政府行政系统强化对社会服务和公众服务的重要性，例如《决定》提出"行政机关不得法外设定权力，没有法律法规依据不得作出减损公民、法人和其他社会组织合法权益或者增加其义务的决定"。《决定》还指

---

〔1〕　〔苏〕B. M. 马诺辛等：《苏维埃行政法》，黄道秀译，群众出版社 1983 年版，第 29 页。

〔2〕　该案的结果是国务院颁布了《城市生活无着的流浪乞讨人员救助管理办法》，废止了《城市流浪乞讨人员收容遣送办法》。

出"强化中央政府宏观管理、制度设定职责和必要的执法权,强化省级政府统筹推进区域内基本公共服务均等化职责";《决定》还要求"推进政务公开信息化,加强互联网政务信息数据服务平台和便民服务平台建设";上述这些规定都弱化了政府行政系统管制的色彩,强化了行政权的服务属性。上文已经提到,给付行政已经是当代行政法的主流,而《决定》对给付行政和服务行政的法治价值作出了回应,足见《决定》关于法治政府在新的内涵上所体现的时代精神。

给付行政的精神解读 *

　　给付行政是当代行政法理论和行政法治实践中的一个非常时尚的概念，仅从它的字面意思看，它是对管制行政和高权行政的超越，其所体现的是行政法在新的历史条件下的新的精神气质。同时，它与参与行政、服务行政、福利行政等似乎有内涵和外延上的重合之处。那么对给付行政究竟具有什么样的科学内涵，具有什么样的法治实践过程，其对当代行政法究竟产生什么样的影响等非常重要又不可回避的问题都必须予以澄清，而这些在学界还鲜有学者进行探讨。基于此，本文试从给付行政的历史背景、给付行政的实体精神、给付行政的程序价值以及给付行政与行政法治的走向等方面对其所包含的法治精神作以解读，并希望引起学界的关注。

一、给付行政的历史背景

　　所谓给付行政，是指行政主体在履行行政职能时以为行政相对人以及其他利害关系人提供这样和那样的公共服务为行为动机和行为特征，使行政职能显得更加柔和、更加与行政相对人和其他利害关系人的需要相契合。这是我们对给付行政概念所作的揭示。一方面，给付行政是行政法范畴的东西而不是行政学范畴的东西，这是必须强调的问题。我们之所以要做出这样的强调，是因为给付行政仅从其字面意思来看似乎是行政学范畴的东西，似乎是行政主体在普通的行政管理中的行为方式，例如有学者指出的："所谓行政给付，系指行政机关藉由提供一定给付的行为，来改善人民在社会生活中生存

---

　　* 该文发表于《社会科学辑刊》2017 年第 4 期。

环境与条件者。"[1]也许在行政学和普通的行政管理中给付行政的概念是可以存在的，然而，本文所主张的给付行政的概念则是一个严格意义上的行政法学或者行政法治用语。换言之，行政法治是给付行政存在的逻辑前提，也正因为如此，给付行政也就自然而然地成了行政法学中的核心概念："在行政法中，保护公共利益的观念居于支配地位。"[2]纵观行政法学和行政法治发展的历史，不难看出，有诸多诸如给付行政这样的相对中性的概念都存在于它的过程之中，如法治发达国家在行政法和行政法学产生的初期所形成的控权行政的概念："行政法是有关行政主体根据法定权力运作的法律部门。"[3]社会主义国家在行政法学和行政法治形成的初期普遍采用的是管理行政的概念，而后来人们普遍使用的是管制行政、参与行政、契约行政等，正是这些既具有行政学色彩又符合行政法治需要的概念使整个行政法的发展过程形成了一道亮丽的风景线，给付行政便处在这样的风景线上。同时，我们必须强调行政法学和行政法治中的这些核心概念都与行政实在法有着密切的关联性，只是它们作为一个相对中立但又具有价值色彩的概念，使行政法治和行政法学有了特定时代下的那个定在，有了特定时代下的那样一种精神气质。例如，管制行政就契合了行政高权相对突显的行政法治时代，而行政高权也使得行政法以为行政相对人设定义务为主要的法律特征。这些都表明对给付行政概念的理解，既必须牢牢地与行政法治紧密联系在一起，又必须从相对纵向的角度考察它形成的过程。另一方面，给付行政是对其他相关行政法中核心概念的超越，它至少超越了管制行政的概念，超越了高权行政的概念，超越了参与行政的概念，等等[4]。这样的超越使给付行政有了自身的科学内涵，而这些科学内涵在行政法发展过程中所产生的其他核心概念中是不存在的，如果有所存在，那也只是它们在相对较小的细节上的契合，而不是概念上的完全契合。当然我们可以用一两句关键用语将给付行政的内涵予以揭示，如行

---

[1] 周佳宥：《行政法基本原则》，三民书局股份有限公司2016年版，第7页。

[2] [法]古斯塔夫·佩泽尔：《法国行政法》（第19版），廖坤明、周洁译，国家行政学院出版社2002年版，第5~9页。

[3] [新西]迈克尔·塔格特编：《行政法的范围》，金自宁译，中国人民大学出版社2006年版，第225页。

[4] [德] G. 平特纳：《德国普通行政法》，朱林译，中国政法大学出版社1999年版，第3~5页。

政主体行政权行使中的柔和性，行政主体行为动机上的救助性，行政主体行为方式上的非管制性，等等。给付行政作为一个核心概念已经在诸国行政法中普遍存在。有学者就深刻地指出："通过国家承担至少是最基本的、最低标准的供给，包括住房、教育、卫生、社会保障和地方服务，可以实现这一要求。当今，我们所了解的行政法的出现，不仅与见证现代国家发展的政治和经济变迁相适应，而且与这些变迁密不可分。"〔1〕而它的存在并不是偶然的，它是行政法发展到 21 世纪之后的一种必然结果，它也是参与行政和契约行政发展的必然结果。那么给付行政的产生，给付行政概念的形成，究竟具有什么样的历史背景呢？笔者试从下列方面予以揭示：

第一，福利国家的形成。所谓福利国家是指一种由国家通过立法来承担维护好增进国民的基本福利的政府形式。它的基本要素包括这样的立法，即保障个人和家庭在遭受工伤、职业病、失业、疾病和老年时期维持一定的固定收入并获得其他各种补助。〔2〕这是关于福利国家概念较为经典的解释。毋庸置疑，福利国家不是一种国家形态，它是国家的一种新的行为方式，而这个行为方式的本质在于包括行政系统在内的国家权力要以提升社会福利为执政方略，并以此要求国家行为的非强制性。福利国家概念的提出，在行政法治中产生了两种不同的进路：一种进路是突出了政府的管制职能。一定意义上讲，20 世纪中期在美国以及其他发达国家中出现的政府管制与福利国家概念的提出是密不可分的，因为它否定了传统的行政机构和行政系统守夜人的角色定位，它使国家行为尤其行政行为较前有所泛化、甚至有所放大；而另一个进路则使行政系统消除了在传统行政法治中与行政相对人对立的情绪状态，尤其要将行政相对人作为社会中的弱者，作为社会中的为善的一方而不是为恶的一方来看待。应当说在上述两种进路中，后者逐渐地取代了前者，成了福利国家概念的主流。以此而论，在福利国家的概念之下，隐含着行政系统与行政相对人相对较为柔和的关系形式，隐含着行政系统要为行政相对人和其他利害关系人提供救助和创造利益的行为动机，隐含着行政系统必须将改变行政相对人、利害关系人和其他社会主体的生存和生活的境况作为行

---

〔1〕〔英〕彼得·莱兰、戈登·安东尼：《英国行政法教科书》（第5版），杨伟东译，北京大学出版社 2007 年版，第 7 页。

〔2〕〔英〕戴维·米勒、韦农·波格丹诺编：《布莱克维尔政治学百科全书》，中国问题研究所等组织翻译，邓正来主编，中国政法大学出版社 1992 年版，第 796 页。

政行为的出发点和归属。总而言之，福利国家与给付行政存在着非常深刻的逻辑关系，这种逻辑关系不是本文所揭示的重点，但我们必须意识到，正是福利国家概念的出现才促成了给付行政概念的产生和发展。

第二，行政高权的弱化。行政高权是人们对行政权状况的描述，这个描述所突显的是行政系统权力的广泛性和强势性，至于行政高权的概念产生于哪个具体年代，我们已经无从考察。但是，20世纪以来，随着市场经济在调适过程中出现市场失灵，人们便将市场经济中的调适方式与国家行为联系在一起，人们希望在市场失灵的情形下，国家行政系统当然也包括立法系统等，应当承担起调控市场的职能和作用。在这个过程中，行政系统所起的是核心作用，这便导致自20世纪中期以后，人们用行政国的概念来表述或者刻画现代国家的基本特征。所谓行政国是指其他相关国家权力是以行政高权为核心而进行运转的："行政国一词被行政学者用来形容政府职能扩张、人民依赖政府日深的时代潮流下，行政部门具有举足轻重地位的术语。强调行政国的来临，不是说立法与司法部门从此就不重要了，而是说行政的组织与运作特别重要，并显现出现代政府以下的多项事物：行政机关众多，公务员人数庞大，预算经费惊人，行政人员具政策影响力，国家目的之达成与问题之解决必须借助行政活动等。此一行政权力扩张的事实，乃是全球各国共通的现象，它深深影响政府的本质，连带也使国家宪政制度的权责安排，发生了微妙的变化。"[1]例如，有学者就提出在行政国的国家形成之下，立法权是为行政权的有效行使提供规则的权力，司法权则是为行政权的有效行使排除障碍的权力："行政作用，不仅包括适用法律之处分行为，即立法、司法之作用，亦包括于其中。"[2]换句话说，其他国家权力都必须以行政权为轴心进行运转，行政国的概念以及行政高权的突显究竟在现代国家形成中存续了多长时间我们也无从考证，但是我们必须承认，进入21世纪后，无论是法治发达国家还是其他国家，行政高权的弱化则是较为普遍的。所谓行政高权的弱化，是指行政高权逐渐失去了原来的高强度的、宽范围的、多手段的模式状况而被其他国家权力或者社会权力所分化，而且在有些方面则被其他权力所取代。欧洲

---

〔1〕 吴定：《公共政策辞典》，五南出版社2013年版，第9页。

〔2〕 ［日］清水澄：《〈行政法泛论〉与〈行政法各论〉》，金泯澜等译，中国政法大学出版社2007年版，第15~16页。

一些发达国家有关政府决策中的全民公决就是一个很好的例证，因为这样的全民公决使传统的行政决策仅由行政主体做出变成了由其他社会主体做出。我们注意到，不论行政系统是否高兴、是否乐意接受，整个 21 世纪的发展过程都存在着其他国家机关、其他社会主体对行政权进行分化和分解这样一种格局。笔者认为，行政高权所体现的是行政系统的权力欲和控制欲，与之相对应，行政高权的弱化则走向了另一面，那就是行政系统逐渐具有了服务的欲望，具有了救助的欲望等。无论如何，我们可以肯定地讲，行政高权的弱化是给付行政产生的当然背景，因为在行政高权之下，给付行政是没有任何存在的机会和空间的。

第三，公私界限的模糊。公与私，公权与私权，公法与私法在现代政治学、社会学和法学中是基本的概念范畴，他们是相互对应甚至对立的。公指的是不特定人群及其利益关系的状况，而私则指的是单个社会个体的利益状况。公权指的是与公共职能相关的权力范畴，私权则指的是归属于社会个体及其他私方组织的权力范畴。与之相适应，公法是调整公权关系范畴内的法律部门，而私法则是调整私权关系范畴内的法律部门："在罗马人对私法及公法的定义上并不完全陌生，前者建筑于私人福利之上后者建筑于公共福利之上。"[1] 上述三对概念在法学的研究范畴中，长期以来都是泾渭分明的，学者们也常常用相关的标准来对他们进行区分和确定。例如，有学者就认为公共物品具有非竞争性和非排他性，而私人物品则具有竞争性和排他性。应当说公与私，公权与私权，公法与私法在学理上的区分仍然是客观存在的。然而，在当代社会系统中公与私的概念，公权与私权的概念，公法与私法的概念都已经具有了相应的融合性。即是说，在有些情况下公与私的概念已经很难作出区分；而在另一些情况下公与私可能存在着某种转换关系；还有一种情况便是，传统上属于公法的情形现在可以以私法的形式进行调控，而传统上私法中的相关原理和机制也可以为公法所吸纳，等等。公与私及其概念的模糊性，大大动摇了包括行政法在内的现代公法体制的基础，在法治发达国家，行政法中的合作治理，行政法中的私人行使公共权力已经不再是新鲜事物。本文不在于研究公与私的逻辑关系及在现代行政法中的地位，笔者所要强调的是，公私概念区分的模糊化和相对性是给付行政产生的另一个背景，因为

---

〔1〕 ［意］米拉格利亚：《比较法哲学》，朱敏章等译，长沙商务印书馆 1940 年版，第 196 页。

在公私概念严格区分的情形下，它们之间是难以融合的，如果是在对立的情形下，即是说，二者一旦对立就不可能产生公权为私权服务的客观状态。正是由于二者的融合，行政权有可能以私权作为它运作的原动力。事实上，康德在公法理论中已经强调了私权作为公权基础的逻辑属性："一个国家就是一群人在法权法则之下的联合。就这些法则作为先天法则是必然的，亦即从一般外在法权的概念中自行得出的（不是法规性的）而言，它的形式就是一般国家形式，亦即理念中的国家，就像它按照纯粹的法权原则应当是的那样，这些原则充当着每一种成为一个共同体的现实联合（因而在内心深处）的准绳。"〔1〕在给付行政之下，公权为私权提供利益并以私权作为运转的中心是其基本特征，这就是我们对公私界限模糊化促成给付行政逻辑关系的阐释。

第四，契约理论的平淡。英国行政法学家哈洛在《法律与行政》一书中对英国行政法发展的过程做了系统描述，他用红灯理论、绿灯理论、黄灯理论、契约理论以及其他新的理论来概括现代行政法在英国的发展过程〔2〕。他所说的红灯理论是指行政权受到有效控制的理论："应当是控制一切逾越国家权力的行为，使其受到法律尤其是司法的控制，应毫不奇怪。这种行政法理念，我们称之为红灯理论。"〔3〕形象地讲，就是行政权在面对公众的生活空间时应当立即刹车，不要轻易介入私人的生活空间中去，无论这种介入是恶意的还是善意的。他所谓的黄灯理论，就是指随着社会机制的发展，随着市场和政府关系的理性化，政府应当有条件地、比较缓慢地、有选择性地渗入私人生活空间，而这种渗入必须缓缓而为，必须在私方当事人能够接受的程度上为之："我们把'黄灯理论'描述成借用红灯理论和绿灯理论，向加强行政法的'防火'和'救火'功能发展。"〔4〕所谓绿灯理论则是对黄灯理论尤其红灯理论的超越。具体地讲，在绿灯理论的理念下，行政权介入私人生活空间即是应当的也是必要的，当然这种介入和渗入不是对公法的超越也不是对

---

〔1〕 ［德］康德：《康德政治哲学文集》（注释版），李秋零译注，中国人民大学出版社2016年版，第91页。

〔2〕 参见［英］卡罗尔·哈洛、理查德·罗林斯：《法律与行政》（上卷），杨伟东等译，商务印书馆2004年版，第159页。

〔3〕 ［英］卡罗尔·哈洛、理查德·罗林斯：《法律与行政》（上卷），杨伟东等译，商务印书馆2004年版，第92页。

〔4〕 ［英］卡罗尔·哈洛、理查德·罗林斯：《法律与行政》（上卷），杨伟东等译，商务印书馆2004年版，第255~256页。

私法的超越，而是要根据行政相对人和其他社会主体的需要进行。可以说，绿灯理论是 20 世纪行政管制出现的理论前提之一，同时绿灯理论也从另一侧面包容了给付行政的一些内涵，正如有学者所指出的："绿灯理论的立场始终建立在如下假设之上：政府的大规模化是现代社会的永恒特点。"〔1〕哈罗将行政法发展的第四个阶段称为契约主义阶段，即是说，行政主体与行政相对人通过契约关系来建构他们的秩序，通过契约关系来分配他们各自的权利和义务，这是行政法超越绿灯理论的表现。应当说，契约理念在行政法中的引入是现代行政法所发生的一次革命性的变化。之所以这样说是因为，在契约理论产生之前，人们并不认为私法的相关原理和机制会渗入公法，而契约理论的产生则使这个渗入成为可能。从这个角度讲，契约理论给当代行政法治和行政法学理论注入了新的活力。然而，哈罗在他的著作中就非常敏锐地观察到，契约理论虽然在行政法治发展的特定历史阶段曾经达到了它的顶峰，但在近年来的行政法治发展中，契约理论及其精神、契约原理及其规则已经渐渐有所平淡。因为契约理论虽然从表面上建构了行政主体与行政相对人之间的公平性，但这样的公平同样是有前提和条件的，尤其是它包含的一些权利和义务的分配规则并不一定使行政相对人占到什么便宜。因此，我们可以合乎逻辑地讲，契约理论的平淡是给付行政产生的另一个背景。

二、给付行政的实体精神

对给付行政实体精神的研究，主要是从行政实体法的角度、从行政法中实体规则的角度对实体精神所进行的研究。广义上讲，给付行政至少会对行政法中的实体内容在下列方面产生冲击：一是为行政权力注入了新的内容。行政权力是指在行政法中由行政主体代表国家所行使的行政权。在传统行政法中，行政权力的概念是相对确定的，它所强调的是行政主体对行政相对人的单方意志性。即是说，行政主体可以在不征得相对人同意的情形下对其实施行政行为，也许行政相对人在这个过程中有后续的救济手段，但这并不影响行政主体通过行政行为对行政相对人施加约束和限制。整个行政法治的过程在传统行政权力的概念之下就是这样一种控制与被控制的过程。而给付行

---

〔1〕　[英] 彼得·莱兰、戈登·安东尼：《英国行政法教科书》（第 5 版），杨伟东译，北京大学出版社 2007 年版，第 8 页。

政概念的出现则为传统的行政权力注入了新的内容，这个新的内容便是，行政权力不仅仅是一种控制，不仅仅是一种对行政相对人的强制和约束，而它可能更多地体现为行政主体对行政相对人的服务或者救助。行政权力关系的这种变化是至关重要的，它也是当代行政法发展中的新的气象。二是为行政义务注入了新的内容。行政义务是由行政主体负担的，它是行政主体对其他社会主体的义务。在行政法学的研究中，乃至于在行政法治实践中，行政义务常常被框定在行政法关系的概念之中："所谓法律关系就是权力主体相互之间的权利义务关系，在其中，一方基于一定的权利对另一方要求一定的作为、不作为、给付，另一方根据这一要求，负担对应义务的权利义务关系。"[1]即是说，一定的义务存在于一定的行政法关系之中，一定的行政法关系才是解释和履行义务的具体空间。毋庸置疑，从法理学上讲，对行政义务用行政法关系进行解释是无可非议的。然而，若我们做进一步考察，便可以看出行政义务若由行政法关系进行框定，行政主体的义务范畴便会大大缩小。进一步讲，是具体的行政法关系确立了行政主体的义务，而不是行政主体通过履行义务而形成新的行政法关系。而在给付行政概念出现以后，行政义务便是一个相对较大的概念范畴，行政义务甚至是行政法关系形成的逻辑前提。因为行政上的给付与行政义务几乎是同一意义上的概念，而当行政主体以给付行政为行政行为时，它便通过一个新的义务行政行为形成了新的行政法关系，这种传统与新的行政法关系形成的逻辑转换对整个新的实体法变革都具有重大的法理价值。三是为行政责任注入了新的内容。在法律概念中，法律责任无论如何都是不可以被忽视的，法律责任是法律规则乃至法律典则的后续内容。可以想象，如果一个法律典则或者法律规则缺少了法律责任，那它相关的前置内容便难以得到实施和兑现。正因为如此，有人将没有法律责任的法律条款或者法律规则称为软法，这都非常合理地表明了法律责任的重要性。给付行政概念产生之前，在行政法中的法律责任分配中，行政相对人承担的责任要多于行政主体。在我国以管理法为法的属性的行政法制度之下，这种状况则显得更加突出。给付行政则改变了或者将会改变行政责任的分配方式，也会改变行政责任的相关内容。例如，在传统行政法治中，行政责任仅仅体现于

---

[1] [韩] 金东熙：《行政法 I》（第9版），赵峰译，中国人民大学出版社2008年版，第53页、第62页。

行政法关系主体对社会秩序阻滞而带来的责任，而在给付理念之下行政主体若没有很好地为行政相对人提供公共服务则同样会带来法律上的麻烦。上述三个方面是给付行政对行政法中实体精神所产生的主要影响，这些影响也是行政法哲学范畴中的主要内容，若我们将问题予以具体化，就可以发现给付行政的实体精神在行政法治过程中有下列具体体现：

第一，放松管制的精神。管制与放松管制是行政法近百年来的核心问题之一，管制比放松管制在行政法中产生的时间要早一些。换言之，管制的概念和理念在行政法中是最早出现的，现在学者普遍认为，它的出现源于美国20世纪30年代推行的新政的行政政策，因为在新政的行政政策之下，政府行政系统强化了对社会过程尤其是对市场的干预，而这个干预实质上所体现的就是政府的行政管制。到了20世纪70年代，人们发现管制已经使政府行为在活跃的市场面前表现出了某种不适，甚至政府行政系统的行政决策和具体行政行为常常阻滞了市场的发展，抑制了社会过程中各种活跃因素的生存和拓展。所以人们主张政府不应当再进行相应的管制，而应当放松管制，这便使诸多国家出台了诸多放松管制的行政法典则[1]。深而论之，在管制理念下，政府行政系统也许能够为行政相对人带来好处，但管制的精神实质在于对行政秩序和社会秩序的维护，管制是构造秩序和维护秩序的基本手段，甚至也是它的归属。与之相比，放松管制则选择了另一个价值取向，那就是利益的价值取向，就是通过放松管制让行政相对人和其他社会主体获得更多的利益，这虽然是行为方式上的变化，但最主要的是更高层次上的价值的变化。给付行政所体现于行政系统的是一种行为方式，而它体现于行政相对人和其他社会主体的则是一种利益，而这种利益在管制观念之下，行政相对人是无法获取的。基于此，笔者认为给付行政最主要的精神实质、最主要的实体上的体现就是放松管制的精神。也许，给付行政与放松管制是一种说不清楚的鸡生蛋、蛋生鸡的复杂关系，但我们可以通过放松管制这样一个活生生的概念来阐释给付行政的实体精神。

第二，服务行政的精神。服务行政在一些行政法教科书中也被提到过，当学者们在注解服务行政的内涵时，他们所指的是行政主体为行政相对人和其他社会公众提供公共服务的状态。从这个角度讲，给付行政和服务行政是

---

〔1〕　参见宋世明：《美国行政改革研究》，国家行政学院出版社1999年版，第57页。

同一意义的概念。而笔者认为，在行政法学理中，给付行政是一个更加具有行政法哲理的概念，是一个更加具有专业属性的概念。与之相比，服务行政则没有那么强烈的学理上的色彩，它更像日常生活中的一个用语。例如，在我国传统的政府行为中，我们就泛泛地强调国家机关及其公职人员应当有为人民服务的意识，这个概念在我国的日常生活运用中已经被强行贴上了政治化的标签。然而，在笔者看来，服务行政的内容应当是比较充实的，它的含义也应当容易被人们所理解和领会。我们从这个概念中可以清楚地看出，如果行政系统具有服务意识，它就应当降低身段，应该在法律地位上低于行政相对人，在行为动机上施惠于行政相对人。给付行政所要求的也是这一点，因此，笔者认为给付行政的实体精神之一便是服务行政。

第三，行政相对人自治的精神。行政法究竟朝着什么样的方向发展，是很难形成共识的问题，然而近年来，整个行政法治的发展呈现出新的气象，这个气象甚至比给付行政的概念所隐藏的内涵更加深刻，那就是行政相对人的自治。有学者甚至将其作为行政法超越给付行政的最高形态。行政相对人自治的概念体现的是行政相对人对它作为个体的生活的控制和掌握，它的这种控制和掌握并不受行政系统的制约，它与行政系统在行政过程中、在利益分配和实现过程中，甚至可以井水不犯河水。应当说，行政相对人自治的概念并不十分新颖。我们知道，当我国 1992 年推行市场经济时，我们就接受了亚当·斯密用"看不见的手"进行市场调节的理论，依照这个理论，政府的管理范围应当极其有限，凡是归属于行政相对人自己的东西那就应当由行政相对人自己决定，凡是市场规则能够自己调节的行为就不必要通过政府来调节，"市场经济的长处在于，当每一个生产者都能享受到他自己的主动精神和冒险精神的果实时，他得到了鼓舞"[1]。基于此，我们认为如果把行政相对人自治理解为一种新的行政法现象可能具有一定的武断性，但是在给付行政的理念下，行政系统和行政主体应当具有这样的境界，即不要轻易去决定属于行政相对人自己的事情，如果他们没有这样的境界，给付行政便没有存在的可能。中共十八届四中全会在关于依法治国的顶层设计中肯定了社会自治的概念，肯定了有些调控过程应当通过法律规范之外的其他行为规则进行调

---

〔1〕［挪威］A. J. 伊萨克森、［瑞典］C. B. 汉密尔顿、［冰岛］T. 吉尔法松：《理解市场经济》，张胜纪、肖岩译，商务印书馆 1996 年版，第 14 页。

节。例如社会团体的章程、存在于民间中的行政习惯、存在于民间中的乡规民约，等等——"发挥人民团体和社会组织在法治社会建设中的积极作用。建立健全社会组织参与社会事务、维护公共利益、救助困难群众、帮教特殊人群、预防违法犯罪的机制和制度化渠道。支持行业协会商会类社会组织发挥行业自律和专业服务功能。发挥社会组织对其成员的行为导引、规则约束、权益维护作用。加强在华境外非政府组织管理，引导和监督其依法开展活动。"[1]高度的社会自治、行政相对人高度的自我决定权与给付行政是相辅相成的。

第四，救助和救济作为行政行为主流的精神。在行政法中有些行政行为长期以来被认为是柔性行政行为，如行政指导、行政救助、行政救济、行政物质帮助等。德国学者将这种柔性的行政行为称为行政私法活动："行政私法活动的客体主要是金钱、物品或者服务给付，这些给付私营企业也可以以同样的方式提供。与私法活动一样，行政私法活动的主要方式是合同；另外，还有些单方面的法律行为表示，如清偿、解约等。"[2]所谓柔性行政行为就是对于行政主体而论并不具有明显的强制性的行为，甚至在一定意义上讲，行政主体不必然承担实施此种行政行为的义务。诸多学者甚至将这种行政行为中的一些行为称为行政法上的事实行为。所谓事实行为就是指不能发生相关法律效力的行为，显然这种论点或者具有非常明显的缺陷，或者已经过时。换句话说，行政指导、行政救助、行政救济、行政物质帮助等行政行为在我国行政法中已经由原来的柔性变成了刚性，尤其在给付行政的理念之下，它们已经成为行政主体的当然义务。这种变化在我国行政法治中的体现非常明显，它一方面决定于我国社会格局所发生的变化，例如在 2003 年国务院《城市生活无着的流浪乞讨人员救助管理办法》出台之前，我们常常将流浪于街头的或者乡间的社会个体或者群体视为恶人，因此便认为需要用管制或者强迫的手段对他们予以隔离审查，2003 年废止的《城市流浪乞讨人员收容遣送办法》就是这样定位和选择的[3]。随着我国社会格局的变化，人们便将这样的社会群体视为弱势群体而非恶的群体，对他们的救助也就顺理成章了。另

---

〔1〕《中共中央关于全面推进依法治国若干重大问题的决定》，人民出版社 2014 年版，第 28 页。

〔2〕［德］哈特穆特·毛雷尔：《行政法学总论》，高家伟译，法律出版社 2000 年版，第 422～423 页。

〔3〕参见《城市流浪乞讨人员收容遣送办法》。

一方面，由于我国推行了市场经济并且引入了竞争机制，在激烈的市场竞争中可能会有一些社会个体或者群体成为社会生活中的弱者，这些人群也是我国社会成员的有机构成部分，我们的行政法治怎么样处理与他们的关系便显得十分重要。在给付行政的理念下，我们便不能够将他们一股脑地交给市场，要对他们有更多的关照和关爱。同时，其他社会成员毕竟都是社会个体的范畴，他们与行政系统相比存在着诸多的劣势，所以行政系统不能够再简单地施用传统的行政行为，不能简单地将传统的行政处罚、行政强制、行政审批、行政检查等作为行政行为的主流，而应当让行政指导、行政救助、行政救济、行政物质帮助等作为行政行为的主流。事实上，在我国计划经济体制下，农村便实行五保户制度，而且有相应的法律典则对此做了很好的规定，它们虽然不能够和当代意义上的给付行政的概念相等同，但其确确实实是行政给付的内容之一。

三、给付行政的程序价值

行政程序作为一个独立的事物同样可以用辩证哲学进行分析。我们可以说，行政程序在一些关键内容上有它的稳定性和延续性，同时行政程序也应当是一个变化着的事物。以美国行政程序法所确立的行政程序制度而论，尽管它得到了普遍认可甚至在全球范围内都产生了巨大影响，但美国行政法学者认为美国的行政程序法及其所确立的行政程序制度已经过时而且对这种过时做了非常尖刻的评论，认为目前的美国联邦行政程序法已经阻碍了美国行政权的有效行使[1]。这便提醒我们，在我们肯定行政程序相关恒定原则和规则的同时，也必须认识到行政程序是一个处于发展和变化过程中的客观事物，给付行政概念的出现必然会对行政程序产生这样或那样的影响。行政程序从大的范畴上讲，包括方式、过程、结果等内容，事实上，给付行政理念的出现为行政方式注入了新的内容和精神。例如，传统行政法治强调行政方式的刻板性、稳定性等，而在给付行政的理念下刻板的、套路式的行政方式并不可取，因为按照这样的方式行政给付便必然会大打折扣；给付行政同样为行政过程注入了新的内容和精神。在传统行政程序理论和规则中行政的过程化是必须予以强调的，一定意义上讲，行政程序就是为了有效地保证行政过程

---

〔1〕 参见 ［美］理查德·B.斯图尔特：《美国行政法的重构》，沈岿译，商务印书馆 2002 年版。

的实现，就是为了使一个行政过程可以有阶段上的划分、可以有环节上的联结，等等。而给付行政的理念并不刻意地强调过程的完整性，甚至可以说，在给付行政的概念之下有的过程是可以被浓缩的，有的过程上的环节是可以被简化的，等等。给付行政为行政结果注入了新的内容和精神。在行政程序制度中结果同样非常重要，人们常常用发生法律效应来证明行政过程的合理性和合法性，而从本质上讲，人们所强调的行政程序的结果是其对行政秩序的构造，就是通过行政程序构造一个良好的行政秩序，进而构造一个良好的社会秩序。这当然是正确的，但是给付行政理念的出现则改变了行政结果的衡量值。即是说，行政秩序或者社会秩序只是行政程序衡量值之一，而行政相对人和其他社会个体的认同度和接受度才是问题的关键。即是说，行政程序所追求的结果是当事人的利益，是当事人对整个过程的认同。总而言之，给付行政使传统行政程序的若干环节和内容都有了新的判定标准，而这也体现了行政程序的新的精神。我们再将问题向下延伸一步就可以发现，给付行政对行政程序的影响体现在下列新的程序价值方面，它也是一种新的程序精神，这样的程序精神虽然在当代行政法典则中还没有被普遍化，但它隐含了行政程序发展的趋势。

第一，程序工具论的价值。程序在法律制度中究竟是一种目的还是一种手段，向来就是法学理论关注的问题，向来就是有争议的问题。约翰·罗尔斯在 20 世纪 70 年代出版了《正义论》一书，他在这部著作中提出了程序正义的概念。在他看来，程序本身就是正义的测评标准，即是说，如果相关的法律主体严格地依程序而为之就有可能实现普遍意义上的正义。在行政法学界，学者们也有这样的认知："行政法学自法、德两国发祥以来，至今虽然已有二百年之历史，但行政程序法的出现并逐渐普及，乃至程序正义的保障终至成为世界普遍性的价值。"[1]该理论对法学界尤其公法学界产生了深刻影响，也被学者们普遍接受，一些公法学家也下意识地接受了这样的理念。但在笔者看来，在行政法中程序并不具有完全独立的价值，至少就行政法中的普遍问题而论是这样的。如果某种行政程序脱离了行政实体规则，如果某一行政主体在行政过程中追求了纯粹的程序，那它的行政权的行使便是值得怀疑的。之所以这样说，是因为行政系统的职权行使必须以对社会利益的创造，

---

[1] 蔡茂寅等：《行政程序法实用》（修订 4 版），新学林出版股份有限公司 2013 年版，第 2 页。

或者以对行政相对人权益的维护为最高价值。若用这种最高价值来衡量，行政程序就必须附着于行政实体规则。如果我们用这种理论来解释程序的地位有所牵强的话，那么给付行政的出现则完全可以得出这样的结论：给付行政要求行政主体为行政相对人提供物质或者精神利益，在这个中间，利益是决定因素，提供利益的过程并不是决定因素，提供利益的过程只是为利益提供服务的保障手段。所以，给付行政使行政程序在行政法中仅仅是一种工具。也许，笔者的这个论点有些绝对化，但是它为程序工具论提供了一种解释方法，至少会让我们认为程序工具论有它存在的客观基础。

第二，程序淡化的精神。我国学者普遍认为，在我国传统法治中重实体轻程序是一个基本的法治偏失。此论认为，我国传统的法治所追求的是实体而非程序。这个论点如果放在私法范围之内，放在法院的司法程序之中也许是正确的。而在行政法中，这个结论则不一定是正确的。在我国长期以来的行政法治实践中，诸多行政主体和行政公职人员常常沉迷于程序，他们似乎认为对程序负责才是行政法治的最高境界。以我国行政系统所设置的行政审批而论就很能够证明行政主体对行政程序的刻意追求，在这种烦琐的程序设计中，行政相对人若要取得某种法律上的权力往往需要若干个行政程序环节，令人不解的是，诸多行政主体明明认识到行政相对人所需要的是某种权益而不是某种程序，但是它仍然刻意于对某种程序的追求。近年来在我国出现的几起令人匪夷所思的行政法案例就很能说明问题，在这其中被李克强总理批评为笑话的案例就是，某行政机关让行政相对人证明"他妈就是他妈"，说到底，该行政机关所追求的是行政过程中的程序而不是实体。深刻地讲，该行政机关作出这样的要求时完全忘记了行政法中的实体精神，基于此，我们认为给付行政的出现使我们能够树立一个相对淡化行政程序的新的行政法治精神。我国宪法对社会主义法治原则做了明确规定，提出了以事实为根据，以法律为准绳的原则。这个原则与西方发达国家所追求的程序至上的原则是有质的区别的，即是说，我国并不强调程序的至上性，这也能够使我们正当地树立淡化程序的行政法治精神。

第三，程序变通的理念。行政自由裁量权是行政法的核心问题之一，所谓行政自由裁量权是指由行政主体所享有的对行政过程中相关的行政事项进行自我决定的权力："在行政裁量中，行政经法律之授权，于法律之构成要件实现时，得决定是否使有关法律之效果发生，或选择发生何种法律效果。"〔1〕那么，行政自由裁量权在行使中行政主体究竟对什么进行裁量呢？毫无疑问，在传统的行政法学理论中甚至在行政法治实践中，裁量权都应当发生在行政实体规则之中。即是说，行政主体能够裁量某种行政法上的事实，能够裁量某种行政决定等，但他们并不能够，或者说难以对行政程序进行裁量。当然，在行政裁量权的理论中也有学者主张程序裁量问题，但与实体的裁量相比，程序裁量实在是非常有限的。在我国行政法治实践中，学者们也常常认为实体上的东西是可变的，而程序上的东西则是固化的。而且诸多学者认为，一旦行政主体不适当地对程序进行了处分就必然构成行政上的违法，给付行政的理论则能够得出另一个结论，那就是行政程序是可变的。例如，在行政法治实践中行政主体为了使行政相对人获得利益可以对有些行政程序进行合并，可以用一种行政程序取代另一种行政程序，而且如果说法律规范对行政程序做了不合理的设计，尤其在行政许可制度中，若相关的行政法典则设计了不合理的程序，为了很好地提供公共服务或者很好地帮助行政相对人，行政主体可以对这些不合理的行政程序进行适当的处置。笔者的这个论点具有一定的超前性，然而在目前"互联网+"的时代背景下，我国传统的行政程序已经在诸多方面表现出了它的滞后性，一些烦琐的行政程序已经若明若暗地被行政主体所违反，被行政相对人所诟病。基于此，给付行政理念下，行政程序的可变通性是有其存在的逻辑基础的，只是我们应当对这种可变通性设置一定的条件和规则。

第四，程序加快的精神。行政程序加快在行政法治中并不是一个悖论，法治发达国家的行政程序法常常确立了程序加快的制度。例如德国行政程序法就确立了许可程序加快的制度，该制度要求行政主体在作出行政许可时，根据行政相对人的利益的状况，使行政程序的频率和速度在原来的基础上有所提升。近年来，我国也已经设置了行政程序加快的制度。例如，上海自贸区若干管理规则就通过不同的制度对行政程序进行加快，这其中包括一口式受理的制度，合并处理的制度："建立一口受理、综合审批和高效运作的服务模式"〔2〕。《中国（上海）自由贸易试验区条例》第 21 条规定："自贸试验

---

〔1〕　陈敏：《行政法总论》，新学林出版股份有限公司 2009 年版，第 179 页。

〔2〕　丁伟：《上海自贸试验区法治创新的轨迹——理论思辨与实践探索》，上海人民出版社 2016 年版，第 148 页。

区建立国际贸易单一窗口，形成区内跨部门的贸易、运输、加工、仓储等业务的综合管理服务平台，实现部门之间信息互换、监管互认、执法互助。企业可以通过单一窗口一次性递交各管理部门要求的标准化电子信息，处理结果通过单一窗口反馈。"行政程序是一个机制体系，正如上述，它包括了若干环节，包括了若干顺序，包括了相关的期限，这些内容都是可以加快的。例如，我们可以对有关的环节进行合并，对有关的期限进行缩短。应当强调的是，笔者所强调的合并和缩短并不是行政立法的问题，而是在行政执法中行政主体为了给付予行政相对人利益而有意识地对行政程序进行简化，在行政法规定某一行政程序是 30 日的情形下，行政主体完全可以在 5 日或者 10 日内予以完成，这样的程序缩短必然能够体现给付行政的精简，反过来说，给付行政也能够使行政程序形成加快的精神状态。

四、给付行政与我国行政法治的走向

中共十八届四中全会通过了《中共中央关于全面推进依法治国若干重大问题的决定》（以下简称《决定》）对我国依法治国做了顶层设计，提出了建设法治国家、法治政府和法治社会的构想，其对行政法治有诸多新的要求和设计。笔者注意到在这个纲领性文件中，很好地处理了行政主体与行政相对人之间的关系，例如，在政府职能中强调了法无授权不可为，强调了行政机关不得法外设定行政权力，强调了行政主体在没有法律依据的情形下不得作出减损行政相对人权益的决定，不得为行政相对人法外设定义务。还提出了包括行政相对人在内的社会公众有权参与行政决策，有权对行政执法进行监督。尤其强调了行政主体不能够非法进行行政征收、进行行政收费，还强调行政主体必须实行全面的信息公开，要建立信息公开的服务平台等。[1]这些新的内容都丰富着我国行政法治新的时代精神的来源，笔者认为行政法治的新的时代精神中最为核心的是行政主体必须理性地对待行政相对人。在这个决定中，如果我们作一个高度概括就可以看出，它对行政法治有三个方面的要求，而这三个方面都与行政给付密不可分。第一个方面是行政法治的社会化。就是让行政法治存在于社会系统之中，让行政法治与社会公众及其利

---

〔1〕 参见《中共中央关于全面推进依法治国若干重大问题的决定》，人民出版社 2014 年版，第20 页。

益相契合，在行政法治社会化的内容中，还强调行政法与社会自治应当有机衔接。尽管《决定》关于行政法治社会化的规定没有做机制化的处理，但是它的诸多规定以及提出的法治社会的概念都刻画了行政法治社会化命题，而行政法治的社会化与行政给付的精神是相契合的，只有当行政系统的职权行使从封闭状态走入开放状态时，它才能够为行政相对人提供相关的服务。第二个方面是行政法治的公私法混合化。有学者对公法和私法的界限做了区分，并认为："所谓公法系规律纵的关系，……所谓私法即规律横的关系，即水平线上左右生活关系之法律体系之谓。"[1]这个区分是有理论根据的，而且也较为科学地反映了两套法律机制在法治实践中所扮演的不同角色。行政法在法律归属上是公法的范畴，这在传统上是没有争议的，而《决定》则在行政法的公法定性中吸纳了相关私法的理念。例如，行政权行使中的行政外包、行政合同在行政法中地位的被肯定，这说明在新的行政法治格局中公法与私法的界限已经越来越模糊，或者说我们既需要用公法的原则和规则调整行政关系，也同样需要引入相关的私法原则和规则来调整行政关系，其中对行政诚信原则的肯定就很有说服力。公法与私法的混合调控与给付行政同样不谋而合，这其中的逻辑关系我们在此不予论证。第三个方面是行政法治柔性化。在公法学界，学者们近年来关注一个热点问题，那就是软法作为公法以及行政法组成部门的地位和价值问题。从目前来看，学者们普遍认为在行政法治中存在着两套相互联系的规则体系，一套规则体系是硬法的规则体系，另一套规则体系是软法的规则体系。硬法是行政法体系中的传统构成也是主要构成，但在目前"互联网+"的时代背景下，硬法的地位日益不足，软法已经对硬法做了非常好的补充，正是大量软法的补充才使得行政法规范在调适行政过程中不存在较大的纰漏。我们欣喜地看到《决定》认可了软法的地位，如以党内法规为例，我们就明确认为，党内法规是我国法律体系的构成部分，而党内法规也被认为是软法，在行政法的构成新体系中我们也强调了软法的构成。给付行政需要软法的支持和支撑，因为仅仅通过硬法，给付行政的相关运作过程就会受到阻滞，因为行政给付本身并不存在严格的定量分析。总而言之，自中共中央对我国依法治国进行顶层设计以后，我国的行政法治便有了新的发展格局，而给付行政恰恰契合了新的历史条件下行

---

[1] 郑美华、谢瑞智编著：《法律百科全书：行政法》，三民书局 2008 年版，第 17 页。

政法治的发展。具体地讲，给付行政能够对行政法治的走向产生下列具体影响：

第一，行政法体系的转化。我国在 2011 年宣布中国特色社会主义法律体系已经形成，[1] 从理论上讲这自然而然地包括行政法体系在内。质而言之，我国的行政法体系尤其作为静态的行政法体系已经形成，这是学界所普遍认同的。同时我们也应当指出，我国行政法体系中还存在着一些不够完善的地方。例如，我们的行政组织法就缺失相关的内容，行政程序法就缺少一个统一的典则，而我国的部门行政法所缺失的内容则更多一些，这些缺失对行政法治而论是有一定的制约作用的。但我们必须肯定，我国行政法体系的基本结构已经是一个客观存在，它已经形成为一个结构化的体系，在这个体系中排列着若干个法律层系，对这些法律层系，《立法法》已经作了明确规定，那么我国的行政法体系是否与给付行政的精神相对应？我们很难作出肯定的回答，主要是因为我国行政法体系建立在计划经济的基础之上，建立在行政高权的基础之上，行政法体系的衡量标准主要在硬件方面，通过严格的行政法规范来构造和维护行政秩序，并通过其中的具体规则调整这样和那样的具体关系，行政权威原则在这个体系中有所凸显，而它作为行政高权的表现并没有对应给付行政的相关要求。因此，目前的行政法体系应当有所转化，行政法体系应当作为一个开放的系统吸收其他外在的行政行为准则。上面我们已经指出，软法已经引起了我国的普遍重视，那么在未来的行政法体系中，应当是硬法与软法的统一，应当是正式渊源和非正式渊源的统一，应当是本土规则和全球规则的统一，等等。行政法体系完成了这样的转化，给付行政才能按照自身的逻辑进行运作，反之，给付行政则仅仅是一种理论形态，因为我们目前的行政法体系并没有很好地包容给付行政的概念。

第二，行政法原则的转化。行政法原则在行政法体系中、在行政法治的过程中，究竟该如何进行界定，它究竟包括什么内容，究竟该如何对行政过程进行规制等一直是没有标准答案的问题。但是，可以从我国制定的行政法文件中概括出诸多的行政法原则。如《行政处罚法》《行政许可法》和《行

---

〔1〕 吴邦国：《全国人民代表大会常务委员会工作报告——2011 年 3 月 10 日在第十一届全国人民代表大会第四次会议上》。

政强制法》所规定的公平原则、公开原则、公正原则、合法性原则、行政相对人论辩原则等都已经成为行政法的重要原则，而《行政诉讼法》中也规定了相关的行政诉讼的原则。我国的每一个部门行政法典也都规定了若干具体原则，例如，《中华人民共和国土地管理法》就规定了合法性、合理性等原则，《中华人民共和国草原法》就规定了草原行政管理的行政干预原则等[1]。这些复杂的行政法原则以不同的方式存在于我国行政法治体系之中，它们也对行政权起着一定的规范作用。学者们为了简化，常常将若干复杂的行政法原则概括为合法原则和合理原则，这样的概括当然是没有错误的，但他们并没有为行政权的行使带来明显的、可供操作的原则体系。我国传统的行政法由于以行政秩序和社会秩序的构建为指导思想，所以行政法的原则中有一些与给付行政是相对立的，例如行政优先原则、行政权威原则以及行政诉讼中不停止具体行政行为执行原则等，如果让这样的原则在行政法治中具体存在，它就必然会阻滞行政给付的具体运行。鉴于上述，笔者认为行政法的相关原则应当发生一定的转化，行政法中的主动原则、服务原则、平衡原则等可以作为新的原则确立下来，这样的原则有利于给付行政的实现。笔者仅仅提出一些相关的原则，在行政法治实践中与给付行政相对应的还有哪些具体原则，则是我国行政法治实践和行政法学理论研究在今后需要解决的问题。纵观法治发达国家，行政法原则都在随着社会的变化而变化，都在根据行政权的实际运行状况而进行选择和确立。

第三，行政法主体结构的变化。行政法主体并不完全等同于行政法关系主体，在一国的行政法治运行中，常常包括这样一些主体：一是行政系统和其他行政主体，就是行政机关的总的组织体系以及在行政执法中某个单一的行政主体，包括法律法规授权的组织；二是行政相对人，就是与行政机关相比处于相对低位的社会个体或者社会群体，他们通过行政机关的行政权而与行政机关联结；三是利害关系人，就是行政主体行政行为所造成影响的当事人，他们与行政职权的关系是比较间接的，在有些情况下，他们与行政相对人很难予以区分；四是其他社会主体，就是与行政行为没有利害关系的组织或者个人；五是国家司法机关，在一个具体的行政过程中，他们常常是局外人，但一旦行政行为进入了救济阶段，他们就是行政法中的主体之一；六是

[1]　参见《中华人民共和国草原法》第3条、第4条等。

国家立法机关，立法机关以多重身份介入到行政法治实践中来，他们可能作为行政法制定者介入行政法治，也可能作为行政法治监督者介入行政法治中。上述行政法主体各自扮演着不同的角色，他们共同制约和影响着我国行政法治的进程。笔者认为给付行政理念的出现使传统的行政法主体的角色分配有所动摇，由于给付行政充分体现了行政过程中的利益关系，行政相对人为了追逐自身的利益常常会形成行政法过程中的一些亚群体。行政法中不断涌现的社会组织，如行业协会、社会利益集团等，在我国传统行政法治实践中，我们对这种新的行政法主体是相对漠视的，而在给付行政的理念之下，这些主体将会成为主要的行政法主体，它同时也改变了传统行政法关系中主体之间的关系。行政法主体与行政法关系主体及其结构的变化是一个非常复杂的问题，他们的发展和变化既由自然因素所决定，也由人文因素所决定。作为国家来讲，对两种转化模式都应当引起重视，既允许自然因素决定行政法关系主体结构的变化，又要人为地对行政法主体的角色分配和身份关系进行设计，只有这样我们才能让给付行政存在于系统的行政法关系之中。

第四，行政行为模式的转化。行政行为的概念是确定的，对于这种确定性似乎无人质疑，行政行为的分类似乎也是确定的，而这样的确定性也似乎无人质疑。就前者而论，行政行为是指由行政主体实施的，在行政过程中发生法律效力的行为，它的对象是行政相对人，而它的突出特征是其单方意志性和控制力。就后者而论，行政行为的类型已经被最高人民法院通过法律典则的形式类型化，例如，2004年最高人民法院颁布了《关于规范行政案件案由的通知》，这个通知将行政行为分为行政强制、行政处罚、行政许可、行政合同、行政受理等行政行为类型，其将行政给付、行政救助、行政协助等都作为具体行政行为来看待。在这个分类中，行政给付、行政救助仅与其他行政行为被视为是一种平行关系，而并没有赋予行政给付理念性和价值性的法律地位。总体上讲，传统行政行为类型的划分是从行政管理的范围进行推演的，最高人民法院的这个通知对此有明确的阐释。行政行为归于行政管理，换言之，通过行政管理演绎行政行为是我国行政法的一个传统，那么这个传统在给付行政的理念下是否还能够存在，是否还具有它的合理性，对此应当作出否定的回答。深而论之，我们不能够用行政管理的范围来确定行政行为的类型，应当根据给付行政的大的行政法治价值来划分行政行为的类型，而且应当通过这样的价值产生一些新的行政行为概念。总而言之，行政法治最为末端的环节是行政行为尤其是具体行政行为，它作为一种末端关联着行政法治的进程和行政法治的质量。如果我们要使给付行政的价值判定成为我国行政法治的主流，就应当形成一种新的行政行为模式，而这种新的行政行为模式即是给付行政的逻辑发展，同时也促成了给付行政的实现。

法治体系形成指标的法理 *

　　《中共中央关于全面推进依法治国若干重大问题的决定》（以下简称《决定》）指出："全面推进依法治国，总目标是建设中国特色的社会主义法治体系，建设社会主义法治国家。"这表明法治体系已经不是一个纯粹学理意义上的概念，而是一个正式的甚至带有法律典则依据的概念。2011年我国宣布法律体系已经形成，而《决定》在法律体系的基础上又提出了法治体系的概念，显然此二概念不是同一意义上的概念，这在学界也已经得到了普遍认可。[1]现在，摆在我们面前的是如何从质与量两个方面对法治体系的相关内涵及外延进行解读。我们认为，法治体系形成的测评指标应当是这一问题的关键点，[2]正是基于这样的考虑，笔者撰就本文，拟对我国法治体系形成指标的若干理论和实践问题作较为系统的探讨，以希引起我国理论界和实务部门对该问题的重视。

一、法治体系形成指标的界定

　　法治体系形成指标是指用于对一国法治体系的产生、发展、完善等若干

---

　　* 该文发表于《中国法学》2015年第5期，原标题为《法治体系形成指标的法理研究》。

　　〔1〕 参见张文显：《建设中国特色社会主义法治体系》，载《法学研究》2014年第6期，第13页；陈金钊、宋保振：《法治体系及其意义阐释》，载《山东社会科学》2015年第1期，第13页；李龙：《建构法治体系是推进国家治理现代化的基础工程》，载《现代法学》2014年第3期，第3页；等等。

　　〔2〕 近年来，我国学界相关的研究非常丰富，涉及法治指数、法治建设指标体系、法治建设评估机制等诸多领域，这些研究具有很好的理论和实用价值。而本文的研究与上述论题在视角上有着较大区别，法治体系的形成指标与法治指标和法治建设指标还不是同一意义的概念，其是对后几者的升华和系统化。

环节进行质和量的权衡与考察的客观标准。这些客观标准既可以以数字化的形式予以体现，也可以以非数字化的形式予以体现。[1]对该定义的理解和认知应当把握下列若干关键点：一则，它是一国法治体系是否形成的测评标准。当我们在解读法治体系的概念时，必须首先回到法治的概念上来，法治与法治体系还不能够同日而语，因为法治所指的是一国实施法律治理的一种状态，而法治体系则代表着一国实施法律治理所达到的较高水准，它是对法治的升华。也就是说，一国可能存在对法治实施和推行的状态，但这个法治很可能还处于初级阶段，甚至处于碎片化的状态。戴雪认为："当我们将法治作为我们国家的特质来讲之时，我们是说，不仅我们每个人不能超越法律，而且（作为另外一件事）在这个国家，每个人，不论他的身份或地位，都应该接受国王常规法律的制约，服从国王常设法院的管辖。"[2]只有在一国的法治达到了较高水准的情况下才能够用法治体系来考量该国的法治状况。由此可见，法治体系是一个具有较高水准的概念或者概念系统，它是衡量一国法治进程的客观标准，该标准能够对一国法治的产生、发展、完善等相关过程或者元素作出判定，这一点是非常关键的。《中共中央关于全面深化改革若干重大问题的决定》中就曾指出："建立科学的法治建设指标体系和考核标准。"当十八届四中全会在《决定》中提出在我国要建成法治体系，这实质上是对目前我国法治状况的一个期待，是对我国目前法治发展过程及其客观状况的一个评价，是对十八届三中全会决定中法治建设指标体系的升华和系统化。深而论之，我国目前的法治体系尚未形成，那么，究竟应当按照什么样的标准和规格来构建我国的法治体系就是必须解决的问题，从这个角度讲，法治体系的形成指标与《决定》中所提出的法治中国的建设是相辅相成、有机联系在一起的。二则，它是与法律体系形成的指标有所区别的。2011年，我国宣布已经建成了中国特色社会主义法律体系，在当时的法治背景和社会背景之下，法律体系的形成是有一定的客观标准和依据的，正如《全国人民代表大会常

---

　　[1]　法治体系形成指标与一国法治建设目标是紧密联系的，从这个角度讲，法治体系形成指标是一个质的问题。但更为重要的是，法治体系形成指标带有强烈的技术色彩，从这个角度讲，法治测评指标是一个量的问题。这二者的关系也是一国必须予以重视的问题，对二者关系的处理是法治体系指标中最为重要的问题。至于量的问题实质上也牵扯到法治形式合法性和实质合法性。参见［美］布雷恩·Z.塔玛纳哈：《论法治——历史、政治和理论》，李桂林译，武汉大学出版社2010年版，第121页。

　　[2]　［英］汤姆·宾汉姆：《法治》，毛国权译，中国政法大学出版社2012年版，第5页。

务委员会工作报告——2011 年 3 月 10 日在第十一届全国人民代表大会第四次
会议上》所指出的："到去年年底，共修改行政法规 107 件、地方性法规 1417
件，废止行政法规 7 件、地方性法规 455 件，全面完成对现行法规的集中清
理任务，保证了到 2010 年中国特色社会主义法律体系如期形成。"[1]我们说
法律体系已经形成，其所依据的事实就是已经有了一个以宪法为龙头、各个
部门法在宪法之下均衡分布的一个相对静态的法律的状况。一方面，从纵向
上讲，我国的法律体系形成了不同的层级和结构，它们之间环环相扣，呈现
出一个上下位阶、相互连接的封闭状态[2]；另一方面，从横向上看，除了作
为根本法的宪法典及宪法性法律规范之外，行政法、刑法、民法、经济法、
国际法、社会法、程序法等都有效地和有机地规范了相关领域的社会关系，
都有效地调整和规制了相关领域的社会事态。也许无论是纵向上还是横向上，
我国的法律体系在对所调整事项的覆盖上还存在些许不周延等问题，但不能
否认的是，到 2010 年为止，我国法律体系的整体轮廓已经呈现出来，而且已
经相对完整[3]。静态的法律体系的形成还不能够得出一个结论——我国已经
进入了法治国家的状态，因为法律体系是一个相对静态的东西，它只能说是
法治体系的一个方面，是法治体系的一个部类，是法治体系是否形成的一个
单一的测评指标。进一步讲，法治体系形成的指标比法律体系形成的指标有
更高的理念和要求，有更加严格和多元素的测评标准。总而言之，我们不能
把法律体系形成的指标与法治体系形成的指标相混淆，不能把法治体系形成
的指标降格为法律体系形成的指标。由于本文的侧重点不在于对法律体系形
成指标和法治体系形成指标进行理论上的区分，因此，对二者在法哲学上的
关系在此不予探讨。但必须指出，我们之所以能在《决定》中提出建设法治
国家的目标，与我国已经形成法律体系这个客观事实是紧密联系在一起的，
如果没有 2011 年中国特色社会主义法律体系形成这个判断或者这个事实，也

---

〔1〕 吴邦国：《全国人民代表大会常务委员会工作报告——2011 年 3 月 10 日在第十一届全国人
民代表大会第四次会议上》。

〔2〕 2000 年我国制定了《中华人民共和国立法法》，该法制定以后，我国法律体系形成了从宪
法到政府规章的体系结构，各个层面上的法律典则形成一个等级结构，同时我国的法律体系也是一个
网状结构，它们纵横交错，基本上覆盖了社会生活的各个方面。

〔3〕 我国在 2011 年宣布法律体系已经形成，这是对我国目前法律体系较为乐观的判断。在笔者
看来，我国法律体系中还缺少一些重要的典则和规范，例如私法体系中民法典分则的制定尚未完成，
在公法体系中还缺少行政程序法、新闻法等，应当用"我国的法律体系基本形成"更为妥当一些。

难以形成法治体系的概念，更难以为法治体系的形成构建一个哪怕是理论上的标准。三则，它是人文指标与技术指标的统一。亚里士多德对法治做过解释："法治应包含两重意义：已成立的法律获得普遍的服从，而大家所服从的法律又应该本身是制定的良好的法律。人民可以服从良法也可以服从恶法。就服从良法而言，还得分为两类：或乐于服从最好而又可能订立的法律，或宁愿服从绝对良好的法律。"[1]由此可见，法治在现代社会中已经与相关的政治学概念、行政学概念乃至社会学概念有了区分，换言之，法治已经不仅仅具有政治上的属性，而且包含着非常丰富的科学内涵。从上述经典论断中我们可以看出，法治本身就是一种科学治理，其中的技术含量和技术成分是非常丰富的，这就必然刻画了这样一个命题，那就是法治体系形成的指标也应当具有强烈的技术色彩，即应当是由若干科学内容构成的技术性指标，而且这些技术指标之间有着严密的逻辑关系，这一点是非常重要的。因为我国在实现法治的过程中，并没有对其中的技术指标高度重视，这是一方面。另一方面，法治作为一种治理方式，它与一国的政治机制是联系在一起的，一些国家甚至把法治作为治理过程中的工具或者手段，这说明法治尽管受到技术因素的制约，但它也有强烈的人文色彩。例如，可以用制度的手段对法治及其体系进行构造，可以通过制定规则的方式将法治体系的指标规范下来等。法治体系形成指标的技术性和人文性是不可分割的，这提醒我们在构建法治体系形成的指标时，既要从治理技术的角度出发，又要将法治作为治理过程中的一个理性工具。上述三个方面对我们解读和把握法治体系形成指标的概念至关重要，从上述诸点出发，我们可以进一步对法治体系形成指标的内涵作出如下解释：

第一，法治体系形成指标是指由一国政权体系制定的指标。通常情况下，对法治体系进行测评可以通过三种不同的渠道：一是存在于民间的对法治体系进行测评的指标。20世纪中期以后，随着社会信息化，社会系统中产生了非常多的收集信息、加工信息、提供信息的民间机构，这些机构常常把信息的加工、处理与提供作为一种商业行为为之[2]，在这种类型的民间组织中，

---

〔1〕 [古希腊] 亚里士多德：《政治学》，吴寿彭译，商务印书馆1981年版，第650页。
〔2〕 著名的美国兰德公司、德林公司属民间性的信息机构，其在信息的加工和处理方面就有非常大的影响，它们的信息加工处理技能产生了巨大的经济效益和社会效益，常常也能产生政治效益。与之相比，我国的民间信息机构尚处于发展之中。

也有一部分主要对一国乃至不同国家法律体系或者法治体系进行跟踪、分析和评估。在我国，这类机构虽然还没有形成规模，但不可否认的是，我国已经有民间组织对法治体系的一个方面或者多个方面进行了相应的测评。例如，在我国就有诸多学者对我国法治政府的标准和指标进行构建，而且有些指标已经被有关部门采纳。[1]二是存在于学术机构的对法治体系进行测评的指标。现代法治发达国家都存在着大量的法律教学或者研究机构，如我国的高等政法院校和不同层次的法学研究所，这些机构对相关部门法研究的同时，也有一些专门对法治及其法治体系所进行的综合研究。近年来有一种新的研究潮流，就是对法治由原来的静态化研究发展为现在的动态化研究，就是说，一些机构将研究的侧重点放在了对法治的数据分析和处理上，而且在此基础上提出了有关法治的综合性数据，其中包括不同领域法律典则的分布状况、法律执行和实施的数据分析状况，也包括用数字分析原理对我国法治未来进行预测的研究状况等。[2]上述两个方面的研究从广义上讲都是民间的，但他们又有着质的区别。就前者而论，它们的研究常常以营利为目的，商业化的特性更加明显一些；就后者而论，则更注重研究本身的学术属性，并不带有强烈的商业属性和目的。数据分析并不完全是客观的，这就决定了上述两个方面的研究结论并不一定是完全契合的，有些结论甚至会形成巨大的反差。三是存在于国家政权体系中的对法治体系进行测评的指标。从理论上讲，法治属于国家治理的范畴，也是国家治理的重要手段和基本构成部分，因此，一国的国家政权体系中应当存在专职的对法治体系进行测评的机构，当然并不是所有国家都设立了这样的具有权威性的专职机构以对法治及其数据进行研究。之所以形成这样的格局，原因在于，一国的政权体系中有关法治机构的

---

〔1〕 参见付子堂、张善根：《地方法治建设及其评估机制探析》，载《中国社会科学》2014年第11期，第123页；杨小军、宋心然、范晓东：《法治政府指标体系建设的理论思考》，载《国家行政学院学报》2014年第1期，第64页；朱未易：《地方法治建设绩效测评体系构建的实践性探索——以余杭、成都和香港等地区法治建设为例的分析》，载《政治与法律》2011年第1期；林世钰：《构建法治政府指标体系——专访国家行政学院副院长、著名行政法学家袁曙宏》，载《检察日报》2006年10月13日，第4版。

〔2〕 法治体系的测评和对法治体系发展的预测究竟是什么关系，这是需要从理论上探讨的问题。在笔者看来，法治体系的测评指标与行政实在法的关系更加密切一些，而对法治体系发展的预测则更像是一个法治发展的理论问题。但不争的事实是，前者对后者有着决定性的影响，而后者也会对前者起到非常重要的作用。

设立是受制于体制机制的，甚至是政治体制的延伸。我们知道，就法律的制定和运作而论存在立法、执法、司法等相关的机构，它们与法律的相关硬件联系在一起，而在它们之外是否设立相关的专职机构对法律的软件进行分析和评判，则不是法治体系的必然构成，这就决定了在一国法治体系中这样的专职机构并不多见。当然，立法机构也罢，执法机构也罢，司法机构也罢，它们可能在一定范围之内承担着对法律体系的数据进行测评的职能，而这些职能与法治测评机构的职能还是有区别的。国家政权系统之内是否设立专职的法治数据分析和测评的机构是另一个范畴的问题，而作为对一国法治体系进行测评的数据和指标却是应当正式化的，就是说民间可以有一套法治体系测评的数据和指标，学术机构可以有一套法治体系的数据和测评指标，而国家政权体系也应当有自己的有关法律体系的数据和测评指标。我们所讲的法治体系的形成指标是就后者论之的。之所以这样说，是因为在现代社会中，法治国家建设也罢，法治政府建设也罢，法治社会建设也罢，都应当受到客观规律的制约，都应当在相关科学的技术指标的指导下进行。因此，法治体系形成的指标本身就是一国政权体系所应当固有的职能，尤其是法治机构应当承担的职能。[1]

第二，法治体系形成指标是能够对法治状况作出综合测定的指标。法治体系可以从多视角进行考察，《决定》关于我国法治体系的构成板块作了这样的规定，一是立法体系。包括立法体制和法律典则两个方面，就是一国立法权的分配体制和一国已经形成的法律典则和法律规范体系；二是法治政府及其行政法治体系，法治政府是就政府行政系统的法律治理而言的，同时要求它们能够依法行政，即依法运用公权力；三是司法体制及其司法权的法治过程，包括一国的司法体制、审判模式、司法权运作的效果、司法的公信力，等等；四是法律的社会治理，就是存在于社会公众中的法治意识和法治习惯，包括公民遵法、守法、用法的问题；五是党内法治问题，我国强调执政党对依法治国的导向作用，执政党也有着自己内部的法规体系，但传统上没有将其作为法治体系的构成，《决定》则将它作为法治体系的一个版块，使我国法

---

〔1〕 我国在宣布中国特色社会主义法律体系已经形成时是以一定的客观数据为依据的，正是由于存在大量的客观数据，我们才可以说我国的中国特色社会主义法律体系已经形成。从这个角度讲，我国的法治机构在近年来已经对职能有所拓展，也就是说，它们承担了对相关法治体系进行量化和测评的职能。

治体系有了新的内涵。上述板块是对法治体系所涉及的部类、范畴的一个总体概括，这是考察法治体系的一个视角，同时，法治体系还可以用其他的考察方式进行考量。例如，法治体系的开放度和封闭度，法治体系中的主体要素、客体要素、程序要素等关联形式。有学者就曾指出："实质是法律的精神，而形体是法律的躯体。因此，一国之法律能否成为金科玉律，则对于立法者就不得不提出兼具实质、形体完备之要求。"〔1〕至于法治体系还有哪些考量的视角，从一定意义上讲，还可以从不同的角度进行拓展，例如法治体系与文化的关系，法治体系与民俗的关系，法治体系的文明程度，等等。由于对法治体系的考察是一个多视角的问题，甚至可以说是一个无法穷尽考量角度的问题，因此，我们在构建法治体系形成指标时必须对一国法治状况作出综合测定。反过来说，法治体系的形成指标是能够对一国法治体系的状况作出综合测定的指标体系，这样的综合测定至少应当从三个方面进行展开。其一，从宏观上对法治体系的顶层设计及其各支系统之间的关系进行测评，对法治体系上述若干板块的构成及其状况作出测评。其二，从中观上对法治体系及其部类之间的关系进行测评。当然，在一国法治体系中哪些属于中观范畴还需要从理论上作出界定。其三，从微观上对法治体系的状况作出测评。法治实践中存在着大量的规范、规则，同时也存在着对这些规范的违反行为，还存在着对这些违反行为的制裁行为，一旦进入法治的实施层面，诸多因素都是具体的，它们都要具体到一个单一的法律关系之中："法律义务不过是法律规范对某行为在规范中赋予制裁的那个人的关系而已。法律义务的内容是与作为一个不法行为，成为制裁条件那种行为相对立的（相反的）行为。法律义务之不为不法行为的义务。它是国民'服从'法律规范的义务。"〔2〕这些微观的东西也应当进行测评，并且形成相对科学的标准。法治体系的形成指标必须具有这样的综合性，必须能够覆盖法治的全方位，这一点必须强调。因为我国目前的法治体系测评并不是完全空缺，只是这些测评指标相对零散、不能做到全方位覆盖。

　　第三，法治体系形成指标是可以进行数量确定的指标。从辩证哲学的角度讲，任何事物都应当是质和量两个方面的统一，二者不可以割裂和偏废，然

---

〔1〕 ［日］穗积陈重：《法典论》，李求轶译，商务印书馆 2014 年版，第 5 页。

〔2〕 ［奥］凯尔森：《法与国家的一般理论》，沈宗灵译，商务印书馆 2013 年版，第 105 页。

而，我国的法治体系及其形成长期以来强调它的质的方面，而忽视了它的量的方面。我国早在"五四宪法"中就确立了社会主义的法治原则；改革开放初期形成了"有法可依，有法必依，执法必严，违法必究"的十六字法治方针；[1]《宪法修正案（1999）》第13条确立了建设法治国家的治国方略[2]；等等。这些对我国实行依法治国都具有非常明显的价值性导向，而且起到了或者起到过非常重要的作用。然而，它们对于建设法治国家而言，其价值性作用更大一些，因为它们所强调的是依法治国的质的方面，也是法治体系的质的方面，它们并没有涉及任何有关法治体系的量的方面。应当说从我国官方的文件和法律典则来看，很少有涉及数量确定的法治建设的规则和规范，[3]这种质和量的两个方面的巨大反差是制约我国依法治国的一大障碍。我们注意到，当前的历史背景下，中共中央关于依法治国重大决策的作出是我国法治由侧重质到质量统一的一大转换。即是说我们所强调的依法治国，所强调的法治政府和法治社会的建设是必须能够进行数量确定的，是必须能够进行定量分析的。法治体系的形成指标有质的方面的内容，当然质的方面的内容是必然的。例如，对法治体系的界定、定位、构造、结构化处理等，都可以视为是质的方面。但是，法治体系形成指标的核心内容是对法治体系中的要素进行定量分析，进行严格的数量上的确定，例如，我们可以对法律体系中不同部门法所占的比例用数字来说明，可以对不同层次的法律典则用数字来说明，可以对立法机构、执法机构、司法机构所行使的权力用数字来说明，还可以对公民信仰法律、遵守法律和运用法律的问题用数字来说明，最终通过严格的数字化处理，使法治体系的形成指标存在于数字系统之中。

第四，法治体系形成的指标是通过实在法体现的指标。《决定》规定我国的法治建设必须做到："形成完备的法律规范体系、高效的法治实施体系、严密的法治监督体系、有力的法治保障体系，形成完善的党内法规体系，坚持依法治国、依法执政、依法行政共同推进，坚持法治国家、法治政府、法治

---

〔1〕　参见中共十一届三中全会公报。

〔2〕　《宪法修正案（1999）》第13条规定了，《宪法》第5条增加一款，作为第1款，规定："中华人民共和国实行依法治国，建设社会主义法治国家。"该修正案完成了我国由法制到法治的转变，也就是我们常说的由刀制到水治的转变，这个转变使我国的法治发生了质的变化。

〔3〕　我国近年来也颁布了一些蓝皮书对法治建设相关数据进行了公布和分析，法治建设的白皮书则相对较少。应当说，这方面白皮书比蓝皮书的地位更值得强调，因为蓝皮书是由民间机构发布的。

社会一体建设，实现科学立法、严格执法、公正司法、全民守法，促进国家治理体系和治理能力现代化。"这是对我国未来法治体系的规定，单就目前来看，该规定是我国建设法治国家的最高文件，它尽管体现于党内文件之中，但不可否认的是，该文件具有正式的效力，甚至具有正式的法律效力。[1]不管怎么说，法治体系的形成与建设绝对不是一个法外的东西，我们不能够用法外的眼光来观察法治体系建设的相关问题。正因为如此，作为法治体系形成的指标而言，它应当具有正式的法律效力。因此我们认为，在法治体系形成指标的概念之下，应当包括一个极其重要的内涵，那就是法治体系形成的指标是体现于实在法中的东西，它本身就是法治体系的内容之一。我们说法治体系既具有技术性，也具有人文性，就是认为法治体系中所包含的数据、量化标准具有强烈的技术色彩，而这些具有技术色彩的东西绝不仅仅是一种技术，它同时具有人文要素。也就是说，只有当它们制度化以后，才是有价值的；只有当它们制度化以后，才具有规范力。可以这样设想，如果我们把法治建设中的数量指标仅仅当成一个简单的信息和数据，而把它们排斥在法治体系内部之外，那么我国的法治体系就永远只是一个追求的目标，是一个无法实现的纯粹理念或纯粹价值性的东西。另外，将法治体系的形成指标以实在法形式体现出来，有许多技术问题还需要进一步处理，例如，是否需要制定一个有关法治体系形成指标的单一典则，是否需要用白皮书的方式使法治体系的形成指标具有规制力等，这些问题都应当在法治体系形成指标构建时予以探讨。但无论如何，法治体系的形成指标应当具有正式的法律效力。

二、法治体系形成指标在我国的状况

《决定》指出："同推进国家治理体系和治理能力现代化目标相比，法治建设还存在许多不适应、不符合的问题，主要表现为：有的法律法规未能全面反映客观规律和人民意愿，针对性、可操作性不强，立法工作中部门化倾向、争权诿责现象较为突出；有法不依、执法不严、违法不究现象比较严重，

---

[1] 习近平在《关于〈中共中央关于全面推进依法治国若干重大问题的决定〉的说明》中指出："党和法的关系是法治建设的核心问题。全面推进依法治国这件大事能不能办好，最关键的是方向是不是正确、政治保证是不是坚强有力，具体讲就是要坚持党的领导，坚持中国特色社会主义制度，贯彻中国特色社会主义法治理论。党的领导是中国特色社会主义最本质的特征，是社会主义法治最根本的保证。"该论断表明《决定》具有非常高的效力。

执法体制权责脱节、多头执法、选择性执法现象仍然存在，执法司法不规范、不严格、不透明、不文明现象较为突出，群众对执法司法不公和腐败问题反映强烈；部分社会成员尊法信法守法用法、依法维权意识不强，一些国家工作人员特别是领导干部依法办事观念不强、能力不足，知法犯法、以言代法、以权压法、徇私枉法现象依然存在。"这实质上是对我国目前法治体系存在问题的一个诠释。从这个解释中我们可以看出，我国法治体系形成指标存在着诸多问题，例如，立法与执法和法律实施关系的不协调；立法和司法逻辑上的有序性不足等。在法律的测评指标中，立法和司法之间应当保持正当关系，然而在我国目前的法治体系中，立法与司法之间存在极大的不和谐，正因为如此，十八届三中全会决定强调要"改革司法管理体制，推动省以下地方法院、检察院人财物统一管理，探索建立与行政区划适当分离的司法管辖制度，保证国家法律统一正确实施。"上文已经指出，我国早在 2011 年已经宣布形成了法律体系，这表明我国的立法是相对比较成熟的，与之相比，法律的执行和实施则存在着非常大的滞后性，在这个问题上，无论学界还是实务部门都已经形成共识。[1]即使说我们已经有了较为规范的法律典则和法律规范体系，但这些法律典则和法律规范体系还没有化为一种物质力量，还没有在社会控制过程中体现出它的价值，说到底，如果用法治体系形成指标来考量的话，那就是立法的测评指标和法律实施的测评指标出现了剪刀差。还如我国法律体系的纵向构成存在不平衡，2000 年制定了《立法法》，该法的作用在于规范立法行为，使我国法律体系达到统一和谐，但该法实施十多年来，并没有从根本上解决法律体系纵向上的不和谐关系问题。例如，行政机关制定的法律典则的量远远超过了立法机关制定的法律典则的量，这是一个违反法治体系常识的问题，因为它使得一些行政机关不适当地行使了大量属于立法机关的权力，这也导致部门利益通过法典来体现，[2]从而有可能造成行政主体不当利益合法化的问题。所谓行政主体不当利益的合法化，就是指行政主体通过一定的手段使那些不属于自己、不合乎理性、不符合道德理念的利益取得法律外形的行为过程。部门法之间也存在不平衡的问题，应当说我国的

---

〔1〕　法律的制定与法律的实施究竟具有什么样的法哲学上的关系是诸多经典作家都关注的问题，法律的制定应当是一个较为集中乃至一次性的行为，而法律的实施具有强烈的碎片化，这也是我国法律实施滞后于法律制定的一个重要原因。

〔2〕　关保英：《行政法学》（下册），法律出版社 2013 年版，第 455 页。

刑事法律、民事法律相对比较成熟，而与之相比，行政法则相对滞后，因为我们还没有制定出统一的行政程序法典。[1]另外，在法治发达国家，社会法已经成了一个独立的法律部门，在我国尽管全国人大已经将社会法确定为一个部门法，但在法律典则的构成中，我国的社会法还处于起步阶段，与其他部门法存在非常大的差距，这既使该部门法与法律的社会化不相适应，又使该部门法与其他部门法存在着不和谐，这实质上仍与行政法治体系缺乏刚性指标有关。还应当指出，我国的行政法治与有关的司法机制也存在着不和谐的状况，至于二者究竟存在哪些具体问题，学界和实务界有不同的认知。但不争的事实是，有些方面行政权超越了司法权。我国劳动教养制度的废止解决了二者不和谐的一部分问题，但行政超越司法的现象仍然普遍存在[2]。而在有些方面，司法权则介入到了行政权之中，我国一些司法解释实际上渗入了行政权的解释之中，进而也超越了立法权。[3]这些问题可以视为我国法治体系形成中的质的方面的问题，也可以被看作是量上的问题。如果我们用一套严格的量化指标对法治体系的若干问题予以规范，那么《决定》所指出的相关问题可能就会少很多。笔者试对我国法治体系形成指标目前的状况作出下列揭示：

第一，有主观指标而缺乏客观指标。正如习近平所指出的，《决定》对我国依法治国作了一个顶层设计[4]，这实质上科学地揭示了目前我国关于依法治国方略的定位。应当说，我国有关依法治国的方略自1978年十一届三中全会以后就在不断地形成和完善，《决定》既是对以往有关依法治国方略的一个

[1] 纵观我国行政程序法制定的道路，我们发现，我国在行政程序法的制定中缺乏顶层设计。虽然我们制定了《行政处罚法》《行政许可法》《行政强制法》等行政程序法典，但这些法典具有明显的选择性，就整个行政程序的行为而论，我国行政程序法疏漏了绝大多数的行政行为，没法与刑事法律和民事法律相比。

[2] 尽管劳动教养制度被废止，但在吸毒卖淫嫖娼等违法行为的处理上，行政系统还履行着司法职能，例如，卖淫嫖娼人员收容教育制度就带有强烈的行政机关履行司法职能的色彩。

[3] 2000年最高人民法院颁布了《最高人民法院关于执行〈中华人民共和国行政诉讼法〉若干问题的解释》（已失效），其对我国《行政诉讼法》进行了解释，这个解释对于制约行政权尤其对人民法院进行行政审判，都是有好处的，但是它涉及的诸多内容超越了行政诉讼制度本身，如其中有些内容本应由立法机关制定，但最高法院却作出了规定。

[4] 《决定》对我国依法治国作出了非常全面的规定，它包括法律的制定，法律的实施，法律的遵守等所有与依法治国有关的问题，这样的顶层设计实质上是对依法治国从总的体系和系统上所进行的构建，其价值是无法替代的。

延续，又是对依法治国方略的进一步深化，那么，这个深化究竟具有什么样的地位？那就是有关依法治国的一个顶层设计。就是说，它对我国依法治国的含义作了解读，对我国依法治国的方案作了设计，对我国依法治国的总目标作了确定，对我国依法治国在若干领域的要求作了规定，等等。但是，这些内容的纲领性价值大于规范性价值，目标性价值大于具体性价值。我们注意到，《决定》所涉及的数据是极其有限的，[1]所涉及的属于法治范围内的具体措施也是很有限的。[2]在《决定》出台之前，我国关于依法治国也有诸多的官方文件，甚至有诸多的测评指标，包括 2004 年国务院制定的《全面推进依法行政实施纲要》，以及最近中共中央作出的关于司法体制改革的文件中都有一些法治体系的测评指标。[3]但在笔者看来，这些指标由于体现了较强的战略性和纲领性，所以它们可以被归入到主观指标的范畴，而普遍缺乏相应的客观性。

第二，有政策导向的指标而缺乏法律规定的指标。法治体系形成的指标绝对不是政策范畴的东西，这是我们必须予以强调的。正如上述，科学的法治体系应当有严格的量化标准，而这些测评指标就是量化标准的一个具体体现。然而，翻开我国目前中央层面和地方层面制定的法律典则，翻开由立法机关和行政机关制定的法律典则，很少能发现这其中的有关法治体系形成指标的典则或者规范。当然，在全国人民代表大会每年的工作报告中，在全国人民代表大会所通过的一些白皮书和蓝皮书中包括了相应的数据，包括了有关法治的测评指标。不可否认的是，这种通过工作报告或者通过蓝皮书、白皮书发布的测评指标与体现于正式的法律文件中的测评指标还是有很大距离的，因为这些东西是不能归入实在法的。目前体现于我国官方文件中的大多

---

〔1〕　《决定》在法治理念上乃至相关制度的设计上都较为全面，而且比较深刻，如"法律是治国之重器""公正是法治的生命线""法律的生命力在于实施"等，与这些理念和制度相比，《决定》中有关依法治国的定量分析相对较少。

〔2〕　《决定》是对我国依法治国的顶层设计，因此其在治国方略和宏观设计上是较为全面的，但有关依法治国具体措施的构造相对较少。当然它作为依法治国的纲领性文献，少些具体措施也是合乎逻辑的。

〔3〕　例如《全面推进依法行政实施纲要》规定："全面推进依法行政、建设法治政府，涉及面广、难度大、要求高，需要一支治强、作风硬、业务精的政府法制工作队伍，协助各级人民政府和政府各部门领导做好全面推进依法行政的各项工作。各级人民政府和政府各部门要切实加强政府法制机构和队伍建设，充分发挥政府法制机构在依法行政方面的参谋、助手和法律顾问的作用，并为他们开展工作创造必要的条件。"该规定实质上已经包含了相关的测评和定量分析问题。

数法治体系的测评指标应当说都是以政策或者政策性文件的形式出现的, 这其中包括有关行政法治的测评指标, 包括有关司法权力运行的测评指标。有关我国法律体系总体上的测评指标多以政策性文件的形式体现出来, 我们认为, 以政策形式出现的法治体系的测评指标是测评指标的渊源之一, 我们不能够对其有所诟病, 但是, 政策层面上的东西毕竟不能与法律层面上的东西等同。进一步讲, 我们在以政策性文件规范法治体系测评指标的同时, 也应当有以法律形式出现的有关法律体系的测评指标。至于二者的关系如何处理, 则是需要进一步澄清的问题。例如, 什么样的指标应当通过政策性文件的形式体现出来, 什么样的指标应当通过法律典则的形式体现出来, 还需要进一步考虑; 或者在政策性文件中不涉及有关法治体系的测评指标, 这可能是一个比较好的选择。因为从目前来看, 政策性文件所涉及的法治体系的指标大多是比较抽象的, 大多都没有刚性的内容, 如果通过法律典则把有关法律体系的指标规定下来, 就可以使其由柔性变为刚性, 由抽象变为具体。

第三, 有相对粗略的指标而缺乏细密的指标。我国法治体系的测评指标并非处于起步状态, 应当说在我国推行依法治国的过程中, 有些方面已经形成了相应的测评指标。例如我们对司法人员有一套考核体系, 对行政执法人员也有一套考核体系, 对行政主体的执法有主体登记、程序规范、信息公开等制度化的构造, 这些已经非常接近法治体系的测评指标了。而且我国近年来在立法文件中也规定了一些评估制度, 例如在行政许可法和行政强制法中规定了行政许可的跟踪制度、行政强制的跟踪制度等[1], 这些规定的技术含量都是非常高的, 已经符合法治体系测评指标的相关构成要件。近年来, 我国行政系统实行权力清单制度, 通过权力清单将政府行政系统所行使的权力

---

[1] 《行政许可法》第 20 条规定: "行政许可的设定机关应当定期对其设定的行政许可进行评价; 对已设定的行政许可, 认为通过本法第 13 条所列方式能够解决的, 应当对设定该行政许可的规定及时予以修改或者废止。行政许可的实施机关可以对已设定的行政许可的实施情况及存在的必要性适时进行评价, 并将意见报告该行政许可的设定机关。公民、法人或者其他组织可以向行政许可的设定机关和实施机关就行政许可的设定和实施提出意见和建议。"《行政强制法》第 15 条规定: "行政强制的设定机关应当定期对其设定的行政强制进行评价, 并对不适当的行政强制及时予以修改或者废止。行政强制的实施机关可以对已设定的行政强制的实施情况及存在的必要性适时进行评价, 并将意见报告该行政强制的设定机关。公民、法人或者其他组织可以向行政强制的设定机关和实施机关就行政强制的设定和实施提出意见和建议。有关机关应当认真研究论证, 并以适当方式予以反馈。"

予以公布，既让行政主体知晓自己的权力范围，也让行政相对人了解行政主体权力的范围，这也符合法治体系的要求。与行政权的测评相比，司法权的行使也有一定的测评指标。在笔者看来，目前有关这样的测评指标却是相对粗略的，而且都具有非常明显的选择性，就是我们对一些敏感的权力行使范围和法治问题设定了测评指标，而对其他的相关问题则没有设定测评指标。当然，能够设定一定的测评指标对法治体系的形成总是具有积极意义的，但同时我们也应当指出，比较粗略的法治体系的测评指标对形成法治体系所起的作用是非常有限的。法治发达国家的法治系统都有相应的登记制度，例如美国就有联邦登记手册，通过这些手册将法治体系中的数据、信息、案例等予以登记并且进行公开，这样的登记方式使法治体系中的所有要素逐渐形成体系，而它对法治体系的支撑作用是不可低估的。我国的法治体系形成指标也应当改变目前这种相对粗略的格局，向着细密化的方向发展，因为细密化的测评指标更加成体系，它不会漏掉法治体系中的任何一个环节和元素。

第四，有法律实施中的单项指标而缺乏法治的总体指标。法治体系的形成指标是相对法治过程和法治体系而言的，它不是法治体系中的某一个环节，也不是法治体系中的某一个方面，我们可以说，法治体系的形成指标由诸多环节和诸多方面构成。然而，在法治体系总体测评指标的概念之下，它所强调的是整体性和系统性。而我们注意到，我国目前法治体系的测评指标常常侧重于一些单一的方面，尤其侧重于法律实施中的个别环节，例如，司法机关的案件办理常常是有指标的。我国有一个通俗说法"命案必破"，至于"命案必破"这一说法是否能够成立是另一个范畴的问题，而"命案必破"本身即是对法律实施的测评问题。在行政系统中对行政执法行为也常常设定这样的指标，甚至对一些具体的处罚行为也会设置相应的测评指标，例如有些行政执法系统和部门就会对罚款的数量作出限制，至少会作出统计和定量分析，这样的指标过于微观，并且常常和法治体系的总目标对立，容易使这种有关法律实施中的单一指标背离法治指标的根本价值。这种关于法治体系测评指标的碎片化倾向在我国占有主流地位，导致我国尚没有一个有关法治体系形成的较为中观的指标，更谈不上宏观指标了。从逻辑上讲，在中观和宏观指标之下，应当有较为具体的指标，而这些具体指标的定位是非常敏感的问题，我们不能仅仅将它定位在法律实施上，更不能够定位在具体的行为类型上。

第五，有单向评价的指标而缺乏法律约束力的指标。在行政法治体系中，测评指标有多重属性，一方面，一个法治测评指标是一个信息问题，因为它涉及行政法治内部各种数据和统计报表，这些信息有利于我们了解法治实践过程，也有利于我们评价法治体系的状况；另一方面，法治体系的测评指标应当是有约束力的，这些数据和统计报表能够制约相关机关的行为，能够制约相关法律主体的行为，一个科学而合理的法治体系测评指标是上述两个方面的有机统一，不应当有所偏废。在笔者看来，我国目前有关法治体系的测评指标大多仅仅具有上述两个功能中的一个，且往往仅具有评价功能。就是说我们所统计的数据，所搜集的信息，或者我们将已经设定好的数据和信息用以对一个法律行为和法律过程进行评价，这种评价没有任何法律意义上的约束力和规范力，它常常作为法律机构工作报告的内容之一，这些数据可能导致的法律上的结果通常是不存在的。说到底，目前存在的一些测评指标，尤其是一些单向测评指标，在学术上和理论上是有价值的，而在法治实践中则没有太大的意义和价值，这一点必须引起我们的高度重视。上文已经指出，法治体系的测评指标应当是正式的，法治体系的测评指标应当具有规范力和约束力，由于我国目前实在法没有对法治体系测评指标作出规定，所以法治体系测评指标在我国不会产生相应的约束力，这实际上大大浪费了有关的法治资源，也浪费了存在于民间的测评指标、存在于学术机构的测评指标以及存在于政权体系中的测评指标。

上述若干方面是对我国目前法治体系测评指标状况的一个基本评价。

三、法治体系形成指标的性质

法治体系形成指标的功能和作用可以体现在下列几个方面：①将其作为法文化的构成部分。法治是一个非常复杂的规范体系和治理体系，从法哲学的角度来分析，法治体系之上存在着法文化。所谓法文化就是指人们有关法和法治的知识积累，以及与这些知识积累有关的价值判断。应当说在我国法学界和实务界对有关实在法中的数据和信息并非一无所知，我们常常用中华法系或者中国特色的社会主义法律体系来表述我国的法律和法治现象，而在这个表述中必然存在着法律典则、法律主体、法律程序、法律实施等法治元素，这些元素中不可能不包括任何数据和信息，相反，在它们中间有着大量数据和信息，这些数据和信息支撑了一个法系，支撑了一个法治体系。从这个角度来观察，法治体系的测评指标具有法文化的属性，它能够体现一种法治文化，这是法治体系的第一个作用和功能。②将其作为法律和法治的认知基础。人们对法的认知是需要一定的理论基础的，也是需要一定的方法论的，这些理论基础和方法论也包含着相应的数据和信息。在一定范围内，这些数据和信息既是法律理论的一个构成，也是对法和法治进行深入分析的工具。事实上，在我国的法学研究中不乏相应的数据支撑和信息支持[1]，它们已经成为法学分析的一个基本工具和手段。在笔者看来，这些存在于理论层面上的数据，有些是从实在法中提炼出来的，深而论之，它们本身就是法治体系测评指标的构成，这表明法治体系的第二个作用是其在理论上的价值。③法治体系的形成指标也是一个学术问题。在我国的法学研究中，对相关的法治数据和信息有不同的认知，这些认知可以分成不同的流派，实证研究往往把数据化的指标作为法治分析的基本方法和实践基础。而规范研究则不一定赋予相应的测评指标如此大的价值，且无论赋予它多大的价值，其都属于学术范畴，也就是说，只要我们在对法问题进行研究时，运用法治体系形成指标中的数据和信息，就是一个学术上的问题。学术问题与法律理论的分析问题还不是同一意义、同一范畴的问题，因为作为学术问题可以形成不同的流派和不同的价值判定，而作为理论问题则是一个公认的分析工具和分析手段。④它可以作为法律规范。对此上文已作过讨论。法治体系的形成指标是法治体系的构成部分之一，是通过典则和规范的形式体现出来的，它在法治体系的构造中与其他法律制度具有同等的功效。显然，上述四个方面关于法治体系的价值和功能都是存在的，它们都是关于法治体系功能的合理判断。然而，本文所讨论的法治体系的功能和价值则在于第四个方面，就是说法治体系本身是一个规范性的东西。那么，它作为一个规范性的东西究竟具有哪些方面的属性呢？笔者试从下列方面进行分析。

　　第一，法治体系形成指标具有统一性。法治统一原则是我国宪法和立法法

---

　　[1]　法律数据和信息库的建设是我国近年来法学界的一个新的趋势，有些高等院校已经建立起较为严密的法律数据库和信息库，这些数据库和信息库既有利地支持了法学教学，也为法学研究拓展了空间。

对法治及其体系所确立的一个基本原则[1]，从法律静态的角度讲，该原则要求所有法律都应当服从宪法，所有下位法都应当服从上位法，所有同一层次的法律都不能存在矛盾和冲突。从动态的方面看，法治过程应当在不同地区、不同部门保持高度的同一性，甚至在法治的时间顺序上也不能够有过多的跳跃或超越历史的现象。法律和法治的这个大原则应当贯穿法治体系的全过程。那么，作为法治体系的形成指标，其也受制于该原则，在一定条件下，也应当促成该原则的实现。法治体系指标的统一性要求必须把法治体系指标的形成权予以集中，由统一的国家机关来制定和形成法治体系的指标。存在于民间的或者学术机构的那些指标可以作为学术范畴的东西来看待，如果这些指标的确有相应的价值，那就应当通过一个正式的法律行为将其确立下来。法治体系的统一属性还要求法治体系的形成指标本身就是一个属于顶层设计的东西，国家应当在法治体系的构造中，同时构造法治体系的测评指标。如果说某个地方或者某个部门有自己的法治体系测评指标的话，那它必须是从国家统一的法治体系指标中进行演绎和具体化的，而不能存在相应的对立和冲突。以权力清单的制度设计为例，不同地方的同样机构应当有同样的权力清单，不同部门的同样机构也应当有统一的权力清单。笔者认为，法治体系形成指标的统一性对于实现法治的统一、对于我国法治形成一个大系统是非常有意义的。

第二，法治体系形成指标具有规范性。法治体系形成指标本身就应当是法律制度的构成部分，正如上述它应当通过法律典则的形式体现出来，也就是说当一国在形成它的法律体系时，就应当在这个法律体系中制定一个或者若干个典则，而这些典则就是用以调整和规范法治体系的测评指标的。以此而论，法治体系的形成指标绝对不能够等同于政府的工作报告，也不能够等同于立法机关有关法律制定和实施的说明。具体地讲，法治体系形成指标也应当和其他法律典则一样，通过相应的法律条文体现出来，而且要符合法律条文内容的质的规定性。例如通过这样的条文设定相应的权利和义务，通过这样的条文形成一定的关系形式，通过这样的条文形成相应的规范秩序，等等。我们注意到，目前我国有些方面的法治体系测评指标较为抽象，还以权

---

[1] 《立法法》第4条规定："立法应当依照法定权限和程序，从国家整体利益出发，维护社会主义法制的统一和尊严。"

力清单的制度设计为例，一些地方所制定的权力清单仅仅把《中华人民共和国宪法》（以下简称《宪法》）第107条和政府组织法有关行政系统职权的规定予以列举或者直接照抄。我们知道，宪法和政府组织法关于地方政府职权的规定是极其抽象的[1]，例如，宪法和政府组织法都规定了地方政府享有行政管理权，如果我们把行政管理权作为一项权力予以列举，这实质上等于赋予了地方政府非常广泛的权力。因为在行政管理权的概念之下，可以推导和演绎出无数种权力，以这样的方式构造法治体系测评指标必然是不规范的。我们认为，法治体系形成指标既应该通过严格的典则予以规定，又应当讲求其内容的规范性，如果是一个数据或者信息，那就只能做出唯一的解释而不能有两种以上的解释。

第三，法治体系形成指标具有精确性。如果说法治体系中其他的要素或者构成部分是对法治体系的质的方面进行处理的话，那么法治体系的形成指标则是从量的方面对法治体系所作的处置。根据《决定》的内容，法治体系包括了规范的形成体系、规范的实施体系、规范的监督体系、规范的保障体系等[2]，这些体系必须从四个层面的东西予以正确认识：一是对它们与整个法治体系的关系必须有一个正确的认识，它们是法治体系中的支系统，共同服从于法治体系；二是它们各自又是一个相对较大的系统，该系统必须符合相应的系统属性，包括相对封闭和一定程度的开放等；三是它们之间又必须保持相互衔接和支持，而且要处于一种相对平衡的状态；四是每一个支系统中又包括了若干个子系统，子系统内部的构造也是不可忽视的。上述四个方面是法治体系及其形成指标构造的质的方面，就质的方面而论，也应当强调它的精确性，但是，法治体系形成指标的精确性主要是针对量而言的，就是说既要通过数字对法治体系的指标进行说明，又要使这些数字保持最大限度

---

〔1〕 我国《宪法》第89条和第107条以及《中华人民共和国地方各级人民代表大会和地方各级人民政府组织法》若干条款对我国行政系统的职权做了规定，这些规定对行政职权的处理是比较抽象和笼统的。之所以会形成这样的格局，主要原因在于我国行政系统在职能设置中没有对行政目标进行分解和综合，整个行政系统存在于行政管理的大目标之下，而行政管理可以将行政机关的所有职权和职能包容进来，如果要建构此方面的测评标准，对行政职权进行目标分解和综合就显得十分重要。

〔2〕 凯尔森将法分为"静态法"和"动态法"，在他看来"静态法"指的是法的规范，而"动态法"更多地则是指法律秩序。我们注意到《决定》对我国法律体系的构建也从静态与动态两个方面进行，这是非常科学的。至于如何处理法的动态方面与静态方面的关系，则是一个需要进一步探索与完善的问题。

的准确性。在这个问题上，习近平同志指出，立法必须符合客观规律。若将习近平同志的论断作进一步推演的话，那么就是，法治体系更应当符合客观规律，而任何属于客观规律的东西都必须有严格的定量标准，这其中包括一定的科学运算。孟德斯鸠认为：从更为广泛的意义来说，法是由事物的性质所产生出来的必然联系，一国的法治过程必须和该国的民族精神一致起来，还提出法治过程应当和气候、土壤、对外贸易等高度对应和契合。[1]在笔者看来，这都为法治体系指标的精确化提供了理论上的佐证。我们要对《决定》所规定的法治体系的质的方面进行精确地量化，就必须把注意力集中在相关指标的构造上。

第四，法治体系形成指标具有可操作性。《决定》指出："明确立法权力边界，从体制机制和工作程序上有效防止部门利益和地方保护主义法律化。对部门间争议较大的重要立法事项，由决策机关引入第三方评估，充分听取各方意见，协调决定，不能久拖不决。加强法律解释工作，及时明确法律规定含义和适用法律依据。"这些内容都是非常务实的，都是可以在法治进程中实现的。《决定》提出的诸多新的指标体系和一些微观的制度设计都具有强烈的可操作性，例如让决策者对决策终身负责，对领导干预司法的言行记录在案，对立法进行第三方评估等都是可以操作的。与《决定》的规定相比，传统上关于法治体系的形成指标、关于法治体系中的一些内部规定则不一定具有这样的可操作性。20世纪90年代，某部委就提出了在高等政法院校培养三种人才的要求，在当时来讲，它是该部委的一个行政命令，也算是一个行政行为，该行为实质上对法律人才的构成设置了指标体系，而这样的法治人才按照该部委的解释，那就是既懂法律，又懂经济，还懂外语，这从主观愿望来看是好的，从指标体系的过程来讲也是无可厚非的，但是这样的指标体系恐怕在付诸实践时是难以操作的。我国长期以来的法治建设之所以存在立法与法律实施的反差，之所以存在法治事实与公众祈求的反差，之所以存在法治建设与社会矛盾突显的反差[2]，原因之一就是相关的法治体系测评指标无法操作，甚至一些法律典则对其规制的事项也无法进行调整。基于上述状况，我们所主张

---

〔1〕 ［法］孟德斯鸠：《论法的精神》（上册），张雁深译，商务印书馆1982年版，第3页。

〔2〕 从逻辑上讲，法律体系越健全，其对社会的规制越有效，进而社会矛盾和社会纠纷越来越少，但是在我国则是另一种情形，那就是大量法律典则的颁布并没有与社会冲突发生控制成正比。恰恰相反，在我国法治实践中存在着大量的矛盾和冲突，它们与法律典则的关系是相互背离的。

的法治体系的测评指标是从法治实践出发而进行构造的，它既是客观规律的产物，也充分反映了客观规律，能够作为一种数据和信息制约法治过程。

第五，法治体系形成指标具有强制性。法治体系形成指标一定意义上讲比法治体系本身所处的地位还要略高一些，指标体系具有强烈的导向性，我们将这些指标体系理解为对法治体系所作的顶层设计也是合乎情理的，因为其中所涉及的数据诸多要在今后予以实现。这一点是否给人们一种错觉，即法治体系形成指标是法治体系形成中的方针或者战略，是法治体系形成的导航仪等。当然，我们将它作为一种战略和导航仪来看并没有错，但这只是法治体系形成指标的一个方面。换言之，法治体系形成指标有着非常强烈的规范力，也就是说，法治体系形成指标如果通过法律典则规定下来，它就和其他法律规范一样，必须得到贯彻和执行，这一点应当予以强调。因为在我国传统的法治体系测评中，诸多的指标都带有强烈的柔性，这表现在，仅仅强调这些指标的指导作用而没有把它视为法治主体或者法治工作人员的一种法律义务。毫无疑问，以实在法形式出现的法治体系形成指标对于任何一个参与主体都具有强制力，它所涉及的内容就是该法律关系主体的一个义务或者一个权力，作为一种义务，它是不可以被处分的，作为公权的体现，它也不可以被处分。至于法治体系形成指标以什么样的手段进行强制，以什么样的形式进行强制，这是需要探讨的问题。我们要引起重视的是，如果它们没有强制力，那就必然会像我国长期以来的行政编制一样，尽管有书面的规划，但在法治实践中，行政机构的膨胀仍然不可逆转。

四、法治体系形成指标的基本构成

法治体系形成指标的构成是该问题的核心部分，也是对法治体系进行测评的具体考量指标。就一国政权体系对法治体系形成指标构成的制度设计而论，应当首先考虑下列三个方面的问题：一是必须考虑宏观指标与微观指标的关系。法治体系形成指标由立法体系、执法体系、司法体系、守法体系以及法文化体系等宏观范畴的东西构成，[1] 这些有关法治的范畴应当是有指标

---

〔1〕　从宏观上讲，法治体系的测评指标应当考虑体系性，就是不能够将立法体系、执法体系、司法体系、守法体系予以分割，而是要将它们整合在统一的体系之下，这就必然涉及主体系之间的关系，而我国目前有关法治体系的测评哪怕是宏观上的，也大多将关注的焦点放在每个分体系之中。

的，包括它们之间的关系，如立法体制与执法体制之间的关系、执法体制与司法体制之间的关系等。一方面，这些关系可以作出质的方面的区分，另一方面，它们之间也可以进行相应的数量确定，这些能够量化的东西就是相应的指标。当然，宏观指标还有其他方面的内涵。与这些宏观指标相对应的便是微观指标，微观指标所涉及的是法治体系构成中最小的元素和单位，它是法治体系中的一些细节或者最为具体的数据，甚至包括一个部门法所能够调整的社会关系的数量等。无论如何，法治体系形成指标的构成应当是宏观指标和微观指标的统一。二是必须考虑静态指标与动态指标的关系。在法治体系中究竟什么是静态的东西、什么是动态的东西，应当是有理论和实践的区分的。[1]例如，我们通常将法律体系作为一个静态的东西来看待，而将法治体系作为一个动态的东西来看待。其实，法治体系作为一个独立的事物，也存在着动态与静态的关系问题。法治体系中的典则体系、规范体系以及构成法治体系的主体等，都应当是静态的，这些静态的东西应当有数量上的测评指标。但是在法治体系中，动态的东西应当多于静态的东西，例如，法律的实施、人们对法律的遵守、违法者对法律的违反、法律的适用等，都是动态的东西。这些动态的东西同样应当进行相应的测评，并且应当确立相应的测评标准。笔者注意到，我国目前法治体系的测评指标中，似乎静态的指标要多于动态的指标，这都是我们今后在设计法治体系形成指标构成时应当注意的。三是必须考虑硬件指标与软件指标的关系。法治体系中有一部分元素是客观的、具体的，我们可以将其称之为法治体系中的硬件。例如，由人或机构组成的法律人共同体[2]、法律典则和法律规范、法律中的制度版块等，这些硬件的东西既可以作出客观设计，又以一种有形的状态受到国家强制力的保护。对它们进行量化既是应当的，也是比较容易的。例如，我们的法律人共同体究竟包括哪些人和机构，这些人和机构应当具有什么样的数量等。除硬件之外，与之对应的还有一个软件，也是法治体系构成中的不可或缺的部分。例如，法律主体的法律思维，社会成员对法律的认同度，法律形成过程中的其他外围因素，如传统文化、民风民俗、经济发展水平等。科特威尔指

---

[1] 参见［奥］凯尔森：《法与国家的一般理论》，沈宗灵译，商务印书馆2013年版，第29页、第173页。

[2] 《决定》提出了法律工作者的队伍这样一个概念，并对这个队伍的范围作了规定，这实质上在我国形成了法律人共同体概念的雏形，其对我国今后的法治体系硬件的建设具有重要指导意义。

出，"用法律文化这个词来表示存在于特定的社会中关于法律及其法在社会秩序中的位置的各种观念，当然这些观念是因为社会而异的。这种观念影响法律事务、公民对法律的态度，公民对诉讼的情愿程度，以及法律在影响广泛流行的思想和行动方面的相对意义，这些思想和行动是在法律条文或者法律制度相联系的特殊活动和论说形式之上的。这样，在这些社会中，表面相似的法律条文或者法律制度就可以以不同的方式发挥作用，可以用法律文化的不同来解释。"[1]法治体系中的这些软件对法治体系的构成而论，是绝对不可以被忽视的，它们在有些条件下比硬件显得更加重要。显然，法治体系中的这些软件要单独建构相应的测评指标是有难度的。但不争的事实是，一个完整的测评指标不单单存在于硬件指标之中。上述三个方面是法治体系形成指标基本构成的考量标准，如果我们将问题予以具体化，就可以得出这样的结论，那就是法治体系形成指标的构成包括诸多非常复杂的内容。就我国目前的法治进程和对法治体系形成指标的认知水平而论，我国法治体系形成指标的基本构成应当包括下列方面的内容：

第一，关于法治体系与其他治理体系关系的指标。尽管我们对社会治理作出了这样一个基本判断，那就是社会治理就是一种法律治理[2]。但是，我们绝对不可以因此认为，在社会治理体系中法治之外的治理体系是虚无的，恰恰相反，在社会治理中，法治体系之外还存在着其他的治理体系，例如，道德的治理体系、风俗习惯的治理体系、传统文化的治理体系，乃至纯粹经济的治理体系，等等。这些治理体系与法治体系的关系是非常复杂的，它们在有些情况下是法治体系的构成部分，而在另一些情况下则是对法治体系的一个补充，或者与法治体系有着相应的贯通关系。在笔者看来，大多数情况下，它们与法治体系并行不悖，而且它们所具有的属性与法治体系的属性是存在质的区别的。也就是说，法治体系的测评指标是不适用于构建其他法外的治理体系的。因此，我们在构建法治体系的测评指标时，必须首先将法治体系的功能、价值等与其他治理体系的功能、价值及其关系予以厘清，甚至

---

〔1〕　[英] 罗杰·科特威尔：《法律社会学导论》，潘大松等译，华夏出版社1989年版，第26～27页。

〔2〕　社会治理是在社会管理概念的基础上提出来的，但它与社会管理有着明显的区别，社会管理是在政府高权的作用下实施的，而社会治理则是在法律规范的调整下实施的。总体上讲，社会治理与法治的关系更为密切一些。

应当用相应的数量对二者的关系予以处理。例如，在基层什么样的纠纷应当通过法治体系予以化解，什么样的纠纷应当通过民间治理机制予以化解。如果我们在法治体系构成指标中，能够将这种复杂的关系处理清楚，那么就非常科学地处理了社会治理中法治体系的功能与其他治理体系的功能之间的关系，这就会大大发挥其他社会治理体系在社会治理中的作用。

第二，关于法治体系诸构成及其关系的指标。《决定》对我国法治体系的构成大体上作了这样的设计：一是"完备的法律规范体系"，二是"高效的法治实施体系"，三是"严密的法治监督体系"，四是"有力的法治保障体系"，五是"完善的党内法规体系"。上述五个方面基本上概括了法治体系所包括的内容，同时我们也必须认识到，这些内容是从法治运行的纵向逻辑出发的。我们可以从这个纵向逻辑上来设计法治体系测评指标的构成，可以用相应的数据对上述五个范畴及其关系进行量化。而从依法治国的另一个侧面来看，依法治国包括法治国家、法治政府、法治社会三个大的范畴，这三个大的范畴体现了依法治国的横向逻辑，它们同样应当保持一种科学的关系形式，它们之间也应当进行数据化的连接。我们注意到，《决定》还从其他方面设计了法治体系的元素，例如，法律的制定、法律的执行、法律的实施、法律的遵守、法律的运用等，这些概念之间也是一个有机的统一体。对于法治这个概念而言，这些因素也是不可缺少的，我们也可以立足于这些因素来构造相应的测评指标。应当指出的是，我国在法治国家建设中对法治体系诸构成的关系，很少有理论上的阐释，很少有制度上的规范和设计，这便为该范畴的指标体系的构建增加了难度，这可能也是我国今后法治体系形成指标设计的难点之所在。

第三，关于法律体系覆盖范围的指标。在法治体系中，法律体系是第一构成要素。一定意义上讲，法律体系本身就具有相对的独立性，这也是我国能在2011年就宣布法律体系形成的原因之所在。[1]法律体系作为一个整体，它是第二性的东西。即是说，依据马克思主义关于法的基本理论，法律的典则体系和规范体系是由相应的客观事物所决定的、是由相应的客观关系所决

---

[1] 法律体系与法治体系的关系是近一段时间以来我国学界关注的热点问题之一，有人认为法治体系取代法律体系的概念是对法律体系的一个升华，也有人认为，法律体系存在于法治体系之中，二者是一种包容关系。在笔者看来，后一种论点更加合理一些，但同时我们也必须肯定法律体系具有一定的独立性，即是说法律体系在一定程度上可以作为一个独立存在的事物。

定的，决定它的这些事物和关系是第一性的东西。那么，这些事物以及关系
与法律体系之间就形成了一种决定与被决定、作用与反作用的关系。具体地
讲，一定的客观事物和关系决定了一定的法律体系和法律规范，反之，这些
法律体系和法律规范又对决定它的客观事物和关系发生反作用，二者之间应
当保持较为科学的逻辑形式。由于法律典则和法律规范的形成具有很大的主
观性，"如果立法者在目标上犯了错误，它所采取的原则不同于由事物的本性
所产生的原则，以至于一个趋向于奴役而另一个趋向于自由，一个趋向于财
富而另一个趋向于人口，一个趋向于和平而另一个趋向于征服；那么，我们
便可以看到法律会不知不觉地削弱，体制便会改变，而国家便会不断地动荡，
终于不是毁灭便是变质；于是不可战胜的自然便又恢复了它的统治"。[1]这便
导致了有些法律体系和法律规范并没有与相应的客观事物和关系保持契合，
反映在法治体系中，那就是有些应当受到法律规范覆盖的事物没有被覆盖，
有些应当受到法律规范调整的关系没有被调整。基于此，在我们构造法治体
系形成指标时，法律体系的覆盖便是一个必须进行构造的问题，便是一个必
须设计相应指标的问题。进一步讲，我们应当对法律体系所能够覆盖的事物
进行指标设计，因为一旦法律体系与客观事物和关系没有对应，那就会大大
降低法律体系调整的质量。

第四，关于法律体系内部的指标。法律体系中存在着复杂的相互交织的
典则和规范，以我国《立法法》的规定来看，从纵向上讲，法律有上下位之
分，从宪法到法律到行政法规到地方性法规到行政规章，排列着一个严格的、
具有不同位阶的典则体系，它们既有名称上的区分，也有调整强度和力度上
的区分，这种位阶关系已经在我国形成了一定的数量关系。[2]我们要说明的
是，目前我国法律体系中，上下位之间的这种数量关系是下意识地形成的，
就是在没有科学论证和刚性指标的情况下形成的，所以，它们的分布并不是
科学的。[3]同时，法律体系还存在着相应的横向关系，如部门法之间的关系

---

〔1〕　[法]卢梭：《社会契约论——一名：政治权利的原理》，何兆武译，商务印书馆1980年版，
第71~72页。

〔2〕　以我国中央层面的立法为例，法律有将近240件，行政法规730件，而部门规章3730件。
这基本上形成了一个金字塔式的排列结构，而且它们的数量也是可以进行量化的。

〔3〕　目前，我国中央层面上的行政立法所保持的比例关系是：政府立法与立法机关的立法是3%
与97%，这样的比例是我们从实在法中统计出来的，而不是我们通过顶层设计所确立的比例关系。

形式。全国人大常委会将我国法律的门类分为宪法、行政法、民法、刑法、社会法、诉讼法和其他程序法等,[1] 这个分类是对法律体系内部的部门划分的规定,应当说这个规定具有一定的法律效力,也应当保持了相应的科学性和合理性。但是,这个分类是否一定能够和法律对社会关系的调控对应起来,还需要研究,而且各个部门法之间应当保持什么样的质的和量的关系,也当然是需要指标的。例如,行政法与社会法之间应当保持什么样的质与量的关系,行政法与相应的程序法之间保持相应的什么样的关系等,都必须通过指标来说明。

第五,关于法治主体规范化的指标。《决定》没有明确法律人共同体的概念,但它的相关规定则若明若暗地认可了法律人共同体这一概念。例如,《决定》第六部分就专门规定了"加强法治工作队伍建设",强调"全面推进依法治国,必须大力提高法治工作队伍思想政治素质、业务工作能力、职业道德水准,着力建设一支忠于党、忠于国家、忠于人民、忠于法律的社会主义法治工作队伍,为加快建设社会主义法治国家提供强有力的组织和人才保障。"即强调了立法工作者、执法工作者以及司法人员等专职法律人的政治和业务素质,这对于实现法治是非常重要的。我们知道,法治主体对于法治体系的建构而论是十分关键的,如果相关的法律主体不合格,立法、执法和司法等就必然难以合格,就必然会存在这样和那样的问题。正因为如此,我国在 1996 年制定《行政处罚法》时就对实施行政处罚的主体进行了严格规范,要求这些主体必须向社会公开,必须持证上岗,从此以后,我国的行政处罚便逐渐走向了规范化。"十余年来,中国行政法治建设最耀眼的进步首先是从行政处罚上取得的。"[2] 根据这个经验,《决定》对法律人及其素质作了专门规定。然而,法律主体的规范化应当是一个带有强烈技术色彩的问题,而且也是比较容易确定指标的问题,是比较容易进行量化的问题。例如,我们可以用数字对立法机关中的构成人员作出规定,通过这种量化,将不懂法律的人从立法机关分离出去。目前摆在我们面前的还有一个非常重要的事情,就是将法律主体的概念和范围予以明确化,因为我国很长一段时间仅仅将法律

---

〔1〕 2011 年 3 月第十一届全国人民代表大会第四次会议就我国现行七个法律部门向社会进行了公布,这便使得这七个法律部门的划分具有了法律效力。

〔2〕 冯军:《行政处罚法新论》,中国检察出版社 2003 年版,第 1 页。

主体限制在司法机关工作人员和律师等范围之内，将立法机关工作人员乃至行政机关工作人员排除在法律人之外，这都是欠科学的。法治发达国家关于法律人的素质就有诸多严格的规定，如必须保持行为上的中立，必须信仰法律，必须刚正不阿，等等。[1]这些先进的立法技术是我们在设计执法主体规范指标时应当予以借鉴的。

第六，关于立法与法律实施跟踪的指标。在法理学中，关于法律的性质向来就有良法和恶法的区分，《决定》已经吸收了这样的理念，提出了良法之治。反过来说，《决定》也认可了在我国的法律体系中存在恶法的问题。例如，《决定》指出："有的法律法规未能全面反映客观规律和人民意愿，针对性、可操作性不强，立法工作中部门化倾向、争权诿责现象较为突出。"以此而论，我国实在法中存在着哪怕是数量很少的恶法，也会对社会发展有所阻滞，也是侵犯公众权益的。在笔者看来，恶法并不一定在它制定时就是恶法，即是说，有些恶法是随着社会的发展，因为其所设定的关系形式和权利义务滞后于社会而变为恶法的。这就要求我们必须对已经制定的法律进行跟踪。近年来在《行政许可法》和《行政强制法》中已经设立了后评估制度，就是对某一个行政许可或者行政强制的设定进行实施后的评估，通过评估，将设计不合理的行政许可和行政强制予以废止。我国立法应当有跟踪制度，与立法联系在一起的行政执法和司法也应当有跟踪制度，也应当对其进行执行和实施后的测评。此一范畴的测评指标同样是十分重要的，因为通过这样的测评，我们既可以对立法进行校正，防止某个法律典则或者规范由良法而变为恶法，也可以纠错行政执法和司法。在国外，如美国、澳大利亚、爱尔兰、新西兰、欧盟等为了提高法律、规章的严格性和质量，都广泛开展了法律效果评估。[2]该范畴的测评指标的构设相对容易。

第七，关于法治认同度的指标。《决定》指出："法律的生命力在于实施，法律的权威也在于实施。"这是一个非常具有现代法治精神的论断。根据这个论断，一方面，国家必须强调法律的权威性，不能够让制定出来的法律成为一纸空文，另一方面，执法机关和司法机关必须强化对法律的执行和适用，

---

〔1〕 参见肖金泉主编：《世界法律思想宝库》，中国政法大学出版社1992年版，第932页。

〔2〕 参见 Scott Jacobs and Associates，"Regulatory Impact Analysis in Regulatory Process，Method，and Co-operation：Lessons for Canada from International Trends"，2006.

必须将法律的规定变成具体的物质关系。应当说，法律的实施体现了一定的强制力，就是通过国家强力将其予以实施，而履行实施职能的便是法律适用机关。从这个角度讲，法律的实施是一种具有强烈单向色彩的行为，然而从法治文明的角度看，法律的最高境界在于它的实现。所谓法律的实现是指法律在实施过程中被社会所接受的状态。即法在对社会事实的规制中其规则和价值都已经社会化的过程，而这种社会化不单单体现于社会控制之中，最为重要的是体现于社会心理机制的认同、接受和信奉之中。由此可见，如果说法律的实施是一种体制内的行为的话，那么法律的实现是一个社会化的行为，是一个法律在社会控制过程中的价值是否得到认同的状态。说到底，一个国家的法律权威并不仅仅体现在公众的服从上，而应当体现在公众对该法律规范以及法律行为的认同上。社会公众完全可以在某种强力的威慑下违心地服从法律，但他内心深处则可能是对抗这个法律和法律行为的。如果是这样，那离法治社会还相距甚远。所以我们必须对公众的法治认同度进行测评，尤其是在法律实施和执行以后，相关的利害关系人、相关的非利害关系人是否认可这样的法律和法律行为，应当为此构设相应的测评指标。一些西方国家对法律实施后的评估指标设计就值得我们借鉴。[1]该范畴的指标设计也许具有一定的主观性，但它并不是不可以做到的。

第八，关于公众法治水平的指标。《决定》规定："法律的权威源自人民的内心拥护和真诚信仰。人民权益要靠法律保障，法律权威要靠人民维护。必须弘扬社会主义法治精神，建设社会主义法治文化，增强全社会厉行法治的积极性和主动性，形成守法光荣、违法可耻的社会氛围，使全体人民都成为社会主义法治的忠实崇尚者、自觉遵守者、坚定捍卫者。"该规定的立意是非常高的，因为在笔者看来，它比较好地表述了法治国家、法治政府和法治社会的关系，比较好地形成了法治国家、法治政府和法治社会的社会基础。也就是说，法治国家、法治政府和法治社会是一个三位一体的关系，三者是统一的。毫无疑问，法治社会是法治国家和法治政府形成的基础条件，而法治社会的形成又决定于公众的法治水平。社会公众存在一个信仰法律的问题，

---

〔1〕 一般包括两方面的评估指标：一是技术效率，即法律执行机构的内部运作效率；二是经济效率，即一项法律法规所动用的全部资源是否达到最有效的配置和使用，使全社会满意。参见 Theodore H. Poister, *Public Program Analysis*：*Applied Methods* , Baltimore, University Park Press, 1978, p. 10.

因为法律信仰不仅仅是对法律主体而言的，公众信仰法律同样也是法律信仰的组成部分。社会公众还存在一个法律认知的问题，就是他能否对法律作出理性判断，能否区分良法和恶法，能否认知法律中存在的理性逻辑："如果孩子们从一开始做游戏起就能借助于音乐养成遵守法律的精神，而这种守法精神又反过来反对不法的娱乐，那么这种守法精神就会处于支配着孩子们的行为，使他们健康成长。一旦国家发生什么变革，他们就会起而恢复固有的秩序。"[1]即存在一个自觉守法的问题，就是当他们遇到纠纷或者遇到需要处理的事务时，是否愿意或者主动去选择法治的路径。社会公众还存在用法等具体问题，这些问题在我国是存在一定滞后性的，这样的滞后性原因是多方面的，包括我国的法治生态环境、[2]长期以来政府的强大权威等。应当说，我国在法律普及和法制宣传方面做了大量的工作，这些工作现在仍然有序地进行着，它对于提升社会公众的整体法律意识起到了非常积极的作用。但我国近年来发生的极端事件，例如公众信访不信法等现象，就证明了公众法律意识还存在滞后性。毫无疑问，在公众普遍不信仰或者不自觉遵守法律的情况下，法治体系便是难以形成的。这就要求我们在法治体系的测评指标中，在法治体系形成指标的构成中，必须将社会公众的法治水平作为一个重要的指标。我们可以用信仰法律、遵守法律、服从法律、应用法律等具体内容来设计相应的指标，并通过这些指标强制提升全社会的法律水平。

五、法治体系形成指标的运用

法治体系形成指标可以被作为两个范畴的问题来看待。一是作为理论范畴的问题，就是把它作为法学研究的范畴，在这个范畴中我们可以用相应的数据和统计报表等量化标准对一国的实在法进行技术上的分析，而这样的分析仅仅具有学理价值。二是将它作为法律制度的组成部分，既可以作为一国

---

〔1〕 ［古希腊］柏拉图：《理想国》，郭斌和、张竹明译，商务印书馆1986年版，第140页。

〔2〕 萨维尼就曾指出，法律与民族生存和特征的这种有机联系也表现在时代前进的过程中；这也可以与语言加以比较。法律和语言一样，没有绝对中断的时候；它也像民族的其他一般习性一样，受着同样的运动和发展规律的支配；这种发展就像其最初阶段一样，按照其内部必然性的法则发展。法律随着民族的发展而发展，随着民族理想的加强而加强，最后同一个民族失去它的民族性一样而消亡……由于文化的进步，民族习性变得越来越明显越来越清楚了。参见 ［德］弗里德里希·卡尔·冯·萨维尼：《论立法与法学的当代使命》，许章润译，中国法制出版社2001年版，第9页。

法律体系的构成内容，也可以作为一国实在法的表现形式。事实上，在法律体系中应当含有这样的内容，正如有学者对法律体系属性所作的描述："法律体系就是个个法律规范或法规，在一定之法律原理下，统一而组成之整体之谓。在此个个法律规范或法规必须保持相互调和之关系，而无自相矛盾或抵触之情形。"〔1〕本文关于法治体系测评指标的立足点在后者，即是说法治体系的测评指标是法律体系和法律制度的构成部分，其作为制度和实在法的内容之一就涉及一个在法治实践中的具体运用问题，而这一问题又与下列一些问题紧密地结合在一起：一则，它的制定主体问题。上述我们已经指出法治体系的测评指标是由一国政权体系所产生的指标，这就牵涉有关法治体系测评指标由谁来制定的问题，例如我们可以让履行法治监督职能的机关制定这样的指标，这在理论和实践上也是说得过去的；〔2〕我们还可以让实施法律的机关制定这样的指标，因为法治的基本精神和最高境界都来自于它的实施，也就是说，由实施机关制定法治体系的测评指标同样是有道理的。但是，由于法治体系的形成指标与法治体系的其他构成部分是有机地联系在一起的，尤其要强调的是，法治体系的形成指标本身就应当以法律形式体现出来，因此，法治体系的形成指标由立法机关制定似乎更为妥当。二则，它的适用范围问题。毫无疑问，法治体系的适用与相关的主体是紧密联系在一起的，那么究竟哪些主体与法治体系的形成指标发生联系，就是一个不可以回避的问题。一方面，国家的立法机关、执法机关、司法机关等法制机构是法治体系形成指标的当然适用者。另一方面，其他社会主体也有可能成为指标的适用者，包括介入到法律规范中有可能与法律发生这样和那样关系的其他社会主体。总而言之，法治体系形成指标的适用范围在其制定时就应当予以强调，就应当通过相关的法律规范确定下来。三则，它的适用制度问题。法治体系形成指标不单单是一种分析和考察法律的技术手段，更为重要的是它本身就具有相应的规范力和约束力："在一个高度发达的现代国家，立法机关所面临的任务是如此之多样化和如此之复杂，乃至如果不给这种机关加上过重的负担和极度的紧张，这些任务中的细节与技术细节就无法完成。再者，在专门的政

---

〔1〕 谢世维、谢瑞智编著：《法律百科全书：一般法学》，三民书局2010年版，第150页。

〔2〕 法治体系的指标体系尤其是它形成的指标体系是一个带有强烈技术色彩的问题，所以这些指标体系应当由专职的国家机关来制定，履行法治监督职能的机关负责对法治过程的运行进行监督，其与法治过程的关系更加密切一些，因此由它来制定有关的指标体系更加合理一些。

府管理领域中，有些立法活动要求对存在于该特殊领域中的组织问题与技术问题完全熟悉，以致由一些专家来处理这些问题，就比缺乏必要专业知识的立法议会来处理这些问题要适当得多。"[1]在法律体系和法治体系中，相关的规范力和约束力都是通过一定的制度予以实现的，这同样适用于法治体系形成指标问题。也就是说，法治体系形成指标要发挥和其他实在法同样的作用就必须有相应的制度保障，或者说法治体系的形成指标本身就应当包含相应的制度，至于应当包括什么样的制度，则是一个需要在法律实践中进一步探讨的问题。四则，它的运用效力问题。法律规范只有当它具有相应的效力时，才能够将写在纸上的东西化为一种物质因素，才能够真正地规范和调整社会关系，才能够真正为人们的行为提供模式。不过，法律效力只有得到社会公众的内心确认以后它才具有实质意义上的约束力："一切法的效力就以这种自然的心力为基础。没有像教科书上所说的法的种种来源；但是只有一种来源，即存在于人的内部，并且像其他一切评判价值的倾向一样，在他的意识生活中占有一个地位的那种正义感情或者正义意识。一切法，无论是实体法、习惯法或者一般的不成文法，都以它为基础。不以这个基础为根据的法不是法。"[2]当然，法律规范的拘束力有不同的强度，我们通常用公定力、执行力、确定力、拘束力等四个标准来衡量法律规范的约束力，[3]这四个方面虽然有程度上的强弱之分，但它们作为一个整体是分不开的、是相互支持和协调的。法治体系测评指标应当具有上述四个方面的规范力，这是必须予以强调的。因为如果法治体系形成指标不存在上述四个方面的规范力，那它就仅仅具有学术上的价值而不具有实在法上的价值。当我们在探讨和分析法治体系形成指标的运用时，上述四个方面都是非常重要的，它们也为我们提供了法治体系形成指标制度设计的基本思路。从法治实践来看，法治体系形成指标的运用应当从下列方面进行制度设计：

第一，法治体系形成指标在法治体系构建中的运用。《决定》对我国依法治国的目标作了明确规定，那就是既要建成国家治理体系和法治国家，又要

---

〔1〕 ［美］E. 博登海默：《法理学——法哲学及其方法》，邓正来、姬敬武译，华夏出版社 1987 年版，第 402~405 页。

〔2〕 ［荷］克拉勃：《近代国家观念》，王检译，商务印书馆 1936 年版，第 29~30 页。

〔3〕 参见 ［英］彼得·斯坦、约翰·香德：《西方社会的法律价值》，王献平译，中国人民公安大学出版社 1990 年版，第 72 页。

建成具有中国特色的法治体系。在相关的表述中，也细化了法治体系的总体要求和构成元素，例如提到了法律体系问题、法律实施问题、法律监督问题、党内法规体系问题等，[1]这些被细化的内容都是法治体系不可或缺的。然而，上述这些内容都应当说是法治体系的硬件，它们构成了法治体系若干不同的板块，而法治体系的任何一个构成要素都应当是可以量化的、都应当是可以用数字说明的。《决定》尚未对这些可以量化的东西作出规定，这便使得我们目前设计的法治体系带有很多主观性和抽象性。因此，笔者主张，法治体系的测评指标尤其是法治体系形成的测评指标应当作为法治体系的构成部分，如果我们没有重视这样的构成，就无法判定我们的法治体系是否已经形成，这中间的道理是非常简单的。因为我们无法通过目前的制度设计来把握法治体系形成过程中的度，在缺乏这个度的情况下，对法治体系形成与否便无法作出科学判断。《决定》是我国依法治国的一个纲领性文件，其作为一个涉及长远目标的纲领性文件还不可以将有关的数字或者其他的量化标准充分地予以体现。但我们在依法治国和法治体系的进一步建构中就应当将注意力集中在相关的形成指标上，甚至可以专门通过一个具有次级纲领性的文件来规范我国法治体系的形成指标，使其包括上文所揭示的法治体系形成指标的各个方面的内容。[2]

第二，法治体系形成指标在实在法制定中的运用。我国的法律体系虽然已经形成，但它还存在着诸多不完善的地方，尤其是法律典则的质量还存在较大的滞后性。有学者对法律典则的质量做过两个方面的概括：一是法律典则在实质上存在质量问题。这样的法律典则被称为"妖娆的毒妇"。[3]就是说有些法律典则虽然在形式上是非常完整和严谨的，而在精神实质上却与公

〔1〕 总体上讲，法治体系在旧的十六字方针的基础上形成了新的十六字方针，旧的十六字方针是1978年十一届三中全会提出的，它的内容是"有法可依、有法必依、执法必严、违法必究"，而《决定》将旧的十六字方针做了全方位的升华，并确立了新的十六字方针，这个新的十六字方针就是"科学立法、严格执法、公正司法、全民守法"。

〔2〕《决定》是中共中央制定的，它是我党对依法治国的一个顶层设计，它不同于其他党内法规体系。在笔者看来，《决定》内容比较丰富，几乎涉及依法治国的所有重要方面，它在依法治国的法律典则中具有相对较高的地位，在它之下还可以由全国人民代表大会制定一个相互衔接的法律典则，甚至也可以由国务院和最高人民法院、最高人民检察院制定更加具体的法律典则，并且使它们之间形成某种逻辑联系。而相关的法律体系指标应当体现于相对下位的典则或文件之中。

〔3〕 参见〔日〕穗积陈重：《法典论》，李求轶译，商务印书馆2014年版，第5页。

民权利的实现是相悖的。二是法律典则在形式上存在质量问题，此类典则被称为"多病的才子"。[1]就是说这类法律典则虽然保持了较好的精神实质，但由于在行文技术和其他形式要件方面存在缺陷，进而使其所规定的权利义务难以得到实施。在上述两种问题典则之外，还有第三种情形，就是既存在实质上的缺陷又存在形式上的缺陷，这类典则被称为"不具的痴汉"。[2]上述三种情形都会导致法律典则质量的大大降低，《决定》就非常明确地揭示了我国法律典则或多或少存在上述三个方面的缺陷，而我国甚至有相当一部分这样的问题典则。当我们对法律典则作出科学性或者非科学性之评判时，发现其至少缺乏法内的测评指标，这便提醒我们法治体系测评指标应当在实在法中就有所体现，我们可以制定一个法律典则标准法，通过它来对法律典则形式上的标准和实质上的标准予以严格规定，并且使这些标准能够用数字来说明。同时，一些部门法本身就涉及可以量化的指标和数据，例如《中华人民共和国道路交通安全法》（以下简称《道路交通安全法》）、《中华人民共和国计量法》等。[3]如果一个典则本身涉及量化标准的话，那么应当尽可能使这样的量化标准准确。我国的《立法法》在法律体系的层级构造中作了非常好的处理，在每一个典则类型的规制事项和调整对象上也做了严格区分和处理，包括相关主体立法权的范围等。令人遗憾的是，该法和法治发达国家法规标准法有很大的区别，主要区别在于，法治发达国家的法规标准法除了对法律典则的实质要件作出规定外，还规定了相应的形式要件，而且把这些形式要件予以量化了。笔者建议，我们可以借鉴法治发达国家的立法经验，制定一部与《立法法》相配套的姐妹法，通过这样的法典，把《立法法》所规定的带有原则性的内容再尽可能予以细化，尽可能予以数量上的确定。

　　第三，法治体系形成指标在法治过程中的运用。我们可以把法律典则体系作为法治的静态方面，该方面相对于法治的其他环节具有一定独立性。与

---

〔1〕　参见［日］穗积陈重：《法典论》，李求轶译，商务印书馆2014年版，第5页。

〔2〕　参见［日］穗积陈重：《法典论》，李求轶译，商务印书馆2014年版，第5页。

〔3〕　例如《道路交通安全法》关于机动车时速的规定，还如《中华人民共和国计量法》第9条规定："县级以上人民政府计量行政部门对社会公用计量标准器具，部门和企业、事业单位使用的最高计量标准器具，以及用于贸易结算、安全防护、医疗卫生、环境监测方面的列入强制检定目录的工作计量器具，实行强制检定。未按规定申请检定或者检定不合格的，不得使用。实行强制检定的工作计量器具的目录和管理办法，由国务院制定。对前款规定以外的其他计量标准器具和工作计量器具，使用单位应当自行定期检定或者送其他计量检定机构检定。"

之相比，其他法治环节往往是有机的整体，正因为这一点我国率先宣布了法律体系的形成而没有同时宣布法治体系的形成。之所以会形成这样的局面，关键在于法治体系的其他环节要比法律体系复杂得多，法治体系的完善和成熟要比法律体系的完善和成熟难度大得多。因为法治体系的动态方面包括了诸多非常复杂的因素，包括法律的实施机构和实施人员对法律的认知，当然也包括法律实施机构的具体设置，还包括法律执行体系。从狭义上讲，法律的执行体系就是一国的行政系统，它们本身就是国家意志的执行者，例如我国的国务院及其行政系统就是人民代表机关的执行机关。除了法律执行主体之外还包括司法主体，司法主体的行为方式是特定的，它们的职能主要在于排解纠纷和化解矛盾，从这个角度讲，它们和行政机关的执法是存在极大差别的。"与立法程序与行政程序不同，司法程序的功能在于通过查清纠纷、查明案件的事实，公布真相，以协助司法机构对于纠纷和案件进行法律处理。实际上，立法程序、行政程序及司法程序并没有严格界限，在某些特殊案件的处理过程中，三程序互相交错，不易区分。有一些法学家则直接根据司法程序来给法律下定义。霍姆斯说，法律的内容就是规定法庭应如何做、做什么。卡都兹则认为，法庭的职能在于：当法庭的权威受到蔑视时，它应执行法律，以确定自己的权威。"〔1〕法治过程还受到很多外在因素的影响，例如社会背景、经济基础乃至国外环境，等等。总体而论，法治体系的动态因素包含了诸多非常复杂的情形，甚至对于这些复杂情形，我们难以用一定的量化标准对其作出规范。但是作为一个相对科学的法治体系形成指标，自然而然地应当包括法治体系中相关动态因素的指标，例如与法律实施主体相关的指标、法律实施过程中相关关系的指标、法律实施外围环境的测评及其指标、法制过程社会认可度的指标，等等。就我国法治体系的形成而论，这个动态范畴的指标比作为静态的法律体系的指标更加重要。就目前来讲，民间存在着一些关于法治体系动态化方面的指标，这些指标尚未成为国家法律所认可的指标，这是我们在法治体系形成过程中必须引起重视的问题。"法治指数体系应具有开放性，指标设计须兼容国家与社会的测评，并强调其社会性。"〔2〕

---

〔1〕 参见〔英〕戴维·M.沃克：《牛津法律大辞典》，北京社会与科技发展研究所组织翻译，光明日报出版社1988年版，第486页。

〔2〕 付子堂、张善根：《地方法治建设及其评估机制探析》，载《中国社会科学》2014年第11期，第143页。

应当说动态的指标对于立法、执法、司法、守法等都具有非常重要的参考意义，这一部分指标以前没有形成，那么我们就不能够武断地讲我国法治体系已经形成了。

第四，法治体系形成指标在法和法治实现中的运用。我们在上文中已经指出，《决定》强调了社会公众法治信仰的问题，甚至将法治的权威框定在公众内心的拥护和真诚信仰之上，卢梭曾经有一个著名的论断，那就是"一切法律之中最重要的法律既不是刻在大理石上，也不是刻在铜表上，而是铭刻在公民的内心里，它形成了国家的真正宪法……"美国法学家伯尔曼也曾说过："法律必须被信仰，否则它将形同虚设。它不仅包含有人的理性和意志，而且还包含了他的情感，以及他的信仰。"[1]这个论断是对我国长期以来法治建设经验的一个总结，也是对我国建成法治国家所要达到的理想境界的描述，其刻画了这样一个命题：法和法治的实现要比法和法治的实施来得重要和实惠。法的实施与法的强制力是相辅相成的，而法的实现则不同，法的实现与公众的自觉遵守是高度契合的。那么，什么叫法的实现？一方面，法律典则制定以后所确立的权利义务关系、所设定的社会关系、所确立的社会秩序都由法律典则变成了客观现实；另一方面，法律典则的广泛内容由规范变成现实不是靠强力来进行的，而是靠它本身所具有的精神气质和社会公众对它的认同来维系的。在现代法治发达国家，法的实现已经是一个非常具体和现实的问题，已经是一个法自身所包含的精神问题。近年来，一些法治发达国家所强调的"福利国家"的概念以及给付行政的理念就生动地体现了这一点，有些国家甚至出现了公共服务法学的研究课题："该课题的目标是，①辨别公共服务法律职业——包括其背后的价值与伦理的独特或典型特征；②通过与公共服务法律人和非法律专业公务人员的联系来阐明法律在公共行政中的角色与功能。"[2]笔者注意到，《决定》没有将法治国家、法治政府和法治社会三个范畴予以对立，而是将其作为有机统一体，法治社会是最高境界，也是我们要达到的最高目标，或者反过来说，当我们强调法治国家和法治政府时是以法治社会为前提条件的，对这其中的逻辑关系，我们应当有一个清醒的

---

〔1〕　参见［美］伯尔曼：《法律与宗教》，梁治平译，商务印书馆2012年版，第7页。

〔2〕　［新西］迈克尔·塔格特编：《行政法的范围》，金自宁译，中国人民大学出版社2006年版，第147页。

认识。而法和法治的实现便存在于法治社会之中，这便要求我们在法治体系形成指标的运用中，用量化指标对法和法治实现中的诸多环节和要素进行测评，例如一个法律是否有效地为社会公众提供了方便，是否充分体现了社会公众的利益，一个法律和法治过程是否有效地构建了一种社会关系，是否形成了较为良性的社会秩序。由于我国在传统治理中所强调的是法治机构的功能，而不是法治机构和其他社会主体的能量交换过程，因此我们往往忽视了对法实现的测评。由于我国传统法治很少对法实现的测评设置指标并且也未对这些指标的具体运用作出规定，所以法治体系形成指标在法和法治实现中的运用方面还需我们做出更大的努力，诸多技术问题还需要进行新的设计，如果我们能够用法治体系形成指标对法实现过程进行分析和考量，那我国的法治体系就会达到比较理想的境界。

行政法的时代属性

行政法治新的时代精神解构 *

中共十九大报告提出了新时代的历史命题，并且对新时代我国社会治理和法治进程作了新的顶层设计，如提出了宪法和法律至上的概念，提出了合宪性审查的概念，提出了强化监察职能的概念。在行政法治中也凸显了给付行政、服务行政和参与行政等新的行政法治理念和进路。总而言之，在新的历史时代中，行政法呈现出了新的时代精神，这些新的时代精神既框定了我国行政法在新时代的功能和特性，又给行政法的精神气质注入了新的元素。那么，行政法新的时代精神究竟该如何进行解构？笔者试从下列方面予以探讨。

一、行政法治新的时代精神的涵义

对行政法治新的时代精神涵义的解释应当注意下列切入点：第一个切入点是行政法治是一个社会现象。行政法治是法治的有机构成部分，而行政法治本身又是一个相对独立的社会现象，行政法是"动态的宪法"[1]的论点就证明了这一点。行政法作为一个社会现象应当隐含着两层寓意，即行政法有着自己质的规定性，它区别于法治现象中的其他事物，在规制方式、规制内容、规制的其他方面都有着自己独特的定在。同时，行政法治存在于社会机制之中，是社会系统的有机构成，它不能够和社会系统以及社会机制予以割裂，有学者就认为行政法是"社会法治国时代"[2]的产物。第二个切入点是

---

* 该文发表于《吉林大学社会科学学报》2018 年第 4 期。

[1] [德] 哈特穆特·毛雷尔：《行政法学总论》，高家伟译，法律出版社 2000 年版，第 13 页。

[2] 李惠宗：《行政法要义》，元照出版有限公司 2008 年版，第 14 页。

行政法是一个文化现象。人们通常将行政法更多地从制度层面上进行考量，并认为它是国家机器的构成部分，是实现社会治理和政治统治的必要工具，是一种实实在在的国家实力："管理主体对管理对象的这种影响是借助于行政法规范来实现的。"[1]这个认知是合乎理性的。因为行政法是国家政治行为和立法行为的必然结果，行政法治是国家治理和社会治理以及政府治理机制。然而，若从更深层次上进行考量，行政法治同时也是意识层面上的东西，它具有浓厚的文化色彩，将它视为一个国家的文化现象一点也不为过。正因为行政法具有文化现象的特质，我们对其时代精神进行解构才有了理论上的前提。第三个切入点是行政法是一个发展中的事物。从辩证哲学的角度看，行政法是客观的，它是客观事物的一种，而行政法治的这种客观性和其他事物一样，也是处在运动和变化之中的。行政法和行政法治是动态的东西而非静态的东西，在不同的历史时代，它会呈现出不同的特征和状态。后一时代是对前一时代的发展，而前一时代则是后一时代发展的前提和基础。事实上，行政法治不论在哪个国家都在各个方面经历了一个发展过程，有学者对英国行政法的发展进行这样的评说："红灯理论以控制为导向，更为保守；绿灯理论以自由或社会为导向，本质更注重效率性。两种理论模式是伴随着现代国家的产生而发展起来的。"[2]行政法治是发展着的事物，这一点同样是我们解构其时代精神必须予以考虑的。从上述三个方面切入，我们认为行政法治新的时代精神具有下列涵义：

第一，它是新精神。行政法治存在于一个国家的法治体系中，也存在于一个国家的社会治理机制之中。通常情况下，行政法治都与一个国家的特定时代相对应，它是这个国家特定时代的产物。换言之，时代特征的不同使行政法治精神有所不同。例如，我国在计划经济年代下，行政法所体现的就是充分的行政管理精神："任何国家法的本质都是统治阶级意志的表现，行政法也不例外，也是统治阶级的意志和根本利益的表现。它是为统治管理国家和巩固阶级专政服务的重要手段之一。"[3]而改革开放以后，我国行政法所体现的精神则是规制与契约的精神。后一时代即市场经济时代与计划经济时代相

---

[1] [苏] B. M. 马诺辛等：《苏维埃行政法》，黄道秀译，群众出版社1983年版，第29页。

[2] [英] 彼得·莱兰、戈登·安东尼：《英国行政法教科书》（第5版），杨伟东译，北京大学出版社2007年版，第5页。

[3] 王珉灿主编：《行政法概要》，法律出版社1983年版，第10页。

比，它就有新的精神。我们说我国进入了新的历史时代，行政法治的精神既不可能是市场经济时代格局下的精神，也不可能是计划经济格局下的精神，而是一种相对较新的精神。这种新的精神超越了市场经济赋予它的精神气质，更超越了计划经济造就的精神特征。这种新的精神的形成是由时代的整体特征所决定的，新的时代无论在政府行为方面、社会治理模式方面还是国家治理体系方面都呈现出了新的状态，行政法治的新的特征就与这种状态有了契合。总而言之，对行政法治新的时代精神的理解必须站在新的考察平台上，而且必须具有新的方法论，要将正在形成的新的行政法状态和传统的行政法状态进行明确地区分，才能够把握它的新的时代精神的涵义。

第二，它是契合时代变奏的精神。法治与时代的契合存在着三种情形：第一种情形是法治与时代发展的状况表现出了一定的契合性或者表现出了高度的契合性，即是说它能够适应时代的发展，能与时代发展中的各种要素保持同步。正如有学者对行政法发展所作的分析："时至 19 世纪，自由主义兴起，人民无法忍受国家之监护和管制，要求国家之行政作用限制于保障公共安宁，并且应受法律之约束。私人、社会以及经济事项，则由个人给予自由竞争原则进行。"[1]第二种情形是法治的发展有超越时代的倾向。就是法治中所包含的调控方式和一些技术手段超越了时代。它对时代的超越常常是一种正能量，是对时代发展的引领，而非对时代的阻滞。第三种情形是法治滞后于时代。就是法治的内容不能够适应时代的发展，在这种情形下法治是社会或者时代发展的桎梏。这也就是我们经常所讲的上层建筑不能够适应经济基础或者其他上层建筑发展的状况。行政法治作为法治的构成部分同样存在着上述三种情形。在上述三种情形之中，前两种法治都契合了时代的变奏，而后一种则相反。行政法治新的时代精神便是能够与时代变奏相契合的精神。它们作为一种正向的东西，与社会的变奏在节拍上是契合的，在历史阶段上是适应的。它们引领了社会的发展和时代的要求，至少促成了整个时代的新的精神气质。

第三，它是有充分能量的精神。精神的东西无论如何都属于精神层面，它们常常被认为是第二性的而非是第一性的，而这种第二性与第一性的关系也是人们关注的焦点。第一性的东西是决定事物发展的东西，第二性的东西

─────────────────

〔1〕　陈敏：《行政法总论》（第 6 版），新学林出版股份有限公司 2009 年版，第 21 页。

则是被决定的东西。从另一面看，第二性的东西在第一性东西的面前也不是完全消极和被动的，它们也能够反作用于第一性的东西。深而论之，第二性的东西也是充满着能量的东西。行政法治的时代精神与行政法治的现实相比是第二性的，与行政法治存在的社会治理基础相比更是第二性的。但不能够否认的是，行政法治的时代精神作为第二性的东西也充满着能量，充满着对行政法治进行推动尤其对社会治理进行推动的物质能量。换言之，行政法治的时代精神还不仅仅是纯粹意识层面上的东西，因为它隐含着这样和那样的物质能量。我们之所以要强调行政法治的新的时代精神，也是要从一个侧面对行政法治在新的历史条件下所聚集的这种一开始属于精神层面上的能量、而后续会变成物质层面上的能量有所关注。

第四，它是主客观统一的精神。行政法治的时代精神本身就是一个复合用语。说它是复合用语是说它是主观与客观的统一，乃至于是应然与实然的统一等。行政法治的精神要素是指人们对行政法治的主观认知，正如上述它的意识属性特别明显，从这个角度讲，它是主观的。同时，行政法治时代精神的形成必然依赖于行政法治这个社会现象、依赖于行政法治这种存在于社会调控机制中的物质因素，而这种物质因素就是它的客观性之所在。任何一个国家的行政法治都由一定的制度构成，由一定的规范构成，由一定的调控方式构成："行政法是关于行政权的授予、行使以及对行政权进行监控和对其后果予以补救的法律规范和原则。"[1] 在它与社会系统的契合过程中必须有立法行为、执法行为、司法行为或者其他实实在在的调控行为，这些都是非常客观的东西。行政法治的时代精神既不能够离开纯粹的认知而存在，更不能够离开行政法治的这种复杂的客观实践而存在，它必须依赖于主观与客观。作为一种包含正能量的时代精神，不是简单地将主观与客观予以相加，而是客观决定了主观，而主观有效地反映了客观。我们所讲的行政法治时代精神便是这种主观与客观的统一，而不是主观与客观两张皮的现象。上述四个方面比较准确地反映了行政法治新的时代精神及其内涵，四者缺一不可。

二、行政法治新的时代精神的背景

行政法治新的时代精神的解构必须与行政法赖以存在的社会系统联系起

---

〔1〕 杨海坤、章志远：《中国行政法基本理论研究》，北京大学出版社 2004 年版，第 24 页。

来，必须将行政法放置在较大的时代格局之下，也就是说我们要正确拿捏行政法治的新的时代精神，就必须澄清它产生的背景。对行政法治背景的分析有着这样一些逻辑前提：第一个逻辑前提是行政法治与社会机制紧密联系在一起。它与一个国家的社会系统、政治机制、法治调控方式等都有着密切的联系。社会系统中的诸内容是行政法治所赖以存在的大系统，一国行政法治的功能也罢，属性也罢，作用方式也罢，都不能够离开这样的大系统。深而论之，行政法治是一个与其他外在的社会机制有紧密联系的事物。这样的联系一刻也不能够被切断，一旦切断了行政法治与其他系统的联系，我们在分析行政法治时代精神时就会犯这样或那样的错误，甚至可能走入形而上学的死胡同。行政法治时代精神背景的分析就首先基于这个逻辑前提。第二个逻辑前提是行政法治是相对独立的。上文已经指出，行政法治之所以能够成为一种文化现象就是因为它具有能够独立观察的特性。事实上，一个国家的行政法治是可以相对独立的，这种独立性对行政法治与其他的法治予以有效区分。行政法治中的首要构成要素是行政法的规范体系，而行政法的规范体系完全可以独立于刑事法律的规范体系、民事法律的规范体系以及其他法律的规范体系，它的规范体系的独特性在于：“就是关于国家行政组织、行政组织行为，并对这些行为实行法治监控的法律规范的总称。”[1]至于行政法独立的程度则是另一范畴的问题。行政法是公法的核心部分，它与一个国家的其他公法紧紧地交织在一起，例如它与宪法交织在一起，宪法所包容的量如果相对较大，行政法的容量则相对较小。反之，宪法所包容的量相对较小，行政法的容量则相对较大。这才产生了英国所认为的行政法被宪法吞并的命题，当代也有学者认为，“宪法与行政法二者无论在理论或者实务已呈现整合之趋势。”[2]而在德国则出现了宪法死亡、行政法复活的命题。这两种认知都有一定的极端性。但不论如何，行政法作为相对独立的东西是毋庸置疑的，即便在公法体系中，它也是独立的，这样的独立性是对其背景考察的另一个逻辑基础。第三个逻辑前提是行政法治是有底土的。行政法治与其他法治一样，从工具理性的分析进路来看，它是国家治理、社会治理和政府治理中的一个工具。甚至有人认为，行政法治本身是没有独立的价值的，即它的价值包容

---

〔1〕　应松年：《应松年文集》，中国法制出版社 2006 年版，第 54 页。
〔2〕　周佳宥：《行政法基本原则》，三民书局股份有限公司 2016 年版，第 15 页。

于其他法律门类之下："行政法处于宪法之下，发挥着手段性、技术性的具体作用。"〔1〕只有当它能够调整这样和那样的关系时，它才是有价值的。换言之，它的价值必须通过其他外在的东西来佐证。在当代社会机制中，政治的因素、经济的因素、文化的因素、科学技术的因素等都外在于行政法治，而行政法治又必须对它们作出感应，必须通过它们发挥作用。我们可以将外在于行政法的这些复杂的政治要素、文化要素看作行政法的底土。一定意义上讲，它们决定了行政法的存在与否。如果离开了这些底土，行政法就是非常虚无的。对行政法时代精神的分析尤其时代精神背景的分析就离不开这些底土。上述三个逻辑前提决定了行政法治新的时代精神的产生至少有下列背景：

第一，社会矛盾变迁的背景。中共十九大报告对我国新的历史时期的社会矛盾有所表述："中国特色社会主义进入新时代，我国社会主要矛盾已经转化为人民日益增长的美好生活需要和不平衡不充分的发展之间的矛盾。我国稳定解决了十几亿人的温饱问题，总体上实现小康，不久将全面建成小康社会，人民美好生活需要日益广泛，不仅对物质文化生活提出了更高要求，而且在民主、法治、公平、正义、安全、环境等方面的要求日益增长。同时，我国社会生产力水平总体上显著提高，社会生产能力在很多方面进入世界前列，更加突出的问题是发展不平衡不充分，这已经成为满足人民日益增长的美好生活需要的主要制约因素。"〔2〕这个表述一方面对传统的社会矛盾的表述做了否定，就是说传统上人民日益增长的物质文化的需求与落后生产力的矛盾已经时过境迁，已经成为历史，而新的历史时代下，社会的主要矛盾是人们对美好生活的追求与我们的发展还不够充分、还不够平衡之间的矛盾。不同的社会矛盾会带来不同的社会问题。针对不同的社会矛盾会有不同的调整社会矛盾的机制和技术手段。进一步讲，不同的社会矛盾会使行政法治有着不同的特性和内涵。在行政法以维持社会秩序为主要功能的历史条件下，社会矛盾更多地体现于落后生产力和人民对物质和精神生活需求之中。它决定了行政法必须首先维持良好的社会秩序，因为这是物质生活和精神生活最基础的东西，也是在当时的历史条件下必须解决的东西。而在新的社会矛盾中，

---

〔1〕［日］和田英夫：《现代行政法》，倪健民、潘世圣译，中国广播电视出版社1993年版，第36页。

〔2〕习近平：《决胜全面建成小康社会 夺取新时代中国特色社会主义伟大胜利——在中国共产党第十九次全国代表大会上的报告》（2017年10月18日），人民出版社2017年版，第11页。

发展的不平衡、不充分，如何通过发展满足社会个体在更高层次上的需求便是行政法治所必须解决的问题。所以警察国的行政法治特征已经不复存在，而给付精神、服务精神、参与精神便是新的行政法治的核心意蕴。之所以这样说，是因为行政法治如果没有和社会矛盾的变迁相一致，它还停留在传统的精神气质之上，它就失去了自身的价值，甚至成了社会发展的阻滞因素。我们注意到法治发达国家在 20 世纪中期就提出了福利国家的概念，进而也提出了行政国的概念："行政国一词被行政学者用来形容在政府职能扩张、人民依赖政府日深的时代潮流下，行政部门具有举足轻重的地位的术语。"[1]这实质上是对行政法治与社会矛盾变迁的很好的阐释。

　　第二，行政法治积淀的背景。行政法治的动态性是不容置疑的，从低级向高级的发展也是不容置疑的。关于行政法治新的时代精神的形成，如果说它扬弃了旧的时代精神的话，它就是一种质的变化，而这种质的变化是需要量的积累的，没有量的积累，任何质的变化都不复存在。当行政法治的量积累到一定程度，用哲学语言来讲它就达到了一定的度，这个度的超越就是旧的时代精神和新的时代精神的分水岭。我国行政法治要形成新的时代精神——如果它能够形成新的时代精神的话，就必须正确看待这种新和旧之间的关系。如果我国的行政法治从零做起的话，我们就无法判定它的新时代精神，因为它还缺少量的积累。我国改革开放的四十年也是我国行政法治积累的四十年，从 1989 年制定《行政诉讼法》开始，经过多次的法治积淀，已经形成了行政六法。[2]行政六法的形成不仅仅是行政法上的量的变化，它更体现了行政法的精神气质的变化。在行政六法形成之前，我国行政法治多以社会管理为内容，多以为行政相对人设定义务为内容，多以政府的刚性调控为内容。有学者对我国刚性行政法得以普遍存在的逻辑前提作过这样的分析："社会干预国家的同时也必然是计划国家。如果这个国家不想'野蛮地'干预和滥用资源的话，它就必须进行计划，这就是说在法律以下的层面为国家的支持或有限资源规定有约束力的框架。"[3]而行政六法的体系化形成是行政法将作用的积淀和指向放在了政府行政系统。行政法由原来的管理法变成了现

---

〔1〕　吴定编著：《公共政策辞典》，五南图书出版股份有限公司 2013 年版，第 9 页。

〔2〕　参见关保英主编：《行政六法简明教程》，法律出版社 2015 年版，序言第 1 页。

〔3〕　[德] 埃贝哈德·施密特–阿斯曼等：《德国行政法读本》，于安等译，高等教育出版社 2006 年版，第 14 页。

在的控权法。这实质上就是一种积淀。中共十九大报告对行政法治有更高的期待，这种期待所蕴含的时代精神也发生了深刻变化。毫无疑问，新的时代精神已经大大超越了行政控权的理念。换句话说，行政法治新的时代精神的形成与行政法自身的发展密不可分。正是由于行政法自身的充分发展，我们才能够对其在新的历史条件下的新的时代精神作出判定。

第三，行政法治历史超越的背景。行政法数量的变化乃至行政法典则类型的变化只是行政法治变化的内容之一。2014 年我国对依法治国作了顶层设计，在这个顶层设计中，原来的静态行政法变成了现在的动态行政法，即行政法不仅仅是一个规范体系更是动态的治理体系，包括行政法的实施、监督和保障等。即是说，行政法治体系除了其规范体系或者典则体系之外，还存在着实施体系、监督体系和保障体系。行政法的实施体系是至关重要的，因为法律的生命力就在于实施。而行政法在实施过程中不能没有社会系统和其他政治系统的介入，只有在它们广泛介入的情形下，行政法才能够得到有效的监督，这就是监督体系。而行政法治的运行也需要物质的东西作为支撑，并作为后盾，这就是它的保障体系。行政法由静态发展为动态的法治体制，这是它的一次历史超越，这个超越是行政法历史超越的一个方面的内涵。从行政法治历史发展的宏观视野看，由管理论到控权论到平衡论再到契约论，反映了在不同的历史时期，行政法不同的精神状况。我国行政法治也沿着上述行政法的理论基础或者内在精神进行发展，而且它的发展是实实在在的，并有着比较客观的脉络。在不同的历史时段，它有着不同的精神状态。既然行政法在发展过程中能够随着社会的发展而有所超越，那么行政法在新的历史时代也必然能够沿着上述超越之路有新的超越。近年来我国行政法治中有关社会行政法的内容不断强化，有关民生法治的内容不断强化，[1]这些强化实质上是对管理论、控权论乃至契约理论的超越。只是在我国提出新时代到来之前我们对这种历史超越的认知还显得不够。无论如何，行政法治的历史超越是行政法新的时代精神产生的又一个背景。

第四，法治新常态的背景。治理国家有各种各样的手段和方式，例如通过道德进行治理，通过政策进行治理，通过经济杠杆进行治理，通过传统文

---

[1] 参见习近平：《决胜全面建成小康社会 夺取新时代中国特色社会主义伟大胜利——在中国共产党第十九次全国代表大会上的报告》（2017 年 10 月 18 日），人民出版社 2017 年版，第 46~51 页。

化进行治理。事实上，上述治理方式在我国国家治理和社会治理中都被普遍适用过。然而，中共十八届四中全会提出了一个非常响亮的概念，那就是法治是治国理政的基本方式，"法律是治国之重器，良法是善治之前提。"[1]这表明在所有治理国家的方式之中，我们当下选择将法治作为最基本的手段，其他手段可以继续存在，如道德、政策、传统文化等，但它们都必须围绕法治而展开。我们将这种依法治国的治理方式叫作法治的新常态，依法治国的概念之中就刻画了这种新常态的命题。这种新常态贯穿在法治和行政法治全过程。例如我国传统上，上下级行政机关之间是一种简单的命令和服从关系，简单的请示和汇报关系。依据这种关系，下级服从上级是无条件的，然而，在新常态之下，上下级之间应该是严格的法律关系，通过法律将上下级联系在一起。上级的行为也好，下级的行为也罢，都是严格意义上的法律行为，而非简单的行政命令行为。下级首先要选择服从法律，然后选择服从上级的行政命令："健全行政权力运行制约和监督体系。坚持用制度管权管事管人，坚持决策权、执行权、监督权既相互制约又相互协调，完善各方面监督制度，确保行政机关按照法定权限和程序行使权力。"[2]之所以说法治新常态是行政法新的时代精神的背景，是因为如果没有法治的新常态，行政法就不能够成为调整行政过程的主要手段，进而也不能够成为社会治理和行政治理的主流。

三、行政法治新的时代精神的精神气质

行政法治新的时代精神及其精神气质的确定必须与三个方面进行区分，即是说，在这三个区分的基础上，行政法治新的时代精神才能够成为客观定在。一是区别于整个法治体系的时代精神。在我国进入新的历史时代以后，法治大系统必然要有所变化。中共十九大报告提出设立依法治国领导小组，实质上，就是要通过这样的领导小组对我国法治体系中的历史变化有所把控。全面依法治国已经不能仅仅满足于过去的状况，而必须与新的时代精神相契合，发展成为新常态下的全面依法治国。行政法治的新的精神气质会在一定程度上与法治大系统的精神有一致性，但它有着自己独立的内容，有着属于它自身的精神气质。质而言之，我们不能够将我国法治体系所具有的精神气

---

[1]　《中共中央关于全面推进依法治国若干重大问题的决定》，人民出版社2014年版，第8页。
[2]　《法治政府建设实施纲要（2015—2020年）》，中国法制出版社2016年版，第14页。

质等同于行政法治的精神气质，这个区别如果没有梳理出来，行政法治在新的历史时代下的精神气质就无从把握。二是区别于其他部门法的精神气质。法律门类既有学术上的划分，也有制度层面上的划分。学术上的划分具有多样性，是一个仁者见仁、智者见智的问题。而制度上的划分则是相对确定的，2011 年国务院新闻办公室出版的《中国特色社会主义法律体系》白皮书就对我国法律门类作了这样的划分："中国特色社会主义法律体系……由宪法相关法、民法商法、行政法、经济法、社会法、刑法、诉讼与非诉讼程序法等多个法律部门组成的有机统一整体。"〔1〕该划分基本上确定了我国部门法的类型，每一个部门法都在社会治理中发挥着它的作用。在新的历史时代下，它们都有新的时代精神。同时，每一个部门法的时代精神必然是有所不同的，也许它们存在这样和那样的联系，但它们的区分是客观存在的。行政法治的时代精神不能够简单地对其他部门法的精神予以移植和照搬，因为行政法的调控对象和调控方法与其他部门法都是有区别的。它与法治政府、法治社会和法治国家的关系契合度最高，而且与上述三个治理范畴都有着千丝万缕的联系。只有当我们对行政法的精神气质与其他部门法的精神气质予以有效区分时，行政法的精神气质才会有自身的内涵和自身的价值。由此可见，这样的区分是必然的和必需的。三是对新的历史条件下的精神气质与行政法治传统予以区分。虽然行政法与其他部门法相比在我国的发展历史相对较短，应当说只有三十多年的历史，但三十年的时间足以使我国行政法形成一个属于它自己的状态。我们可以将三十年行政法的状态定性为行政法传统，或者称为传统行政法。在这个传统行政法中必然隐含着自身精神气质，比如说行政控权就是其精神气质之一，规范政府行为也是其精神气质之一，等等。新的历史条件下行政法所形成的精神气质是与传统的精神气质相区别的，正如上述，它是一种历史超越，这样的超越当然是对传统的超越。上述三个方面的区分是把握行政法新的时代精神的关键词。从中共十九大报告所包含的丰富的法治内容看，行政法治新的精神气质应该从下列方面予以表述：

第一，全面给付的精神气质。法治发达国家的学者提出行政法进入了给付行政的时代，给付行政的本质在于："来改善人民在社会生活中的生存环境

---

〔1〕 中华人民共和国国务院新闻办公室编：《中国特色社会主义法律体系》（2011 年 10 月），人民出版社 2011 年版。

与条件者。"〔1〕这个论断标志着行政法在法治发达国家从控权到管制到契约再到给付，经历了若干历史嬗变，而嬗变的最后一个境界便是给付。对行政法的这种给付精神，我国学界曾有过关注，然而并没有对此予以普遍的认可。换句话说，在新时代精神的命题产生之前，学者们并不认为我国的行政法治进入了给付的历史时代，更不可能接受全面给付的理念。我们注意到，新的历史时代是指政府与社会关系发生了新的变化，政府以前的管理职能被现在的服务职能所取代。十九大报告多次提出了公共服务的概念，如城市公共服务、农村公共服务、老年人公共服务还有其他方面的公共服务等；提出了精准扶贫法治化的概念；提出了最低生活保障法治化的概念；提出了文化精神生活提升法治化的概念；等等。这些概念都使政府传统的行政职能发生了深刻变化。在政府和社会公众的关系上，社会公众是接受服务的对象，而政府是提供公共服务的主体，既要直接提供公共服务，也要通过间接手段提供公共服务。当然，政府的公共服务职能与我们对新的社会矛盾的判断密不可分。因为在新的社会矛盾中，矛盾的主要方面是物质生活和精神生活的不充分、不平衡，换言之，政府提供充分的物质和精神服务、提供平衡的物质和精神服务是它基本的行为取向，也是它存在的基本的价值判断。与政府职能相适应的行政法治自然而然地被贴上了全面给付的标签，进而也成了新时代行政法精神气质的主流。

　　第二，广泛参与的精神气质。由于行政法治属于公法范畴，所以，它与一个国家的政治机制密不可分，与一个国家的政治运作方式密不可分。在西方有些国家，他们号称自己的政治机制是代议民主，从而代议民主也成了这些国家的政治运作模式。我国也是实行民主制度的国家，而我国的民主制度区别于这些国家的代议民主，是一种广义的协商民主。在十九大报告中关于协商有许多表述，例如政府与公众的协商，政府与社会组织的协商以及其他诸种协商的方式和路径："要推动协商民主广泛、多层、制度化发展，统筹推进政党协商、人大协商、政府协商、政协协商、人民团体协商、基层协商以及社会组织协商。加强协商民主制度建设，形成完整的制度程序和参与实践，保证人民在日常政治生活中有广泛持续深入参与的权利。"〔2〕协商民主充分吸

---

〔1〕　周佳宥：《行政法基本原则》，三民书局股份有限公司2016年版，第7页。
〔2〕　习近平：《决胜全面建成小康社会　夺取新时代中国特色社会主义伟大胜利——在中国共产党第十九次全国代表大会上的报告》（2017年10月18日），人民出版社2017年版，第38页。

收了公众个体以及其他社会组织对政治过程的参与。行政法治作为治理模式的一种也体现了我国的政治机制。广大行政相对人有机会参与行政决策，参与行政执法，参与其他行政行为。而且这种参与必须是广泛的、全方位的。以前大量行政行为的作出都是行政主体单方面为之的，这种单方面性也成为行政法关系和其他行政法问题的解释方法，被学者们描述为："从双方当事人所处的地位上看，行政主体始终处于主导地位，享有很大的优益权。"[1]而行政法治的新的精神气质则将传统的单方面性变成了现在的广泛参与性。

第三，主体多元的精神气质。行政法治的主体是行政法治的核心问题，在传统行政法理论和制度中，主体仅仅有两个方面：一是行政主体，二是行政相对人，两者的互动构成了行政法及行政法关系的运行模式。正因为如此，人们普遍认为司法行为是一种三角关系，而行政行为是一种双方关系。毫无疑问，前者由于是三角关系，具有比较明显的稳定性和可靠性。而后者由于是双方关系则更加具有不可测性。十九大报告提出新的历史条件下社会治理的模式是多元化的，就行政法治而论，行政主体和行政相对人的介入当然是不可缺少的，这也是行政法治运作的基本状态。同时，第三者，即与行政行为有利害关系的当事方，也能够介入到行政过程中来，也能够成为行政法关系的主体。其他社会关系的主体也不是游离于行政法关系之外的，从 2016 年起我国在公共管理领域普遍推行 PPP 模式，就是公权系统与私方当事人共同进行社会治理，私方当事人进入了行政管理领域，使行政法关系主体发生了深刻变化。任何一个私方当事人都有可能成为履行行政行为的主体，都有机会成为行政行为的实施者。即便它们没有成为行政行为的实施者，也能够作为公共服务对象的受益者。行政法主体和行政法关系主体的多元化对行政法治运行模式的冲击是非常大的，它使行政法由政治化、法律化转向社会化，其社会化的精神气质是对传统的大大超越。

第四，自治主流的精神气质。2013 年我国提出了社会治理的概念。[2]在我国传统公法体系中，社会管理是基本的概念范式，就是说公权主体通过行

---

〔1〕 张焕光、胡建淼：《行政法学原理》，劳动人事出版社 1989 年版，第 65 页。

〔2〕 该概念是在 2013 年中共十八届三中全会上提出来的，在此之前我国一直使用的是社会管理的概念。毫无疑问，社会治理概念的提出是对社会管理概念的升华，在社会管理的概念之下，管理更多的体现权力行使的单方面性，而在社会治理的概念之下，治理过程具有主体的多元性，而且治理本身也体现了公平、体现了法治的主导作用。

政的或者法律的手段设定社会关系、分配社会资源、实现社会利益的平衡等。而社会治理的概念超越了传统的社会管理的概念，它将治理的主体从官方转入了民间，将治理方式的行政性转化成了法律性。这种状况有一个非常深刻的内容就是，诸多原来由行政系统承担的行政职能现在必须从行政职能中游离出去交给民间，由相关的民间机制进行自我治理和自我调控。十八届四中全会强调了团体章程、行业规章、乡规民约等社会规范在社会治理中的作用。这些概念和治理行为模式的提出有相当一部分内容似乎与行政法治没有直接的关联，而在笔者看来，它实质上代表了行政法治的一种新的取向：社会自治的取向。换言之，行政法会随着社会的发展越来越民间化，至少在行政法规范体系中一部分是国家制定的规则，另一部分则是民间制定的规则。诸多行政法关系的调控首先要通过民间规则进行。如果民间规则能够解决问题，那社会关系理性化的法律层面的规则就可以不予介入。如果自治作为主流比给付行政更超前的话，将其作为行政法新的精神气质也是可以理解的。

第五，柔性渗入的精神气质。行政法治是法治的构成部分，同样道理，行政法也必须具有法的一般属性。在传统的法律理论中，法都是以国家强力为后盾的，"自 16 世纪以来，法律已经成为社会控制的最高手段了，今天，政治上有组织的社会要求，总的说来不仅要求拥有对强力的垄断，而且也要求拥有对个人行为加以强制的垄断。我们依靠法律秩序，不仅是为了一般的安全，也是为了几乎所有社会控制的任务。"[1]就是说法律是会咬人的，我国传统行政法治中，刚性的手段比比皆是。例如，行政处罚、行政强制、行政许可中的诸种刚性手段几乎支撑着整个行政法治体系，也成了行政法治运作的一个基本行为方式。政府的行政强制权力在政府的刚性规则中得到了体现。反过来说，行政强制中的不可克减性也在这种规则中得到了体现。而行政法新的时代精神是否还凸显这样的强制特性呢，我们不敢作出肯定的回答。因为十九大报告关于行政系统的行为充满了柔性导向，例如要求行政系统进行精准扶贫，要求行政系统进行必要的行政奖励，要求行政系统以这样和那样的手段改善生态环境，等等。在十九大报告中就有这样的表述："必须坚持节约优先、保护优先、自然恢复为主的方针，形成节约资源和保护环境的空间

---

〔1〕［美］罗·庞德：《通过法律的社会控制——法律的任务》，沈宗灵、董世忠译，商务印书馆1984年版，第131页。

格局、产业结构、生产方式、生活方式，还自然以宁静、和谐、美丽。"〔1〕这充分说明行政法治中必须有柔性的东西渗入，行政法的诸多规则可能不再将传统的硬法形式作为唯一选择，而将首先选择软法的手段，政府行政系统的执法行为也要更多体现人性化。行政法治的柔性渗入将给行政法治的调控技术带来革命性变化，新的社会矛盾也呼唤行政法治的柔性，呼唤为了提升社会和物质精神财富、平衡社会和物质精神财富，政府必须注入更多的人文关怀。而在传统上，我们并没有将这种人文关怀和法治结合在一起。新的历史条件下，这种柔性的渗入变成了行政法的新的精神气质。

四、行政法治新的时代精神的价值

行政法治新的时代精神的理论有三个问题需要予以澄清或者讨论：一是应然与实然的问题。本文第三部分揭示了新的历史条件下行政法治的五个方面的精神气质，这也是新的时代精神的具体内涵。这些新的时代精神究竟是实然的还是应然的是需要予以澄清的。毫无疑问，从十九大报告所揭示的内容看，这些精神首先是一种应然状态，就是说我国的行政法治应当具有这样的精神气质。之所以要探讨新时代行政法治的精神气质，之所以要给新的历史条件下行政法治以新的定位，就是要影响我国行政法治的新的现实，甚至是要对行政法治所包含的不合理现象进行反思。因此，应当在我国今后的法治建设中对这些新的时代精神予以高度重视。二是个别与普遍的问题。十九大报告关于行政法治提出了诸多新的价值判断、新的理念甚至具体的行为模式，但我们还要强调的是，十九大报告所提出的这些内容大多是一个一个的问题，它们都是个别的，都是针对行政法治的某一个环节。而我们必须认识到，行政法新的时代精神并不是个别问题，而是一个普遍问题，是行政法中的普遍现象。如何将新的时代精神中的个别判断转化为行政法治中的普遍现象是需要我们从理论层面和制度层面进行整合的。我们需要将这些带有强烈时代特色的个别理念上升为行政法治中的普遍现象。行政法治中的时代精神是一种抽象，是对个别行政法问题的提炼和超越，这不影响我们在行政过程中就个别问题作出正确判定。恰恰相反，我们要通过形成普遍的理念来指

---

〔1〕 习近平：《决胜全面建成小康社会　夺取新时代中国特色社会主义伟大胜利——在中国共产党第十九次全国代表大会上的报告》（2017年10月18日），人民出版社2017年版，第50页。

导每一个的个别。三是认知与实践的关系。行政法新的时代精神是意识层面上的，甚至可以说它是行政法治的理论体系，是人们对行政法理论问题的时代概括。无须证明，这样的理论概括与行政法治现实、行政法治实践还存在较大的差距。行政法治新的时代精神是科学的，而这些科学的东西如何体现于我国行政法治的进程之中，如何对行政法治进行改良等的解决便是探讨这个问题的缘由。这也要求我们必须将行政法在新的时代的精神气质予以物质化、予以制度化、予以行为化。那么，行政法治新的时代精神究竟包括哪些价值，笔者认为下列方面是主要的：

第一，行政法治革新的价值。总体而论，我国行政法治的发展是比较迅速的，从行政法体系的构造上讲，行政组织法、行政救济法和部门行政法的立法中都走得相对较快。在四十多年的改革开放中，我们制定了大量行政法典，2011 年我国宣布中国特色的社会主义法律体系已经形成，其中也包括行政法的法律体系，即是说，我国已经形成了行政法的法律体系。在行政法治方面也有了长足进步，行政执法越来越规范，行政救济越来越符合行政规则等。而从另一方面看，我国行政法治还存在诸多的短板，例如，行政执法中诸多行政主体沉浸于行政程序之中，用烦琐的行政程序降低行政效率，用烦琐的行政程序给社会公众制造麻烦和不便。正因为如此，李克强总理提出烦琐必然带来落后，简约必然带来进步的论断："烦苛管制必然导致停滞与贫困，简约治理则带来繁荣与富裕"〔1〕。传统行政法的精神在我国具有明显的计划经济色彩，政府管制作为主导就生动地证明了这一点。新的历史时代要求政府行政系统必须广泛地为社会公众提供服务，传统法治精神必须发生深刻变化。上文提炼的诸种行政法治新时代的精神气质就可以用来革新我国的行政法治，这也是行政法治新的时代精神的首要功能。

第二，行政法治回应自然的价值。2014 年习近平就曾指出："我们在立法领域面临着一些突出问题……有的法律法规全面反映客观规律和人民意愿不够……"〔2〕这表明我国法律，包括行政法在内，在制定时就过多关注了人文因素，而且行政法的执行和实施也偏向性地凸显了人文精神。反过来说，行

---

〔1〕 参见李克强：《深化简政放权放管结合优化服务 推进行政体制改革转职能提效能——在全国推进简政放权放管结合优化服务改革电视电话会议上的讲话》，2016 年 5 月 9 日。

〔2〕 《中共中央关于全面推进依法治国若干重大问题的决定》，人民出版社 2014 年版，第 52 页。

政法治没有与相关的自然因素相契合。行政法之所以违背客观规律就是因为行政法没有能够按照自然所固有的状态形成自己的规范。强调生态环境重要性的当下，行政立法和执法尊重自然、回应自然不仅仅是部门行政法的问题，不仅仅是环境领域行政法治的问题，而且是整个法治体系的问题。一国的法治体系要与一国的人文因素相适应是合乎逻辑的，但更为重要的是一国的行政法治也必须契合一国的自然要素。孟德斯鸠在《论法的精神》一书中就曾指出："法律应该和国家的自然状态有关系；和寒、热、温的气候有关系；和土地的质量、形式与面积有关系；和农、猎、牧各种人民的生活方式有关系。法律应该和政制所能容忍的自由程度有关系；和居民的宗教、性癖、财富、人口、贸易、风俗、习惯相适应。"[1]这一理论在全世界引起广泛关注就充分证明了它的科学性和合理性。行政法治回应自然就要求行政法治和客观规律相适应，包括行政法在调整一些人文关系时也要尽可能契合行业规则、团体章程和乡规民约等。

第三，行政法治突出人民本位的价值。行政法被认为是公法的基本构成部分，从这一命题出发，人们普遍认为行政法所涉及的是公权，它以公权为重心。"行政法的正式定义是，它是公法的一个分支，它规定执行公共政策的政府各不同部门的组成、程序、权力、义务、权利和责任。"[2]行政法与公权勾连在一起，在笔者看来，这只是行政法的现象而非行政法的本质。因为根据康德的理论，公权是一种转让性的权利，是后来所获得的权利，它不是固有权利，更不是西方意义上的天赋权利："权利的体系又可以被看作是那种不言而喻的力量，即在道德上与他人交往时，可以作为责任去约束他人的一种力量。这就是，在与他人的关系中，提供一种法律上的行动权限。从这个角度看，这个体系可以分为天赋的权利和获得的权利。天赋的权利是每个人根据自然而享有的权利，它不依赖于经验中的一切法律条例。获得的权利是以上述法律条例为根据的权利。"[3]也就是说公权存在的前提是单个社会个体的权利，一个一个社会个体的权利通过一定形式转化为了公权。由此可见，社

---

〔1〕　[法] 孟德斯鸠：《论法的精神》（上册），张雁深译，商务印书馆1982年版，第4~7页。

〔2〕　[英] A. W. 布拉德利、K. D. 尤因：《宪法与行政法》（第14版·下册），刘刚等译，商务印书馆2008年版，第527~528页。

〔3〕　[德] 康德：《法的形而上学原理——权利的科学》，沈叔平译，商务印书馆2012年版，第49页。

会个体的权利是所有权力的基础。我国长期以来在法治中尤其在公法中几乎看不到社会个体的权利，然而2014年宪法修正案改变了传统的思维模式，要求公共权力在有些情形下必须对私人权利进行尊重。[1]如我国对政府的征收行为和征用行为采取了严格的法律程序，后来也制定了行政强制法，主要用来规范政府的强制行为。[2]十九大报告多次提到了人民主体地位问题，多次提到了人文关怀的问题，多次提到了社会个体的权利问题，"扩大人民有序政治参与，保证人民依法实行民主选举、民主协商、民主决策、民主管理、民主监督；维护国家法制统一、尊严、权威，加强人权法治保障，保证人民依法享有广泛权利和自由。巩固基层政权，完善基层民主制度，保障人民知情权、参与权、表达权、监督权。"[3]这实质上有了一个新的突破，那就是行政法作为公法必须以人民为本位。行政法中的全面给付的精神气质，广泛参与的精神气质，自治主流的精神气质等都佐证了这一点。这使得我国的行政法治在现实运作中必须突出人民的主体地位。

第四，行政法治自我完善的价值。行政法治作为法治大系统的构成必须契合新的历史条件下我国法治的基本精神。就目前而论，我国行政法治中滞后性的东西还相对较多。例如，在行政法的规范体系中，还缺少诸多行政法典则，如行政组织法不够完善，[4]统一的行政程序法还没有制定出来，部门行政法中还缺少具体内容等。行政执法中还存在非理性执法，如钓鱼执法、圈套执法、选择执法等依然存在。执法过程中的粗暴行为也偶有发生。尤其是执法的价值选择方面，究竟选择政府管制还是选择给付行政还不那么明晰。在行政执法中存在部分行政相对人或者社会公众不满的情形，这都与非理性执法的大量存在有关。在行政救济的制度设计上还存在缺陷，如司法审查范

---

〔1〕　参见［日］大桥洋一：《行政法学的结构性变革》，吕艳滨译，中国人民大学出版社2008年版，第5页。

〔2〕　《行政强制法》第1条规定："为了规范行政强制的设定和实施，保障和监督行政机关依法履行职责，维护公共利益和社会秩序，保护公民、法人和其他组织的合法权益，根据宪法，制定本法。"第19条规定："情况紧急，需要当场实施行政强制措施的，行政执法人员应当在二十四小时内向行政机关负责人报告，并补办批准手续。行政机关负责人认为不应当采取行政强制措施的，应当立即解除。"

〔3〕　习近平：《决胜全面建成小康社会　夺取新时代中国特色社会主义伟大胜利——在中国共产党第十九次全国代表大会上的报告》（2017年10月18日），人民出版社2017年版，第37页。

〔4〕　参见关保英：《地方政府组织法的修改应从转变法治观念入手》，载《法学》2017年第7期。

围非常有限，精神赔偿有严格限制。总而言之，我国行政法治的体系，无论是行政法的规范体系还是行政法的实施、监督和保障体系都不能够满足解决新的社会矛盾的需要。在传统行政法的运作中，往往是外在的东西对行政法发生作用，使行政法治发生改变，使行政法治发生更新，如前所述人们将我国行政法的发展描述为政府推动型，这并不为过。言下之意，我国行政法的发展和变化主要是靠政府或者高层进行推动的。在新的历史条件下，这种格局必须发生变化。通过对行政法新的的精神气质的分析，我们便能够得出一个结论：行政法治的发展和变化要走自我完善之路，而它的自我完善对法律人共同体和其他社会共同体都有新的期待。

新时代背景下行政法功能的重构 *

中共十九大报告对我国新时代背景下法治的价值、法治的内涵、法治的社会作用等都作了新的规定和要求。行政法作为我国法治体系的构成部分，在新时代的背景之下随着政府职能的转变，其功能也将发生一定的转变，这就涉及行政法功能在新时代背景下的重构问题。本文将对新时代背景下行政法功能变迁的缘由、行政法新功能构型的逻辑、行政法新功能的科学范畴以及行政法新功能重构路径作较为系统的探讨，以希引起学界和实务界的重视。

一、行政法功能变迁的缘由

行政法是一个社会现象，它虽然常常被归入法治机制和政治机制之中，但是，从哲学层面上讲，行政法是存在于社会机制之中的一种社会现象。因此，任何社会环境、社会机制的变化都会引起行政法相应的发展和变化。行政法是一种有效的社会控制机制，它的功能也通过社会控制得到实现。在现代社会机制中，法律的调控方式为："确认、协调、批准、鼓励、活跃和促进工业、艺术和科学的发展，这将是法律的主要目的。指明、规定和管理共同的劳动和娱乐，制定实际的治安措施和卫生措施——所有这一切都属于法律的管辖范围。"[1]中共十九大报告在对中国新时代变迁的概括中，至少有三个方面的变迁可以使我们将其与行政法的变迁予以勾连。这三个方面表现为：

一是社会矛盾的变化。十九大报告对新时代的社会矛盾作了这样的描述：

---

* 该文发表于《社会科学研究》2018 年第 5 期，原标题为《新时代背景下行政法功能重构》。

〔1〕 〔法〕泰·德萨米：《公有法典》，黄建华、姜亚洲译，商务印书馆 1982 年版，第 225 页。

"中国特色社会主义进入新时代，我国社会主要矛盾已经转化为人民日益增长的美好生活需要和不平衡不充分的发展之间的矛盾。我国稳定解决了十几亿人的温饱问题，总体上实现小康，不久将全面建成小康社会，人民美好生活需要日益广泛，不仅对物质文化生活提出了更高要求，而且在民主、法治、公平、正义、安全、环境等方面的要求日益增长。同时，我国社会生产力水平总体上显著提高，社会生产能力在很多方面进入世界前列，更加突出的问题是发展不平衡不充分，这已经成为满足人民日益增长的美好生活需要的主要制约因素。"〔1〕即是说，在新时代来临之前，社会矛盾是一种现状，它主要表现为落后的生产力和人们物质需求之间的矛盾。与这种现状相适应的行政法的主要功能便是在构型社会的基础上积累社会财富、促进经济的发展等。而新的社会矛盾，主要表现为社会公众更高的社会期待与我们在诸方面发展的不充分不平衡之间的矛盾。这种矛盾的变化便使得行政法传统的以积累财富为主的功能，转化为了使社会的幸福指数多元化、高质量化的功能。社会矛盾决定一个国家政治机制和法治机制的状况，由于社会矛盾的变化，国家政治机制、法治机制的功能，乃至内涵也将发生一定的变化，这是行政法功能变迁的哲理，是我们把握该问题的切入点。

二是社会治理模式的变化。在新时代到来之前，我国基本的治理模式被人们称为"管理模式"，就是国家政权体系，尤其是行政系统通过履行管理职能，对社会矛盾进行化解、对社会角色进行分配、对社会秩序进行维护，在这个过程中国家权力所起的作用是主导性的，国家可以对经济秩序进行设计，我国长期实行的计划经济就是这种设计的生动体现。20世纪90年代以后我国强调了市场价值的重要性，也推行了市场经济，但不可否认的是，我国的市场经济包含了浓烈的计划经济色彩。行政垄断、行政对经济的决定、行政许可制度的泛化等都是计划经济的印痕。该背景可以被表述为："我国行政法治的水平相对而言不算太高，在20世纪90年代中期以前我国行政法所追求的是行政法制，即相应的行政法制度，就是用国家制定的行政法规范管理社会事务、文化事务，我国的行政法在此之前一直被认为是管理法就是例证。"〔2〕

---

〔1〕 习近平：《决胜全面建成小康社会 夺取新时代中国特色社会主义伟大胜利——在中国共产党第十九次全国代表大会上的报告》（2017年10月18日），人民出版社2017年版，第11页。
〔2〕 关保英：《行政法学》（下册），法律出版社2013年版，第515页。

十九大报告对新时代治理作了这样的描述：“加强社会治理制度建设，完善党委领导、政府负责、社会协同、公众参与、法治保障的社会治理体制，提高社会治理社会化、法治化、智能化、专业化水平。”〔1〕这充分体现了新时代的社会治理已经不是管理型的治理，而是具有强烈自治色彩的治理。行政法治与一个国家的治理模式是有机地联系在一起的，治理模式处于治理的前端，行政法治处于治理的后端，换言之，治理模式的变化必然会引起行政法治的变化。

三是政府职能的变化。政府职能是指政府行政系统的职能，它“是国家机器为实现其目的，特别是为了执行法律而运行着的国家权力”。〔2〕在传统法治体系中，政府行政系统的职能已经形成固有的内涵和套路，如社会秩序维护职能、经济管制职能、社会救助职能等。这些传统职能所强调的是政府行政系统对社会生活乃至公众个体生活的干预。而新时代之下，政府的职能主要表现为提供公共服务。在新的历史时代，建构服务型政府是我们对新的政府职能的主要判断，对新的政府职能的基本选择：“完善公共服务体系，保障群众基本生活，不断满足人民日益增长的美好生活需要，不断促进社会公平正义，形成有效的社会治理、良好的社会秩序，使人民获得感、幸福感、安全感更加充实、更有保障、更可持续。”〔3〕简单地讲，新时代的政府职能主要体现为，为社会公众提供优质的公共服务，这也与新的社会矛盾判断相契合，这是行政法功能变迁原因的第三个切入点。

从以上三点，我们就能很好地认知行政法变迁的缘由。如果将问题予以细化，就可以发现下列变化可以合理解释行政法的功能变迁。

第一，社会基础的变化。新时代社会矛盾的变化有着深刻的社会基础。如果说我国通过改革开放使原来落后的社会格局发生了明显变化的话，那么这个变化尚未达到建构小康社会的社会格局的目标，即是说，四十多年的改革开放，我国经济的持续高速发展所造就的社会发展是十分明显的。但是，这个发展所带来的社会格局是温饱型的社会格局。然而，新的时代则使社会

---

〔1〕　习近平：《决胜全面建成小康社会　夺取新时代中国特色社会主义伟大胜利——在中国共产党第十九次全国代表大会上的报告》（2017 年 10 月 18 日），人民出版社 2017 年版，第 49 页。

〔2〕　［德］G. 平特纳：《德国普通行政法》，朱林译，中国政法大学出版社 1999 年版，第 83 页。

〔3〕　习近平：《决胜全面建成小康社会　夺取新时代中国特色社会主义伟大胜利——在中国共产党第十九次全国代表大会上的报告》（2017 年 10 月 18 日），人民出版社 2017 年版，第 45 页。

格局由原来的温饱型转化成了小康型，由温饱向小康的转化是一个社会基础的变化。我们绝对不可以将这个变化仅仅停留在经济上，这个变化是与社会生活方方面面都有联系的变化。行政法存在于社会系统之中，对行政法与社会机制的关系，有学者描述为："行政法的传统概念展示了一个在各行政领域共通的社会价值，即运用具有功能的规则和程序，使原本在形式上不向选民负责的行政官员对私人利益行使的行为得以合法化。"[1]这生动地表明了社会基础是行政法的客观基础，而我国社会主要矛盾的变化便集中在社会基础的变化上，无须证明，这种社会基础的变化必然会使行政法及其功能发生变迁。以美国行政法在 20 世纪 70 年代所发生的变化为例，其中就有一个是从管制到放松管制的变化，而这个变化的基础就存在于社会机制之中。[2]我们认为虽然社会基础与行政法的联系是相对间接的，但我们不能因为这样的间接性就忽视社会基础对行政法的作用，就忽视社会基础的变化引起行政法功能变迁的客观事实。

第二，政治价值的变化。十九大报告指出："必须认识到，我国社会主要矛盾的变化是关系全局的历史性变化。"[3]该论断一语道破，与政治机制相比，社会矛盾和社会基础是第一性的，政治机制是第二性的，它们二者之间存在着非常深刻的联系，社会矛盾和社会基础必然决定政治机制，而政治机制也会反作用于社会矛盾和社会基础。十九大报告对社会矛盾的变化作了新的评说以后，便将诸多的注意力集中在了政治机制的变化上。例如，提出了党对一切工作的领导，以人民为重心全面深化改革，人民当家作主，依法治国，坚持社会主义核心价值观，这些描述都是政治范畴的内容。笔者注意到，十九大报告中有两个问题必须予以重视，一是新的历史时代我国的政治价值有了新的升华，该升华是针对整个政治系统而言的，在新的历史条件下，我国的政治机制五位一体的表述很好地彰显了这个独特性。二是政治机制中的每一个元素都有了新的内容。以依法治国为例，新时代的依法治国是全面的依法治国，是法治国家、法治社会、法治政府一体化的依法治国。从广义上讲，行政法以及行政法治是政治机制的构成部分，政治价值的变化必然会反

---

〔1〕 [美] 理查德·B. 斯图尔特：《美国行政法的重构》，沈岿译，商务印书馆 2002 年版，第 3 页。

〔2〕 参见宋世明：《美国行政改革研究》，国家行政学院出版社 1999 年版，第 57 页。

〔3〕 习近平：《决胜全面建成小康社会　夺取新时代中国特色社会主义伟大胜利——在中国共产党第十九次全国代表大会上的报告》（2017 年 10 月 18 日），人民出版社 2017 年版，第 11 页。

映在行政法治的价值变化之中，行政法治也要自觉地对政治价值的变化进行感应，使新的行政法功能契合于新的政治价值，这是行政法功能变迁的又一个缘由。

第三，文化传统的变化。文化是一个国家的软实力，它与社会基础、政治价值既有一定的联系，同时又是可以予以区分的。十九大报告提出了文化自信的概念，而且对新时代我国文化的主流作了这样的要求："文化自信是一个国家、一个民族发展中更基本、更深沉、更持久的力量。"〔1〕这是对新时代我国文化的集中描述，也是对新时代我国文化的一个概括。应当说在新时代到来之前我国已经形成了自身的文化传统，该文化传统是中华优秀文化的体现，它也在一定程度上支撑了我国的民主精神。同时我们要看到，我国的传统文化有一定的封闭性，有一定的排异性，这实质上使我国传统文化相对略微滞后。正因为如此，十九大报告强调了中华文化对外来文化的吸收问题，提出了中华文化面向未来的问题。传统文化是否影响我国行政法治呢，回答是肯定的。关于我国行政法文化与行政法治的关系，有诸多学者作过研究。在当代治理机制中，行政法治与"行政国"的概念有机联系在一起，"行政国"决定了行政法的状态："行政法的对象，简而言之就是'行政国'。所谓'行政国'就是指行政制度相当发达的国家。在'行政国'中，行政事务、政府职能、官员制度等都相当发达。在'行政国'，政府的职能主要的已经不再是'警察局'和'邮政局'的职能了，在那里，国家的活动几乎遍及社会生活的各个方面。"〔2〕这实质上也是一种行政法文化。我国行政法长期以来所体现的管理论就与中华传统文化有一定的关联性，中国传统文化中"父母官"观念盛行，体现在行政法中就是，行政相对人对行政主体地位的无条件接受和无条件认可。而新时代的文化强调社会公众的主体性、强调社会公众的创造精神，这至少使传统"父母官"的文化发生了反转。我们要强调的是，新时代文化与传统文化基础的变化对行政法功能的影响是不可低估的，文化的东西虽然是一种软实力，但它会带来行政法刚性规则和刚性手段的变化。

第四，法治环境的变化。2014年我国就对依法治国和我国的法治内涵做

---

〔1〕　习近平：《决胜全面建成小康社会　夺取新时代中国特色社会主义伟大胜利——在中国共产党第十九次全国代表大会上的报告》（2017年10月18日），人民出版社2017年版，第23页。

〔2〕　龚祥瑞：《比较宪法与行政法》，法律出版社2003年版，第6页。

了新的顶层设计，用法治体系的概念取代了法律体系的概念。或者说，我们将法律体系融入到了法治体系的内涵之中，这就使得我国的法治内涵以及法治环境发生了深刻变化。在传统法治中，我国的法治体系尚未形成概念，法治体系的构成也是相对模糊的，这样一来，人们就将法治体系与法律体系予以等同、视为同一范畴。法治体系概念的提出解决了这个问题。另外，我们将法治体系的内容归结为五个方面，即法律规范、法治实施、法治监督、法治保障和党内法规体系，这五个元素存在着严密的逻辑结构，非常周延地体现了法治的诸环节。而在十九大报告中，关于法治及其环境又有了新的拓展，例如提出了合宪性审查的问题，提出了法律至上的问题，提出了依法立法的问题等，[1]这都使新时代的法治环境有所改变。行政法是行政法治的构成部分，进而它也是我国法治体系的组成部分，在整个法治体系中行政法的典则和规范所占的比重最大。[2]基于此，我们便可以毫不客气地说，法治环境的变化，最直接地推动了行政法的变化，最直接地改变了传统的行政法功能。对此，十九大报告也有这样的表述："全面依法治国是国家治理的一场深刻革命，必须坚持厉行法治，推进科学立法、严格执法、公正司法、全民守法。成立中央全面依法治国领导小组，加强对法治中国建设的统一领导。加强宪法实施和监督，推进合宪性审查工作，维护宪法权威。推进科学立法、民主立法、依法立法，以良法促进发展、保障善治。建设法治政府，推进依法行政，严格规范公正文明执法。"[3]这是行政法功能变迁缘由的另一个方面。

二、行政法新功能的构型逻辑

行政法新功能的构型，存在于理论认知和实践建构两个机制之下。换言

---

[1] 我国在 2014 年对依法治国作了顶层设计，通过设计明确了诸多法治体系的概念，也使我国法治体系有了基本的构成。中共十九大在新的历史条件下又拓展了依法治国和法治体系的概念，例如提出了宪法和法律至上的概念、合宪性审查的概念、人格权的保护问题等，大大拓展了依法治国和法治体系的内涵。

[2] 国务院法制办公室 2016 年编撰出版的法律大全中，宪法及相关法有 22 部，民法商法 50 部，刑法 14 部，而行政法则占到 200 部，足见行政法在我国法律体系中的绝对比重。参见国务院法制办公室编：《新编中华人民共和国常用法律法规全书（2016 年版）》，中国法制出版社 2016 年版，目录。

[3] 习近平：《决胜全面建成小康社会 夺取新时代中国特色社会主义伟大胜利——在中国共产党第十九次全国代表大会上的报告》（2017 年 10 月 18 日），人民出版社 2017 年版，第 38~39 页。

之，行政法新功能的构型首先是认知问题，就是我们首先从理论上对行政法新的功能与旧的功能进行对比，进而对新的功能进行梳理，形成新的行政法功能的理论。其次是相应的制度构建问题，相应的规范构建问题等。行政法的功能是通过行政实在法体现出来的，我们要使新的行政法在新的历史条件下有新的功能，就需要对行政实在法做相应修正及完善。无论行政法功能的理论认识还是实践构造，都与下列三个范畴相关：

一是时代性。行政法新的功能是在新的历史时代所形成的功能，它是对旧的行政法功能的否定，是对旧的行政法功能的升华。而旧的行政法功能是传统行政法的产物，它与特定的时代有关，决定它的时代就是我们所讲的具有传统精神的时代，而新的功能是新的历史时代的产物，它体现了新的历史时代精神。关于行政法治与时代精神的关系，有学者这样分析："就法治思想言，现代法律之法源，以制定法、习惯法与条理为主。此三者，在法律渊源上所占之地位，因时代而不同：18 世纪以前，人民知识简单，思想保守，日常公私生活，多依传统习俗而行，系以习惯法为主要的法源时代。18 世纪以后，进入民权时代，又因产业革命，社会关系较前复杂，习惯法多已不能适应当代需要，而以制定法为主要法源；20 世纪以来，进入福利国家时代，国家之任务繁重，机械的制定法主义，又不足以适应需要，故宁由法律为概括的规定，使政府衡量时势，酌情处理。使条理在法源上之地位，日臻重要，有取代成文法之势。"[1]这便提醒我们，行政法新功能的构型同样要围绕新时代及其时代精神展开，既不能滞后于新的历史时代，也不能够超前于新的历史时代。

二是系统性。行政法的新功能是就行政法这一社会现象而论的。行政法和其他部门法相比，有着极其复杂的特性，它是一个复杂的法律群："行政法是一个总称，而不是指单一的法规或法典。"[2]即是说，行政法不像民法和刑法那样有着一个主要的或者基本的法典，它没有这样统一的法典，它是由许许多多的法律规范所构成的法律群，这就使人们很难把握行政法的整体性。因为在行政法规范中，有一部分规范行政主体，另一部分则规范行政相对人，这二者在行政过程中本是矛盾着的事物，而行政法将这两个矛盾着的事物统

---

[1]　张载宇：《行政法要论》，汉林出版社 1977 年版，第 39 页。

[2]　应松年：《应松年文集》，中国法制出版社 2006 年版，第 162 页。

一，由于它们各自的利益和价值认同有所不同，行政法功能的确定便必然要比其他部门法复杂得多。我们说新时代行政法有新功能，是将行政法作为一个整体、系统而看待的。

三是多元性。法治的功能并不表现为一个单一方面，有人将法这个现象的功能描述为下列方面："法律用惩罚、预防、特定救济和代替救济来保障各种利益"〔1〕，这一描述较为科学地揭示了法的功能。行政法作为法律体系的构成之一，它的功能也不是单一的，以此而论，我们对行政法在新的历史条件下功能的构型不能做简单化的处理，必须具体问题具体分析，甚至有必要用定量分析的方法将行政法的新的功能梳理出来。要指出的是，我们是将行政法作为一个整体的社会现象而确定它的主要功能的，而不是就行政法的每个元素确定其功能的，换言之，本文不是要确定行政组织法、行政救济法等功能，而是要考量行政法作为一个体系的功能。行政法作为一个整体的功能的构型应该沿着下列逻辑展开：

第一，主观与客观统一的逻辑。主观与客观是哲学范畴的命题，主观是意识范畴的东西，存在于人们的心智之中，客观则是物质范畴的东西，存在于客观世界之中，二者是相互对立的哲学命题。该命题作为一个辨证方法也能够用来分析行政法问题。我们所说的主观性是指行政法的构型应当经过严密的逻辑推理和科学论证，就是我们必须构建新历史时代的行政法的体系、行政法功能的体系，该体系是一种行政法理论而不是行政实在法。同时，我们必须将行政法作为实实在在的客观事物进行认知，必须有机地结合中国行政法的规范体系，结合中国行政法的运作过程，确定行政法在社会机制中的作用。行政法体现于实在法中的功能与我们所认知的功能常常是不契合的。例如从认知范畴上讲，行政法应当有效率的功能，应当体现政府行政系统的行政效率，但在行政实在法中，诸多行政法规则并没有将效率作为基本功能，行政法中的有些设计也往往和效率不相契合。我们强调主观与客观的统一就是要合理地认知行政法与行政法功能之间的具体化的关系，就是要将应然功能与实然功能的关系处理到位，该逻辑是行政法新功能确定的起点。

第二，消极与积极结合的逻辑。在行政法中消极与积极的分析方法为学

────────────

〔1〕〔美〕罗·庞德：《通过法律的社会控制——法律的任务》，沈宗灵、董世忠译，商务印书馆 1984 年版，第 31~32 页。

者们普遍采用。人们就常常将行政行为分为消极行政行为与积极行政行为。所谓消极行政行为是指"消极行政处分，又称'准行政处分'或'抑制行政处分'，系因行政机关基于人民之托付，有应作为之义务之所在，即行政机关已无'决定裁量'之余地矣。"〔1〕"积极行政处分，如警察开罚单、发给建筑许可、将私人房屋列为古迹、商标专用权之许可、新闻局对电视影片的分级、卫生所对医院的评鉴、县政府依有限广播电视法对费率之'核准'等。"〔2〕该分类几乎是行政行为分类中的共识，人们通过行政行为的这种分类，也将行政法规范分为消极行政法和积极行政法。若某一行政法规范的基本功能在于维护社会秩序，维持某种社会现状，则其就被归入消极行政法之中；若某一行政法规范旨在改变某种社会现实，它就会被归入积极行政法之中，后来人们将行为的这种分类和规范的这种分类做了进一步的归纳，形成了红灯理论和绿灯理论。红灯理论强调行政法的消极功能，就是指行政法要扮演守夜人的角色，尤其在红灯理论之下行政主体的行政行为要受到严格的规范，不能越雷池半步。"红灯理论源于19世纪自由放任（管理最少的国家）政治理论的传统，体现的是对政府权力根深蒂固的怀疑和把国家介入公民个人权利（尤其是财产权）降到最低的欲求。"〔3〕而绿灯理论，则要求行政主体渗入公众的全方位社会生活，人们将绿灯理论视为行政法相对较高的阶段，认为它是现代福利国家的产物，契合了福利国家的精神。因其存在于给付行政精神之下，甚至有人认为当代行政法就是绝对的积极行政法。笔者认为消极和积极是两个认知行政法功能的逻辑，同时也是行政法功能的客观状况，也许它们相互之间存在着此消与彼涨的关系，但作为一个哲学命题，它为我们很好地确定新时代行政法的功能提供了方法论。在新的历史背景下，也许积极行政法、行政法的积极功能就是行政法功能的主流。

第三，官方与民间互动的逻辑。行政法作为部门法之一，是一国法律体系的当然构成。由于我国传统法理学普遍认为法是政治机制的构成部分，这个理论前提是，法是统治阶级意志的体现。法的本质是统治阶级意志的体现是马克思主义关于法的定义的核心。然而，现代社会的社会结构发生了深刻

---

〔1〕 李惠宗：《行政法要义》，元照出版有限公司2008年版，第318页。
〔2〕 李惠宗：《行政法要义》，元照出版有限公司2008年版，第318页。
〔3〕 ［英］彼得·莱兰、戈登·安东尼：《英国行政法教科书》（第5版），杨伟东译，北京大学出版社2007年版，第5页。

变化，尤其是市民社会概念的引入使原来阶级关系的划分变成了市民社会与其他关系的划分，这样的划分使传统关于法是统治阶级意志体现的命题判断，在实践中难以对号入座。深而论之，法现象已经越来越复杂，它与社会机制的关系已经很难描述。在我国，关于法，也包括行政法在内，传统认知都将其视为官方的东西，视为政治机制的构成部分，而在当代格局之下治理模式已经发生了变化。例如协商治理就成了当下较为时髦的治理方式，我国在 2016 年以后就广泛推行 PPP 模式，这就使得官方与民间在治理过程中可以相互发生作用，可以进行沟通和协商，进而改变了行政法治的格局。就是我们不能再简单地给行政法贴上官方的标签，不能简单地将行政法功能的发挥归入官方行为中。我们给行政法贴上民间的标签同样是科学的，事实上，民间也发挥这样和那样的作用。基于这个理由，行政法新时代功能的构型要考虑官方与民间的关系。就是指要将官方与市民社会的关系放在行政法的认知体系之中，该逻辑对新时代行政法及其功能的判定意义非常重大。萨瓦斯就在《民营化与公共部门的伙伴关系》一书中这样描述政府："民营化不仅是一个管理工具，更是一个社会治理的基本战略。它根植于这些最基本的哲学或社会信念，即政府自身和自由健康社会中政府相对于其他社会组织的适当角色"。[1]

第四，文化与制度融合的逻辑。法律与文化的关系在诸多经典作家的著作中都有不同的描述，例如萨维尼就肯定地将法律作为事物本质的体现，他肯定了法是一国民族精神的体现。"民族精神指民族的固有意识。F. C. 冯·萨维尼认为，实在法应符合民族精神。"[2]这些对法从哲学层面所做的分析提炼的是法文化问题，深而论之，法现象同时也是一种文化现象，这是一方面；另一方面，法律是由一系列规范构成的，能够体现柔性和刚性的关系，而刚性是法最主要的属性，法的刚性是通过制度规范以及其他调控方式得以实现的。法功能的实现，最主要是在制度层面上、在规范层面上，所以我们要对新时代行政法的功能进行构型就必须在行政法制度中进行设计，或者制定新的行政法典，以体现行政法的功能，或者修改原来的行政法典，以适应新的

---

〔1〕 ［美］E. S. 萨瓦斯：《民营化与公私部门的伙伴关系》（中文修订版），周志忍等译，中国人民大学出版社 2017 年版，第 3 页。

〔2〕 ［英］戴维·M. 沃克：《牛津法律大辞典》，北京社会与科技发展研究所组织翻译，光明日报出版社 1988 年版，第 927 页。

变奏，将法律制度与社会的发展和变化高度统一。同时，行政法与其他法律现象一样也含有主观的东西，也体现了某种文化，或者是法治文化，或者是更高层次的文化。我们注意到，在行政法基础的理论表述中，每一种理论基础都代表了一定的行政法文化，例如控权论代表了越权无效；管理论代表了政府管制和计划经济的文化；给付行政论代表了体现公共精神的行政法文化等。如果行政法现象是通过一种行政法文化来体现自身的话，它的功能的发挥也常常是通过自觉的自我调节来实现的。

三、行政法新功能的科学范畴

在传统行政法理论中，关于行政法的功能有多种理论概括及评说。在笔者看来，下列方面能够代表行政法的一些主要功能：一是控权功能。韦德曾经指出："行政法定义的第一个含义就是它是关于控制政府权力的法。"[1]这是对行政法控权功能的概括。依据控权功能，行政法的存在就是针对行政系统和行政主体及其公务人员的，通过行政法将行政主体的行政行为控制在一定范围之内，行政主体超越行政权就是典型的违反控权法的行为。我国行政法也包含了这样的功能，当下我国的"行政六法"[2]就是用来控制行政权的，而我国近年来地方制定的诸多行政法更是充分体现了控权功能，如行政自由裁量基准、行政决策程序规则、信息公开规定等。[3]二是管制功能。管制功能是指行政法要对行政相对人的权利义务作出规定，尤其要对行政相对人介入行政生活的方式、甚至社会生活的空间做出限定。行政法中的行政许可制度就与管制天然地联系在一起，例如我国《行政许可法》第 12 条第 2 项规定："下列事项可以设定行政许可：……②有限自然资源开发利用、公共资源配置以及直接关系公共利益的特定行业的市场准入等，需要赋予特定权利的事项。"行政法的管制功能是我国传统行政法的核心功能，它也体现了我国

---

〔1〕［英］威廉·韦德：《行政法》，楚建译，中国大百科全书出版社 1997 年版，第 5 页。

〔2〕指我国最高立法机关在行政法部门的六部主要的立法，包括行政处罚法、行政许可法、行政强制法、行政复议法、行政诉讼法、国家赔偿法等。参见关保英主编：《行政六法简明教程》，法律出版社 2015 年版，序言第 1 页。

〔3〕如《山东省行政程序规定》、《内蒙古自治区重大行政决策程序规定》、《广东省重大行政决策听证规定》、《南京市政府规章制定程序规定》、《河北省规范性文件制定规定》（已失效）、《河南省行政执法条例》、《宁波市政府服务外包暂行办法》、《湖南省规范行政裁量权办法》、《湖南省安全生产条例》（已修改），等等。

行政法以管理论为基础的事实。在法治发达国家，行政法同样有管制功能，美国行政法在20世纪70年代就将管制功能达到了最高境界。三是平衡功能。20世纪90年代我国行政法学界产生了平衡论，该理论也被称为兼顾论，就是指行政法既要兼顾行政相对人的利益，也要兼顾行政主体的利益，反过来说，行政法既要控制行政权，同时也要很好地规范行政相对人，该理论引起了学者们的关注。笔者看来，该理论就行政法现象的描述而论是合理的，因为法治发达国家的行政法也要通过一定的方式维持行政关系的平衡关系，维持行政主体对行政权的有效行使，同时，也要保护行政相对人的权利。毫无疑问，平衡论也是一种非常重要的行政法现象，中共十九大报告所提出的协商治理就带有某种平衡精神。四是拟制功能。法律拟制是梅因在《古代法》中提出的概念，就是指通过一定的法律手段处理法治运作过程中的例外或者特例。拟制功能可以作广义上的理解，通过拟制首先要形成良好的社会秩序，从这个角度讲，拟制和排解纠纷的概念都在于使法律秩序理性化。其次，通过拟制让社会保持某种相对稳定与和谐的状态，它包括行政法对紧急事件的处理以及对其他非常态事件的处理。上述四个方面的功能在传统行政法中是最主要的功能，进入新的历史时代以后，也许上述四项功能还有继续存在的空间，但笔者认为新时代行政法的功能主要体现在下列方面，这些方面也是行政法新功能的体现：

第一，财富积累的增进功能。前文已经指出，行政法功能的变迁与行政法的社会基础、政治价值、文化传统、法治环境等紧密联系在一起。我国进入了新的历史时代，新时代的社会主要矛盾决定了我国还必须在社会财富的积累上有大的发展，要使不充分的财富变得更加充分，要使不平衡的社会财富变得更加平衡。行政法与社会财富天然地联系在一起，这既是因为行政法中有相当大的一个板块是经济行政法，包括财税法、预算法等，它们直接与经济行政公共管理有关，能够直接对经济发展和有关的经济事项作出规定，并进而促进财富的积累。更为重要的是，在新的历史条件下，政府承担着公共服务的职能，与公共服务职能相适应，就是指政府行政系统要通过改变自己的行为方式处理其在新的历史条件下与经济发展的关系。我国已经建立的自贸区、实验区普遍采用了负面清单管理方式，该方式大大简化了行政程序，使行政程序与经济的活跃发展相契合，与经济实体的创造力相契合，增进社会财富的功能也因此得到了实现。美国在20世纪成立了诸多管制委员会，这些委员会的设立及其运行方式都是行政法范畴的东西，后来人们注意到诸多委员会都具有经济性的职能，就是通过这些委员会促进经济的发展。与其他部门法相比，行政法在财富积累的促进方面是独一无二的。

第二，公共利益的给付功能。行政法的给付精神可以被描述为："行政机关藉由提供一定给付的行为，来改善人民在社会生活中的生存环境与条件者。"[1] 它所体现的是行政法的新的精神气质。有人认为行政法由控权到管制到契约到参与再到给付，经过了若干不同的历史发展阶段，而当代的行政法已经进入给付行政的阶段。所谓给付行政就是指行政的主要功能是为公众提供这样和那样的利益，给付行政是福利国家的产物，福利国家是法治发达国家对当代国家的称谓。我国虽然没有接受福利国家的概念，但我国在强调社会福利的方面确实是走在相关国家前面的，例如我国计划经济时代下的五保户制度就是通过行政法治予以确认的。[2] 我国社会保障领域的最低生活保障金制度也有鲜明的中国特色。中共十九大报告关于给付行政有很多提法，例如，精准扶贫，就是国家要担负起解决贫困人口的贫困问题；提出了全方位的社会保障体系的概念。十九大报告要求："加强社会保障体系建设。按照兜底线、织密网、建机制的要求，全面建成覆盖全民、城乡统筹、权责清晰、保障适度、可持续的多层次社会保障体系。全面实施全民参保计划。完善城镇职工基本养老保险和城乡居民基本养老保险制度，尽快实现养老保险全国统筹。完善统一的城乡居民基本医疗保险制度和大病保险制度。完善失业、工伤保险制度。建立全国统一的社会保险公共服务平台。统筹城乡社会救助体系，完善最低生活保障制度。坚持男女平等基本国策，保障妇女儿童合法权益。完善社会救助、社会福利、慈善事业、优抚安置等制度，健全农村留守儿童和妇女、老年人关爱服务体系。发展残疾人事业，加强残疾康复服务。坚持房子是用来住的、不是用来炒的定位，加快建立多主体供给、多渠道保障、租购并举的住房制度，让全体人民住有所居。"[3] 这非常具体地体现了政

---

〔1〕　周佳宥：《行政法基本原则》，三民书局股份有限公司 2016 年版，第 7 页。

〔2〕　2006 年 1 月 11 日国务院第 121 次常务会议通过了《农村五保供养工作条例》，对我国长期实行的农村五保户制度进行了完善，该条例第 2 条规定："本条例所称农村五保供养，是指依照本条例规定，在吃、穿、住、医、葬方面给予村民的生活照顾和物质帮助。"

〔3〕　习近平：《决胜全面建成小康社会　夺取新时代中国特色社会主义伟大胜利——在中国共产党第十九次全国代表大会上的报告》，人民出版社 2017 年版，第 47 页。

府行政系统在新时代承担的任务，而这同时也是行政法新的价值定位，是行政法在新的历史条件下的功能。

第三，生态文明的保护功能。"五位一体"是我国的重大发展战略，"五位一体"中就包含了人与自然的和谐关系，这是我国在新的历史条件下对国家的基本要求，也是对政府功能的基本定位。应当说行政法治体现生态文明是非常不容易的，我们知道，我国改革开放以来长期把经济建设放在第一位，当我们在片面追求 GDP 的同时，忘记了或者疏忽了对生态环境的保护。在十九大之前，我们就已经提出了绿色发展的理念，但是十九大报告用了一个完整的部分对生态文明作了专门规定，要求建设美丽中国，其中提到了推进绿色发展的问题，提出解决突出环境问题、加大生态文明建设、改革生态环境问题等，而且对上述每个问题都有具体要求。例如在解决突出环境问题中，有这样的规定："坚持全民共治、源头防治，持续实施大气污染防治行动，打赢蓝天保卫战。"[1]将生态文明纳入行政法，尤其将其确定为行政法功能意味着我国行政法治中有了新的板块，也意味着我国行政法有了新的功能定位。事实上，法治发达国家在行政法治中都强调生态功能的重要性，在美国的行政法案例中，有关生态方面的案例占有非常大的比重，它也大大触动了美国行政法的发展方向。

第四，文化发展的促进功能。行政法中有一个部门行政法可以被称为文化行政法，例如文物保护法就是典型的文化行政法范畴，而文物保护法也非常好地起到了对文物的保护作用，进而也起到了对文化发展的促进作用。从广义上讲，促进文化发展的行政法还不仅仅局限在文物保护法这狭隘领域，教育行政法、科技行政法也都能够促进文化的发展，十九大报告中都对这些作了重点强调，报告甚至提出了优先发展教育事业的命题："建设教育强国是中华民族伟大复兴的基础工程，必须把教育事业放在优先位置，深化教育改革，加快教育现代化，办好人民满意的教育。"[2]其内容非常具体、非常具有针对性。我国党和政府长期以来都重视文化软实力的重要性，我们所强调的四个自信中就包含文化自信，文化能够代表我国的民主精神，能够反映一国

---

〔1〕 习近平：《决胜全面建成小康社会　夺取新时代中国特色社会主义伟大胜利——在中国共产党第十九次全国代表大会上的报告》（2017 年 10 月 18 日），人民出版社 2017 年版，第 51 页。

〔2〕 习近平：《决胜全面建成小康社会　夺取新时代中国特色社会主义伟大胜利——在中国共产党第十九次全国代表大会上的报告》（2017 年 10 月 18 日），人民出版社 2017 年版，第 45 页。

的民族气质，十九大报告在诸多方面都倡导先进文化，倡导对先进文化的普及。行政法本身就是一个文化现象，通过行政法促进文化的发展，当然包括行政法通过文化行政法、教育行政法、科技行政法等部门行政法直接发挥文化发展的促进功能。更为重要的是，我们要让中国的行政法形成属于我国自己的行政法文化。十九大报告所提出的服务型政府就是一种新的行政法文化，这种新的行政法文化当然能够形成新的社会自律机制，当然能够促进文化发展的法治。

　　第五，行政高权的柔性处理功能。行政高权是学者们对行政权特性的表述，这个表述既反映了行政权在行使过程中的排他性，也体现了行政权在行使过程中的优先性，我国行政法学理论中就有行政优益权以及行政法关系单方面性的概括。行政优益性指："从双方当事人所处的地位上看，行政主体始终处于主导地位，享有很大的优益权"[1]。行政法关系的单方面性是指："行政法律关系权利义务的对应性和不对等性"[2]。这两个理论在我国行政法教科书中是共识性的，它客观上体现了中国行政法治运作的状况。然而新的历史时代则对行政权的行使有新的要求，行政高权的淡化已经不可逆转，行政权的优益性也必须让位于法律的优先性，立法法规定的法律保留原则就否定了这种优先性，行政法的单方面性也在行政法的协商治理中有所松动。协商治理体现的是行政主体与行政相对人的平等关系，它实质上与民法中的平等契约关系是一致的。我们知道契约所代表的是公平精神，反映的是两个主体之间的平等或者对等的关系。我国行政法已经引入了契约精神，行政合同在我国已经广泛适用即是明证。新时代要求政府行政系统必须从私人领域分离出去，行政法要在诸多方面体现自治的理念，毫无疑问，自治精神已经超越了给付精神。十九大报告明确规定："加强农村基层基础工作，健全自治、法治、德治相结合的乡村治理体系。"[3]这说明，柔性的调控手段在行政法中应当被广泛运用。从表面看，柔性手段只是行政法的调控方式，但它改变了行政法的调控技术，改变了行政法对社会过程发生作用的传统套路，所以政府高权的柔性处理也是新时代行政法的新功能。

---

〔1〕　张焕光、胡建淼：《行政法学原理》，劳动人事出版社 1989 年版，第 36~37 页。

〔2〕　杨海坤、章志远：《中国行政法基本理论研究》，北京大学出版社 2004 年版，第 162~164 页。

〔3〕　习近平：《决胜全面建成小康社会　夺取新时代中国特色社会主义伟大胜利——在中国共产党第十九次全国代表大会上的报告》（2017 年 10 月 18 日），人民出版社 2017 年版，第 32 页。

四、行政法新功能重构的进路

新的历史时代是一个大命题也是一个大判断，在该命题和判断之下我国社会机制和社会生活等方面都要发生变化。行政法作为一个社会现象，它也应当发生质的变化，其中功能的变化就是这种质的变化的一个方面。深而论之，新时代的行政法应当是新的行政法，美国学者曾经提出了新行政法的概念，该概念是指行政法超越了传统的规制模式以及传统的体系构成，尤其超越了传统的单方管理组织功能。我国新行政法功能的重构应该在新行政法的概念之下，体现新的精神气质，它的新功能与新行政法是高度契合的。

我国行政法长期以来的发展路径区别于相关国家，我国的路径是以政府推动为特征的，就是说在新的历史时代，行政法新功能的重构必须由国家立法机关和政府行政系统进行推动，换言之，国家应当主动使行政法适应新的时代，应当主动对新时代的行政法及其功能作出顶层设计。如果没有这样的顶层设计，行政法功能的转化或者其他方面的转换都是个别的、零散的。同时行政法是由一个一个的典则构成的，而每个典则又是由一个一个的规范构成的，这些典则建构了若干行政法制度，全部行政法制度共同构成了行政法治体系。因而，我们论及的行政法，它可以是一个抽象的东西、一个整体的东西，但就功能的发生而论，它都是个别的，都是通过行政法典则、行政法规范和行政法制度来完成的，这便提醒我们，对我国行政法进行微观的功能构造也十分必要，例如我们实行行政决策合法性审查就改变了传统行政法不调整行政决策的状况，进而使行政法有了新功能；我们通过负面清单大大减少了行政审批环节，进而提高了行政效率，也使行政法有了新的效率功能。总而言之，行政法新功能的构造要通过政府推动、顶层设计、微观调整等方面来构造。具体路径可沿着下列思路展开：

第一，行政法文化形成方面。行政法文化是行政法的主观方面，是行政法意识层面的东西，它在行政法治中体现着软实力的作用，或者说它代表了行政法治的软实力。我国传统行政法理论和行政法治理论不太重视对行政法文化的构造，我们没有积极主动地构建中国特色的行政法文化。我们的行政法文化与其他文化常常交织在一起，换言之，我国的行政法文化没有从相关的法律文化中独立出来，例如，我国行政法所体现的管理论实质上具有文化的属性，而管理论的行政法文化主要是一种行政文化或政治文化而不是行政法文化。英美法系在普通法中占据突出地位的就是比较典型的行政法文化，"在英国的法律体系中，行政法不是相对于'私法'的一种法律类别。普通法仍被看成是一个统一的体系。原则上，私人和公共机构都遵循同样的法律规则。"〔1〕这样的行政法文化在中国是不存在的。行政法要契合新的时代精神，要能够很好地解决新的社会矛盾就必须首先有新的行政法文化。因为在没有相关行政法文化支撑的情况下，行政法很难形成新的时代精神，它的功能也常常是零散的、个别的。行政法文化的打造是理论探讨和制度构造的统一，我国学界和政府层面都应当重视行政法文化的形成。

第二，行政法体系构造方面。新的历史时代，行政法的功能有了新的科学内涵，例如财富积累的增进功能，公众利益的保护、生态文明的保护功能。诸功能也都是从我国的社会矛盾中非常充分地推演出来的，而它们的实现与行政法体系的质的规定性密不可分。我国行政法体系包括了两个元素：一个是规范政府行政系统的板块；一个是规范行政相对人的板块。这两个板块在质的方面是相互冲突的，因为它们本身就是行政法中两个对立的元素，而在我国这两个板块中，对行政相对人的规范是主要的。要实现对公众利益的保护，要实现政府高权的柔性功能，就必须对当下的行政法体系进行新的构造。我们是否可以将规范行政相对人的行政法和部门行政法独立出去，让行政法真正体现对行政权的规制？我国行政法体系的构造还有很长的路要走，例如，行政程序法最能够体现当代行政法治的精神，而我国尚未制定统一的行政程序法，这就使得行政法新功能的发挥必然会有所阻滞。因此，行政法体系的构造是行政法新功能重构的基本环节。

第三，行政立法技术方面。行政立法有广义和狭义之分，狭义的行政立法是指："行政立法是行政主体根据法定权限并按照法定程序制定和发布行政法规和规章的活动。"〔2〕广义的行政立法是就行政法的典则体系而论的。在当下的行政法教科书中，行政立法大多是狭义上的，就是指政府行政系统制定行政法规范的立法行为。本文所指的行政立法则是从广义上就行政法规范体

---

〔1〕　〔法〕勒内·达维：《英国法与法国法：一种实质性比较》，潘华仿等译，清华大学出版社2002年版，第99～103页。

〔2〕　姜明安主编：《行政法与行政诉讼法》（第5版），北京大学出版社、高等教育出版社2011年版，第162页。

系而言的。我国的行政立法存在一系列的问题，一方面，我国行政立法将行政案例和判例排除在了行政法体系之外，诸多学者认为我国是成文法国家，所以案例和判例不应当作为行政法的渊源。另一方面，我国行政立法在技术规范的吸收上比较迟滞，行政法的行为规则有三个构成范围，一是原则，二是规则，三是技术标准。原则是对规则进行提炼和概括的行为准则，规则则是直接设计权利和义务的准则，而"标准比软规则的拘束力要小。规则界定规则适用的启动条件及其效果，但标准却只限定相关的考量因素"〔1〕。在法治发达国家的行政法中，技术标准所占的比重越来越大，它们对行政过程的规制既是低成本的也是非常高效率的。非常遗憾的是，我国行政立法对技术标准尚未引起重视。十八届四中全会公报已经指出，必须发挥团体章程、行业规章等的规范作用。它为技术标准的完善留下了非常大的空间。这就要求我们在立法技术上发生一些变化，要将技术标准尽可能地引入行政法体系之中。我们还要指出，我国行政法的立法动议，尤其是地方行政立法的立法动议，甚至法律草案的形成，常常都是由行政系统起草的，例如，有关交通的法律草案由交通部门起草、有关税收的法律草案由税收机关起草，这显然不利于新时代行政法治精神的实现。

第四，行政法治实施方面。与我国行政法的规范体系相比，我国行政法的实施具有明显的滞后性，我国在依法治国的顶层设计中对法律实施存在的问题作过这样的判断："法律的生命力在于实施，法律的权威也在于实施。'天下之事，不难于立法，而难于法之必行。'如果有了法律而不实施、束之高阁，或者实施不力、做表面文章，那制定再多法律也无济于事。"〔2〕即是说，我国虽然有较为完善的行政法体系，但没有完整的行政法治的体系，因为行政法没有得到很好的实施。我国近年来强调法律的生命在于实施，这是一个科学的论断。笔者认为在行政法实施层面上还有一个必须要提到的概念，那就是行政法的实现。行政法的实施是行政法规范和案件事实的结合，而行政法的实现则有更加深刻的内涵，"行政法的实现是指行政法在其对社会事实规制中其规则和价值都已经社会化的过程，而这种社会化不单单体现于社会

---

〔1〕〔美〕劳伦斯·索伦：《法理词汇：法学院学生的工具箱》，王凌皞译，中国政法大学出版社 2010 年版，第 144 页。

〔2〕《中共中央关于全面推进依法治国若干重大问题的决定》，人民出版社 2014 年版，第 53~54 页。

控制中，最为重要的体现于社会心理机制的认同、接受和信奉之中。"〔1〕这充分表明行政法的实现已经超越了行政法的实施，它除了指法律规范与案件事实的结合之外，还包括相关法律主体，尤其是受到法律权利和义务影响的社会主体，对已经实施的法律规范的认可。行政法是一个社会控制过程，只有在它的规范的实施能够被社会系统接受，当事人能够认可行政法的内容和行政执法的过程的情形下，行政法的社会控制才是高境界的，这样的社会控制才能够很好地解决社会隐患。行政法对财富积累的增加也罢，对文化发展的促进也罢，对公众利益的给付也罢，对生态文明的保护也罢，都必须建立在行政主体和行政相对人的履行上，行政法在实施过程中若得到了有效地实现，它的上述功能也就得到了有效地发挥，这是行政法新功能实现的关键路径。

---

〔1〕 关保英：《行政法分析学导论》（上），商务印书馆 2011 年版，第 263 页。

依法治国背景下立法先行 *

　　中共十八届三中全会在总结我国改革开放 30 年的历史经验时，提出了立法先行的概念，十八届四中全会又从依法治国的大背景出发，进一步强调了立法先行在法治国家建设中的重大意义。立法先行究竟包括什么样的内涵和价值，我们如何解读它的精神实质，如何在我国改革开放和依法治国的进程中，实现立法先行等问题，都应当引起学界和实务界的关注。本文将结合依法治国的若干重大问题，对立法先行的若干理论和实践问题进行初步探讨。

一、立法先行的法治价值

　　所谓立法先行，是指我国改革开放和其他创新体系的构造应当被纳入法治体系的轨道，并通过立法率先对其中的相关问题作出规范和调整，使立法行为在行政行为、政治行为和社会行为之前而为之。这是我们对立法先行基本涵义的理解。对该涵义的揭示，我们认为应当以下列几个方面为切入点：

　　一是立法先行与改革开放具有关联性。十八届三中全会指出，我国的改革开放已经到了攻坚期和深水区，改革过程中会面临诸多复杂的社会问题和其他问题，传统的边改革边构造制度的模式已经有所不适。换言之，我们必须对改革进行顶层设计，而这个顶层设计又必须和国家法治的建设联系在一起，尤其要通过相应的法律典则，对改革开放中遇到的难题、复杂问题进行规范。如果说，我国传统的改革开放走的是在行为上先行先试的道路的话，在立法先行的理念下，先行先试必须慎之又慎，必须在认识成熟或者顶层设

---

　　* 该文发表于《中州学刊》2018 年第 11 期，原标题为《依法治国背景下立法先行问题研究》。

计成熟的情况下，再进行先行先试。

二是立法先行与创新的关联性。我国早在 20 世纪 90 年代就提出了建立国家创新体系的理念。我们的改革开放事业也是在制度创新和其他创新的基础上为之的。创新包括非常丰富的内容，它是在科学发展观的指导下，对旧的理念进行变革，对旧的制度进行变革，对旧的行为模式进行变革。创新触动了旧的制度和体系的方式，一定意义上讲，创新都必然具有超前性。这就使得任何创新都存在一定的风险。应当说，在我国传统的管理体系中，我们并没有强烈的创新意识，所以在 40 年的改革开放中，我们鼓励、提倡、肯定创新。然而，在目前国际和国内环境相对复杂的大背景下，我们应当将创新的风险降到最低点。所以，我们主张在创新的过程中立法先行，主张通过立法规范创新行为。总而言之，立法先行与创新是存在着逻辑关系的。

三是立法先行与决策工程的关联性。从我国国家治理体系的总体来看，决策工程是不可缺少的，是我们完成国家治理必然会采取的手段，它包括所有与国家治理有关的决策工程，尤其是政府行政系统的决策工程，因为政府行政系统在社会治理和社会发展中，扮演着最为重要的角色，而且行政系统的监管越来越职能化和专业化。"我们必须注意在早前数十年所提出来的一些政策在本质上是属于社会监管的，比如，食品药品管理局和联邦贸易委员会——均创建于这个年代之前——均行使了一定的社会监管职能。"[1]立法先行要求我们必须将相关的决策工程纳入立法轨道，就是尽可能通过立法先行来防止决策中的武断，使决策的错误概率降到最低点。

四是立法先行与法空间的关联性。立法先行是一个法律意义上的概念，我们注意到，中共十八届四中全会在有关依法治国和法治国家建设的方略中提到了立法先行这个概念。可见，立法先行的话语体系是与依法治国和法治国家建设关联在一起的。尽管立法先行与改革开放有关、与制度创新有关、与决策工程有关，但它存在的基本空间还是法律空间。深而论之，立法先行是法治国家建设这个大命题的应有之意，这是我们对立法先行若干属性的揭示。那么立法先行对于法治国家、法治政府、法治社会的建设究竟有哪些价值呢？笔者试从下列方面予以分析：

---

〔1〕〔美〕马克·艾伦·艾斯纳：《规制政治的转轨》（第 2 版），尹灿译，中国人民大学出版社 2015 年版，第 132 页。

第一，为改革提供依据的价值。十八届四中全会指出，改革应当在法治的轨道上进行。任何改革都不应当超越法律、突破法律。同时，法律也应当对改革所取得的成果进行认可。[1] 这是对改革与法治辩证关系的科学表述。它非常清楚地指明了改革不应当超越法律这个大的理论和实践前提。这一认知既具有一定的时代背景，也是较为科学的。我们知道，在改革开放初期，由于法治本身的不健全，由于法治本身所体现的强烈的计划经济色彩，我们还做不到让改革行为有具体的法律依据。然而，改革开放四十多年，我们边改革边进行法治建设，2011 年中国特色社会主义法律体系已经建成，[2] 这就使我国今后的任何改革都必然涉及与法律体系的关系问题，它要求任何改革都应当在法治体系下为之。但必然存在着这样的问题，那就是，有些改革在已经存在的法律典则和法律体系中是有所空缺的，在这种情况下，我们究竟是应当在不考虑法律规范的前提下进行改革呢，还是应当制定一个法律规范来解决这次改革过程中的问题呢？立法先行的理念科学地解决了这个问题，就是我们要通过一个法律规范来认可和肯定一个改革行为。反过来说，立法先行为改革提供了法律上的依据，这就使得改革不会游离于法律体系之外，使改革过程尽可能减少了主观成分和非理性成分。我们认为，法律和社会的发展存在着变奏上的反差性，即是说，法律和改革总不能够保持绝对意义上的同步。在这种微妙的关系形式中，立法先行显得更加重要。因为立法先行可以对政府的改革行为或者其他方面的改革行为进行法律上的控制。庞德就从利益分配和确认的角度描述了法律的这种功能："我们必须从法律并不创造这些利益这一命题出发，法律发现这些利益迫切要求获得保障。它就把它们

---

〔1〕 法律与社会变迁和社会发展存在密切的逻辑关系，有学者就指出："法律通过立法或者行政对新的社会情形进行回应，通过宪法、法规或先例重新进行司法解释——不仅继续体现主要的社会变迁，而且逐渐为社会变迁铺平道路……因此，有意识地通过法律进行社会变革是当今世界的基本特征。"参见 ［美］史蒂文·瓦戈：《法律与社会》（第 9 版），梁坤、邢朝国译，中国人民大学出版社 2011 年版，第 249 页。

〔2〕 2011 年 3 月 10 日，全国人民代表大会常务委员会委员长吴邦国同志向第十一届全国人民代表大会第四次会议作全国人民代表大会常务委员会工作报告时庄严宣布："一个立足中国国情和实际、适应改革开放和社会主义现代化建设需要、集中体现党和人民意志的、以宪法为统帅，以宪法相关法、民法商法等多个法律部门的法律为主干，由法律、行政法规、地方性法规等多个层次的法律规范构成的中国特色社会主义法律体系已经形成……"对这个论断学界有不同的认知，有学者就认为中国特色的法律体系已经基本形成，而不是已经形成，因为在诸多领域还缺少重要的法典，如民法典、行政程序法典等。

加以分类并或多或少地加以承认。它确定在什么样限度内要竭力保障这样被选定的一些利益，同时也考虑到其他已被承认的利益和通过司法或者行政过程来有效地保障它们的可能性。在承认了这些利益并确定了范围后，它又定出保障它的方法。它为了下列目的而规定了各种价值准则：为了确定哪些利益应予承认，为了确定保障各种被承认的利益的范围，以及为了判断在任何特定场合下怎样权衡对有效法律行为的各种实际限制。"〔1〕这样的控制，既是法治体系构建的需要，也是社会良性发展的需要。

第二，为创新提供底线的价值。我国在 2006 年通过了建立国家创新体系的规范性文件，它对我国的创新作了较为全面的规定和规范，包括创新的领域、模式与行为方式等。〔2〕应当说，我国改革开放贯穿的主旋律就是创新，我国之所以能够取得改革开放的巨大成就，也与创新密不可分。从哲学的角度讲，创新是对旧的理念、制度与行为方式的否定，这就使得每一次的创新都有可能对既成的制度乃至利益造成突破和威胁。在笔者看来，创新尽管是促进改革开放发展的有效手段，但它存在一个度上的问题。如果一个创新行为是在合理的限度内进行的，那么这个创新便会带来非常好的社会效果，反之，如果某一创新行为超过了一定的度，那它就会走到事物的反面。正因为这一点，我国的制度创新、体系创新和其他方面的创新，都是相对谨慎的，都没有超越法律体系甚至相关的社会利益体系，这是从国家层面上而论的。但是一些区域和地方的创新，则可能在一定程度上超过了必要的限度，因为长期以来，我们并没有对创新和法治的关系予以高度重视。立法先行既肯定了创新的必要性和创新的合理价值，同时也为创新提供了底线。法律规范和法律典则对创新可以率先作出规范，哪怕这种规范是原则性的、相对抽象的，它也能够使制度创新、体系创新与行为创新等有一个法律上的底线。创新和法律建设在法治上具有一定的互动性，立法先行使得这种互动关系更加合理和规范。

第三，为决策提供规范的价值。我国的公共决策存在于一个非常复杂的

---

〔1〕　[美] 罗斯科·庞德：《通过法律的社会控制》，沈宗灵译，商务印书馆 2010 年版，第 41 页。

〔2〕　2012 年 9 月 23 日，为加快推进创新型国家建设，全面落实《国家中长期科学和技术发展规划纲要（2006—2020 年）》，充分发挥科技对经济社会发展的支撑引领作用，就深化科技体制改革、加快国家创新体系建设，中共中央、国务院印发了《关于深化科技体制改革加快国家创新体系建设的意见》。

体系之中，它包含的范畴和内容是非常多的。就决策主体而论，牵涉的公共决策包括党的决策、立法决策、行政决策、司法决策和其他与公权行使有关的决策。而就决策所涉及的领域而论，也较为复杂，包括经济决策、政治决策、社会决策、文化决策，等等。[1]与决策主体和范畴相比，决策的运行方式则显得更为复杂。例如，公权主体要对一个具体事件进行处置需要进行决策，要对一个公共决策进行选择需要进行决策，要对改革开放进行设计也需要进行决策。一定意义上讲，公共决策是每日每时进行的。有些公共决策可能牵涉政府的法律选择和社会治理选择，是否每一个公共决策都是理性的，对这个问题显然我们还不能够作出过分乐观的回答。对此，十八届四中全会关于依法治国的决定已经作了揭示，例如，提出在公共行政决策方面，我们还存在着决策的不作为、存在着盲目决策和错误决策的问题，存在着决策中行政权的专断等问题。这都表明我国党和政府对公共决策的不规范是非常担忧的。立法先行与公共决策有着直接的关系，它要求公权主体在作出公共决策时，必须将其纳入法治的轨道，先有立法上的预设，才有下一步的决策行为。反过来说，在立法预设没有到位的情况下，任何公共决策都应当处于讨论或酝酿阶段，而不是作出最后决定阶段。

第四，为政绩工程提供约束的价值。政绩工程是公权行使过程中的一种非理性状态，它在我国诸种国家权力行使过程中都客观地存在着，包括立法权、司法权行使过程中的政绩工程，当然更为重要的是行政权行使过程中的政绩工程，其对公共权力的影响最为普遍。近年来，我国所惩治的一些贪官，尤其是身居要职的领导干部，他们的贪腐行为之一就是塑造政绩工程。有的通过盲目拆迁塑造政绩工程，有的通过市容改造塑造政绩工程，有的通过行政误导塑造政绩工程，等等。这些政绩工程从表面上看似乎是促进社会发展的，似乎是改革开放的组成部分，有些政绩工程还表现在为社会公众解决了实际问题，所以它们常常被贴上改革的标签或创新的标签。然而，政绩工程基本上都游离于法律体系或法律规范之外，它们也许有抽象的政策上的依据，但它们绝没有法律上的可靠性。我们要求立法先行，就要求涉及有关民生、社会发展等重大社会工程时，首先必须有一个法律上的设计。因此，我们认为立法先行能够有效地约束政绩工程。

---

[1] 参见吴定编著：《公共政策辞典》，五南图书出版股份有限公司2013年版，第236页。

二、立法先行的先行性解读

立法先行的概念中包括两个有机联系的措词，一是"立法"，二是"先行"。在这两个措词中，"立法"是非常容易被理解和认知的，它指的就是国家有关立法的行为，包括《立法法》规定的所有立法行为，即立法权范畴的立法和行政权范畴的立法。[1]所以，"立法"这个措词，我们不需要作太多的解读。而"先行"则不像立法那样明确，它的内涵需要进一步琢磨。而且在笔者看来，立法先行中，"先行"是关键词，而"立法"则是"先行"的副词。只有当我们将"先行"这一关键词的涵义弄清了，立法先行的概念才会迎刃而解。具体地讲，我们应当如何解读立法先行中的先行性就显得十分重要。从国家改革开放和法治建设的大视野来看，立法先行有下列一些内涵是不可回避的：

一是我们要对改革进行先行论证。就是说，当我们对政治领域、经济领域、社会领域进行相应的改革时，应该对该改革进行先行论证，使改革本身具有理论认知上的成熟性。表面来看，这个认知行为仅仅与改革有关，但它是立法先行中的基本涵义之一。因为我们没有这样的科学论证，就谈不上相应的先行性。

二是使改革形成一个方案。改革行为常常是一个复合行为，它由多种复杂要素构成，政府系统尤其是政府行政系统在社会治理和社会控制过程中会采取诸多行为，会有诸多新的举措，究竟哪些举措在它的复杂的行为体系中才可以称得上是改革，这个问题是需要谨慎处理的。我们要求任何改革都应当在论证的基础上形成方案，没有方案的改革便是非常盲目的。

三是让改革成为体系。我们经常强调，改革是一个系统工程，这是对改革的一个科学定性和定位，因为改革牵涉诸种复杂的社会关系、社会利益、

---

〔1〕　从理论上讲，立法权归属于立法系统，或者说立法权由代议机关行使而不能由行政部门行使，但是，在现代法治国家，随着行政权的膨胀，行政系统承担了大量的立法职能。例如，美国行政部门就承担着政府规章的制定职能。中国国务院有权制定行政法规，国务院的部委也有权制定部门规章。这就使得立法权在当代法治国家中其实有两个范畴，一个由代议机关或者立法机关行使，另一个则由行政系统行使。关于行政系统行使立法权的问题向来就存在着争议，但不争的事实是行政系统行使立法权的强度和范围都在不断深化。参见 [葡] 苏乐治：《行政法》，冯文庄译，法律出版社 2014 年版，第 225 页。

社会发展格局。我们必须站在相对较高的视野来认知改革，使它不仅有方案，而且这个方案也是成体系的。

四是改革是具体的工作。任何改革都必须以一定的行为方式体现出来，而改革之所以能产生实际的社会效果，就是因为它对社会起着实实在在的作用。基于此，我们认为，改革在其实施过程中是非常具体的，是相关的权力主体所实施的具体行为或者完成的具体工作。

上述方面是我们对改革的一个深层认知，通过这样的认知，我们便可以对立法先行的先行性作出进一步的解释。具体地讲，先行性应当有下列方面的涵义：

第一，立法走在改革之前。改革开放初期，小岗村农民率先实行了联产承包责任制，这在当时条件下是一种违宪行为。但是，该行为为我国后来农村改革提供了科学范式，引起了学界在 20 世纪 90 年代对良性违宪的讨论。[1]那么在目前的法治背景和历史环境下，我们是否还主张改革行为可以大胆地突破宪法、法律，显然我们对此必须作出否定回答。因为目前的法治体系是在正当历史发展的基础上形成的，通过我们多年的科学积累，我国对改革也有一个较为理性的认知，那就是改革并不可以突破一定的底线。因此，立法先行的先行性首先要求立法要走在改革之前，尤其对一个微观层面的改革而论，这显得更加重要。换言之，我们要推行某一层面上的改革，首先应当在法律典则、法律规范、法律规制上做文章。只有作足立法上的文章，改革上的文章才能作好。如果反过来，我们先作改革的文章，后作立法上的文章，是要承担一定风险的。这个涵义，我们必须予以高度重视，因为在我国的改革开放的实践中，诸多公权主体并不能解读这个先行性的涵义。

第二，立法框定公权过程。立法和公权，从法哲学角度上可以有诸多分析进路。例如，我们可以认为，任何立法、任何法律典则的制定、任何法律规范的形成，都是公权运行的结果。就是说，公权可以先于立法而为之。这

---

〔1〕 所谓良性违宪就是指在宪法实施的实践中有些政府系统和社会主体的行为可能违法了宪法的原则或者规范，但该违反宪法的行为所带来的是良好的社会效果，是有利的社会行为等。它形式上是违宪的，实质上支持了宪法。改革开放初期我国一些地方实施了联产承包责任制，在宪法确立联产承包责任制地位之前，相关主体实施联产承包责任制的行为就是违反宪法的，它后来被有些学者定义为良性违宪。良性违宪是否正当，是否能够存在，在学界有着非常大的争论。

个法哲学原理是客观存在。还如，我们可以认为，任何公权力都是法律典则和法律规范塑造的。没有法律典则和法律规范，公权力就好像无本之木和无源之水。我们还可以认为，公权力的运行过程，是对法律规范的正当运用，等等。这几种分析进路都有它存在的合理性。而在法治体系形成的前提下，我们如果还认为公权塑造立法，则是不适当的。因为在一国宪法和法律体系已经对公权的主体和制度以及运行模式作出完整规定的情况下，公权必须处于法律的控制之下，必须是对法律规则的体现，当然也必须促成法律规则的实现。在改革开放中，某些公权主体可能将自己置身于法律体系之外，或将自己凌驾于法律规范之上。立法先行，其中先行性的又一涵义，就是要求公权的体系必须被公法所框定，公权的运行过程必须被公法所框定。这个先行性的涵义同样非常重要，而且它具有法哲学层面上的意义。十八届四中全会有关依法治国的内容，提到了法律与公权的关系原理，它要求公权既不能超越法律的底线，也不能触碰法律的红线。这是我们对立法先行的先行性作出的又一解读。

第三，立法与创新同步。制度创新也罢，治理体系创新也罢，治理模式创新也罢，都是一个不断完善的过程。换言之，创新不是一蹴而就的，因为创新是在人们对创新的客体认知的基础上为之的。这种认知必然具有一定的主观性。我们不可能使每一次创新都是正确的、合乎理性的。正因为如此，中共十八届三中全会提出了在创新过程中，允许创新主体在一定范围内犯错，并允许在一定范围内试错，这是创新过程中的规律性的体现。同时，通过创新过程中的试错，通过创新过程的结果认知，我们必然会积累一些成熟的创新结果。事实上，改革开放过程中积累了大量的创新成果，这些创新成果应当通过立法予以确认。以此而论，立法与创新具有相互交织性，二者互为前提和条件。这就要求我们，在立法先行中，要将立法与先行同步，不能无端地肯定某种创新及其结果，更不能够武断地在创新试错以后再通过法律来确认。如果这样的话，法律与创新相比，永远是滞后的，而这样的滞后性是我们所不需要的。所以，立法和创新要同步进行，通过这样的同步来体现立法先行。

第四，立法先于公共决策。我国传统上，公共决策常先于立法而为之，在地方的公共决策中更是经常采用这样的模式。2013 年我国在上海设立自贸区，这是一个重大的公共决策。该公共决策虽然是由地方政府执行的，但决策主体是国家层面的。这个决策过程就给我们提供了立法先行的一个例子。因为该决策在其动议阶段，就已经考虑到了它与国家立法的关系。整个决策作出的过程更体现了立法先行。全国人民代表大会常务委员会制定了一个关于三个法律在自贸区不再发生法律效力的立法性决定，[1]而针对自贸区的公共管理，地方政府又制定了一个《中国（上海）自由贸易试验区管理办法》[2]。就自贸区设立这事而论，它只是一个特定范围的公共决策，但是我们改变了传统的公共决策与法律的关系。因此，我们认为，立法先行的先行性又一涵义就是指公共决策在作出时，必须率先有一个立法行为，或者通过这个立法行为来规范该公共决策，或者将该公共决策变为立法的内容。总而言之，如果要达到科学化和民主化，公共决策就必须被贴上法律的标签，必须被赋予法律上的意义。

三、立法先行的制约因素分析

我国之所以在依法治国的顶层设计中强调立法先行，其原因之一就是在我国国家治理和社会治理的实践中，还有诸多因素制约着立法先行。深而论之，在我国改革开放和制度创新的实践中，常常存在着改革与创新超越法律实在的情形，这是法治国家建设所面临的一道难题。一方面，我们必须对低级的改革和低级的创新予以认可和提倡。另一方面，法治国家建设又不允许有超越法律之上的改革和创新行为，至于这道难题如何进行破解，则需要较长的时间。毫无疑问，改革和创新如果大面积地存在于法律体系之外，它就必然会对我国建设法治国家构成危险。从目前的格局来看，至少有三个大的方面是不利于立法先行的：

一是从传统上讲，我国并不是一个推崇严格法治的国家，我们的国家治理和社会治理有诸多的主导因素，诸多的治理成分共存于治理的过程中。例如，个别环节上有人治的成分，个别环节上有强权治理的成分，个别环节上有经济和伦理治理的成分，等等。就是说，我国传统治理文化并不提倡法律

---

〔1〕 全国人大常委会发布《关于授权国务院在中国（上海）自由贸易试验区暂时调整有关法律规定的行政审批的决定》（已失效），暂时调整外资企业法、中外合资经营企业法、中外合作经营企业法规定的有关行政审批。自 2013 年 10 月 1 日起施行，为上海自贸区提供了法律支持。

〔2〕《中国（上海）自由贸易试验区管理办法》（已失效）经 2013 年 9 月 22 日上海市政府第 24 次常务会议通过。

先行，而更多地提倡法律之外的其他治理方式先行。这种治理文化和基因，对于我国法治国家的建设具有较大的消极性。

二是体制机制上的制约。2018 年修宪前，我国宪法对公权行使作了规范和必要的分工，例如宪法将法律的制定权赋予人民代表机关，将行政管理权赋予人民政府，将审判权赋予人民法院，将检察权赋予人民检察院，这实质上使我国的国家权力有四种形态，那就是立法权、行政权、审判权和检察权。[1]该体制设置有着非常明显的中国特色，它也使我国《宪法》对国家权力的划分非常务实。而这个划分在法治实践中究竟如何运作，是一个非常具体和现实的问题。例如，在目前情况下，行政系统承担着广泛的立法职能，而审判权、检察权如何监督行政权，则没有非常具体的设计。就是说，我们在体制上还存在这样或那样的不足。以行政系统享有广泛的行政立法权为例，这很有可能导致行政系统所进行的改革和创新，虽然有行政规则上的依据，但不一定有立法上的依据。[2]正如这样的体制机制问题，在我国还有不少。这是制约立法先行的又一个原因。

三是认知上的制约。改革开放四十多年来，我们从改革开放中受益匪浅，因此人们对改革和创新普遍持肯定态度，普遍认为改革和创新是我国事业成败的关键。而鲜有人冷静地思考改革创新与法治国家建设的关系，鲜有人主张改革创新中要立法先行。我们注意到，立法先行的概念写在党和政府的文件中，是近年的事情。而在国家治理的实践中，公权主体在这个理念确定之后是否还能够有正确的认知，也是要打上一个问号的。总体上讲，我国的传统法律治理文化，我国某些方面的体制机制以及我们的认知，都没有非常好地支持立法先行的理念。具体地讲，立法先行的制约因素表现在下列几个方面：

---

〔1〕 2018 年 3 月，第十三届全国人民代表大会对宪法进行了修正，在国家政治体制中有一个非常重大的变化，那就是设立了国家监察委员会，它实质上平行于行政权、审判权和检察权，这实质上使我国的公权由原来的四个范畴变成了五个范畴。应当说明的是，我们说我国的公权有五个范畴并不是说我国实行的是五权政治。因为，行政权、监察权、审判权和检察权都要对人民代表大会负责，而它们之间是分工和支持的关系，而不是制约的关系。

〔2〕 在法治发达国家，行政系统虽然享有较大的立法权，即规章制定权，但是，行政系统的立法行为必须有较为明确的依据，委任立法制度就很好地解决了这个问题。国会常常通过委任立法将具体的立法事项交由行政系统。这就使得行政系统的立法较为规范和具体。而我国《立法法》虽然规定了行政系统制定行政法规和政府规章的事项和条件，但总体上讲它是一个概括型的授权，行政系统因此取得了相当大的立法空间。有些立法行为并不一定能够契合国家立法机关的意志。

第一，立法先天滞后的制约。立法与时代的关系是一个法哲学问题。从理论上讲，立法必须能够体现某一时代的时代精神，立法也应当与时代发展的节奏相契合。然而，在法治实践中，这样的契合性却是十分不足的。即是说，立法与时代的发展总不能够保持变奏上的一致性，主要表现为，立法落后于时代的发展。这其中有诸多方面的原因，一方面，立法行为和其他政府行为相比，是一种构造体系和顶层设计的行为，其他行为则带有强烈的事物处理的属性。例如，一个司法行为往往处理一个司法案件，一个行政行为往往处理一个行政事件。与此相比，立法行为常常面对未来，而且其中具有大规模性的抽象事物。这就使立法结果的抽象性和立法所涉及事件的具体性出现反差。而这样的抽象性有可能对应不了一个具体的法律事件或案件。另一方面，法律规范的制定需要一定的背景材料，而法律典则制定出来以后，则要发生调整社会关系的功能，它制定时的背景材料和它调整社会关系时的背景材料相比，往往存在着巨大差异。具体地讲，根据甲事件所制定的法律规范，往往要对乙事件、丙事件发生作用。而这两个事件，在这个动态过程中，常常难以契合。上述两个方面决定了立法有着先天的滞后性，卢梭就曾指出了立法行为的难度："为了发现能适用于各个民族的最好的社会规则，就需要有一种能够洞察人类全部感情而又不受任何感情所支配的最高智慧；它与我们人性没有任何关系，但又能认识人性的深处；它自身的幸福虽与我们无关，然而它又很愿意关怀我们的幸福；最后，在时世的推移里，它照顾到长远的光荣，能在这个世纪里工作，而在下个世纪里享受，要为人类制订法律，简直需要神明。"[1]这样的滞后性容易使人们对法律调控社会关系的能力产生疑问，甚至产生较大的怀疑。诸多学者，或者实务部门的工作人员反对立法先行，就是基于这种立法的滞后性。这可以说是立法先行性的基本制约因素。

第二，立法与其他公权力非理性关系的制约。国家权力是有理论上的区分的，在现代公法体系中，人们常常用立法权、行政权、司法权来表述这样的区分。[2]当然，这种区分会随着公法体系设计的不同而有所变化，例如我

---

[1] ［法］卢梭：《社会契约论———一名：政治权利的原理》，何兆武译，商务印书馆1980年版，第53页。

[2] 三种权力分立的理论可追溯至古希腊，亚里士多德在其《政治学》一书中就提出了国家的三种职能，即议事职能、行政职能和审判职能。后来，孟德斯鸠在《论法的精神》中系统阐述了三权分立的理论。该理论对美国政治体制的形成产生了深远影响，美国也被称为三权分立政治体制的代表。

国台湾地区就将国家权力分成五权，其在三权之后增加了另两个相对独立的权力，就是考试权和监察权。[1]而我国大陆在《宪法》中，则没有确立司法权的概念，而确立了审判权和检察权的概念和体系。有学者认为，从深层哲学上分析，国家的公权力只有两个，一是表达国家意志的权力，二是执行国家意志的权力。美国学者古德诺在《政治与行政》中就作了这样的理论分析。[2]该分析提醒我们，立法机关承担着表达国家意志的职能，而其他公共权力仅仅体现执行国家意志的职能。而在这两个职能中，前者是主要的，后者是次要的。前者可以被视为矛盾的主要方面，后者可以被视为矛盾的次要方面。国家公共权力要实现理性化的话，就必须要凸显国家立法权的绝对主导地位，然而，在现代国家权力体系中，情况发生了变化。哪怕在法治发达国家，这个变化也似乎是不可逆转的。那就是，以行政权为重心的其他国家公共权力似乎有超越和取代立法权的倾向："当今世界，很少有立法机关能够通过巨细无遗的法律条文来规范复杂的政策范畴，因此只能靠行政机关制定细则以弥补原法律条文的不足。以美国为例，国会每年通过的法案约有数百个，但各部门的行政法规每年就有近5000个之多。"[3]美国总统至高无上的权力地位就生动地证明了这一点。这种非理性化的权力格局，在我国是否存在呢？笔者认为，同样是存在的。尽管在我国有程度上的不同，但在笔者看来，立法权并没有在所有环节上都表现出对其他公共权力的主导地位。尤其在行政系统履行大量立法职能的情况下，这种非理性关系体现得非常明显。有人认为，现代国家是以"行政国"为特征的，这也从一个侧面说明了行政权的强势性。而立法先行在这种非理性权力关系中必然是被制约的。

第三，行政高权传统的制约。行政法治是法治体系的构成部分之一，它直接涉及行政权的运作问题。在现代行政法治的理念中，有两个较为对立的行政法理念。一个是控权法的理念，该理念在西方法治发达国家占主流地位。在该理念的主导下，政府行政权是必须受到约束的。一方面政府行政权要受

---

[1]　参见谢瑞智编著：《法律百科全书：宪法》，三民书局2008年版，第101页、第343页。

[2]　20世纪初美国公法学者古德诺推出《政治与行政》一书，古德诺认为，国家权力应当只有两类，一类是国家意志的表达，另一类则是国家意志的执行。他的这个理论使人们对传统的立法权、行政权和司法权的理论认知有了新的变化。参见［美］F.J.古德诺：《政治与行政》，王元译，华夏出版社1987年版。

[3]　［美］B.盖伊·彼得斯：《政府未来的治理模式》（中文修订版），吴爱明、夏宏图译，张成福校，中国人民大学出版社2013年版，第5页。

到私权的约束，就是相关社会主体通过对自身权益的维护来对抗行政权，另一方面其他公权主体可以通过自身的行为来制约行政权的运行，如通过提供行政程序、通过进行司法审查等。在美国，为了保持政府规章与法律的一致性，法院的规模和工作量就不断增加："联邦法院系统也经历了类似的压力。联邦法院研究委员会发布的 1990 年度报告中就记录了日趋严重的工作负担问题。例如，平均每名巡回法院法官每年需要审理 382 件案件。在某种程度上，通过增加联邦法院法官的数量，联邦法院的工作负担问题已经有所缓解。但是，这一结局方案也产生了新的问题。八百余名法院法官每年要判决数以万计的案件，最高法院保持联邦法律和规章的一致性和逻辑连贯性的能力已经接近甚至超出了其极限。"[1]另一个行政法理念，则可以称之为管理法的理念。该理念基本上体现了社会主义国家行政法的特征。它主张，行政法是政府行政管理过程中的法律，行政系统是行政法运行的主导者，行政系统在履行行政职能时，既可以对社会进行一定的控制，又有权制定管理规则："创制性立法是指行政机关为了填补法律和法规的空白或者变通法律和法规的规定以实现行政职能而进行的立法。其中，为了填补法律和法规的空白而进行的创制性立法，即在还没有相应法律和法规规定的前提下行政主体运用《宪法》和组织法所赋予的立法权所进行的立法，称之为自主性立法。"[2]在这种行政法理念之下，行政系统的权力行使具有优先性和单方面性，我们将这种优先性和单方面性称为行政高权。我国的行政法充分体现了这样的高权属性。毋庸置疑，在行政高权理念的支配下，行政系统的行为或者少受法律约束，或者行政主体就是相关规则的直接制定者。而这与立法先行并不是同一意义上的概念。我们所主张的立法先行，是立法机关先行制定规则的状态，是其他公权主体受立法机关规范和主导的状态，行政高权不能够体现立法先行的理念，这是无须进一步证明的。

第四，公权主体自利性的制约。国家公共权力本应当体现公共精神，这是一个公法上的正当命题。然而，在公权运行的实践中，该命题的合理内涵受到了非常大的冲击，这才导致我国政治学界、法学界、社会学界，不断探

〔1〕 ［美］理查德·J. 皮尔斯：《行政法》（第 5 版），苏苗罕译，中国人民大学出版社 2016 年版，第 9 页。

〔2〕 姜明安主编：《行政法与行政诉讼法》（第 5 版），北京大学出版社、高等教育出版社 2011 年版，第 164 页。

讨若干利益关系的命题。事实上在美国行政法的研究中也有学者关注利益的问题："行政法的传统概念展示了一个在各行政领域共通的社会价值，即运用具体控制功能的规则和程序，使原本在形式上不向选民负责的行政官员对私人利益行使权力的行为得以合法化。"[1]例如，人们讨论较多的有，公共利益、公众利益、国家利益、个人利益。人们之所以关注这些利益，是因为人们对公共权力是否能够代表这些利益，表现出极大的担忧。事实上，人们的担忧，并不是没有道理的。诸多学者用公共权力主体的自利性来概括当下的情形。换言之，人们认为有些公权主体本身就是自利系统，如行政系统就是一个自利系统，而司法系统也是一个自利系统等。美国有学者曾经认为，政府行政系统及其公职人员，在利益面前是有所作为的。即使说，他们会将自己的利益体现在公共权力的运行之中："公共选择分析者的研究基于一个加速，即个人参与私人和公共事务方面别无二致。他们认为去商店购物的人与投票的人完全一样；一味打算投资的女士与就职于州立法机关的女士也一样，用经济学家的术语来说，每个人，无论在市场上还是政治领域，都有一个有效函数，如果人们的行为在取得政治权力后发生变化，这是因为政府从业者与私人相比有着不同的激励和约束机制。同样，公共选择分析者认为，将政治恶棍驱逐出圈是徒劳的，因为新的政府官员受内在的激励和约束机制的影响也会成为恶棍。"[2]我国公共权力主体一定的自利性同样是客观存在的。一旦公共权力主体成为一个自利系统，它就很难以法律的逻辑来履行公权职能。它们的改革和创新也常常不会以法律的逻辑来运作。因此我们认为，公共权力主体的自利性是立法先行的又一个障碍。

四、立法先行的实现路径

立法先行在我国已经成为法治国家建设的应有之义。我们在相关的治理理念上已经解决了该问题，这是至关重要的。然而，立法先行除了作为法治国家建设的一个理念外，它有着实实在在的物质内容。换句话说，立法先行应当体现在法治国家建设的过程之中，应当体现在改革开放的实践中，应当

---

〔1〕　[美] 理查德·B. 斯图尔特：《美国行政法的重构》，沈岿译，商务印书馆 2002 年版，第 3 页。
〔2〕　[美] 罗伯特·希格斯：《反利维坦：政府权力与自由社会》，汪凯译，新华出版社 2016 年版，第 45 页。

体现在制度创新和其他创新的行为模式之中。总体上讲，立法先行的理念确立以后，还应当有以下三个方面的考虑：

一是立法先行应当形成一套完整的方略。就是要将它与依法治国若干元素有机地结合起来，将它与法律规范体系的建设、法治实施体系的建设、法治监督体系的建设、法治保障体系的建设统一起来，使它们在法治国家建设的各个环节中都有所体现。而不能将它仅仅作为一个孤立的理念来看待。

二是应当有一套完整的制度。就是立法先行本身也应当通过法律形式体现出来。上文指出，我国设立自贸区这个重大决策就是通过立法先行来实现的，西方国家更是如此，"在国家立法层面，包含美国、新加坡、土耳其、韩国、日本在内的诸多国家均是采取'先立法、后设区'的自贸区发展模式，这使得各国自贸区无论是建立还是运营均可在一个较为完善的法治框架下有序进行，自贸区内各项管理事务也均可做到有法可依。"〔1〕就是要有一套操作层面上的东西，有一套制度上的保障。我们应当对立法先行作出制度上的设计，来体现立法制度的具体事项。

三是应当建立对应的问责制。立法先行，不仅仅是一个理念，也是一个行为范式，即是说，立法先行就是要求公权力主体在行为方式上处理好立法与其公权行为的关系。就是说，公权主体应当使自己的改革行为、创新行为、决策行为符合立法先行的具体要求，这就要求我们应当建立立法先行的保障机制。在法治实践中，若某个公权主体违背了立法先行的理念或规则，在超越立法的情况下进行改革、创新、决策，就应当对此承担法律责任。十八届四中全会在有关行政权的规定中，就主张对有关的不法决策进行问责，这其中必然包含了决策主体违反立法先行规则的问题。问责制是法律制度的有机构成部分，也是法律制度的精神之所在。一个法律典则或规范，若没有相应的问责机制，它就不称为法律典则或规范。这是我们从整体上对立法先行如何实现的分析。具体到国家治理的实践之中，立法先行的实现路径应当有下列方面：

第一，树立改革的法治意识。关于改革与法治的关系，我们早就有非常

---

〔1〕 李猛：《中国自贸区法律制度的构造及其完善》，载《上海对外经贸大学学报》2017 年第 2 期。

新的认知，而且这种认知已经在十八届四中全会的《决定》中得到了体现。一方面，改革与法治是两个不同的事物，它们有着各自的独立性。甚至可以说，在一些环节上，改革与法治是对立的。即是说，一个改革的行为可能会触动既成的法律规则或法律体系，或者法治体系本身并不会给改革留下多大的空间。另一方面，改革和法治又相辅相成，二者应当互相支持。就是由法治为改革保驾护航，通过改革促使社会治理法治化，使改革促进法治国家的形成。这种辩证关系在操作层面上，则是另一范畴的问题。或者说，当公权主体在进行改革时，它们可能会忘记法治国家的建设问题，所以我们认为立法先行首先要树立改革的法治意识。换言之，我们在对改革的方略进行设计时，要考虑它的合法性；在推广一个改革措施时，要考虑该措施是否符合法定程序。当然更为重要的是，改革的实体内容要符合法治的实体内容。总而言之，使改革具有法治文化，是立法先行实现的前提条件。我们现在所缺少的就是改革过程中的法治文化，如何树立改革过程中的法治意识，则是一个较为复杂的问题，是一个需要多方面努力的问题。

第二，树立创新的法治思维。法治思维是近年来我国治理方式中的热点问题。也就是说，我们一谈到国家治理和社会治理，就自然而然地想到法治思维。在公权主体中培植法治思维是我国党和政府的一个尝试，也是非常大胆的做法。因为我们知道，法治思维和治理过程中的其他价值体系常常是存在反差的，例如，和治理过程中的经济、政治、文化、伦理价值体系，都有可能存在不一致。然而，在依法治国的理念中，明显提出了公权主体树立法治思维的问题，这是十分关键的。而法治思维从法理学的角度看，有着较为完整的内涵：法律信仰、法律认知、法律服从、法律遵守等，这些都是法治思维的构成部分。在日常的社会治理过程中，强调法治思维，是公权主体容易接受的。然而，在有关的创新过程中，让它们选择法治思维，有可能是一道难题。因为从本质上讲，法治思维是一种规范思维，而创新则不追求规范性和平实性，它追求更高层面的东西。这似乎是说，创新和法治思维是相矛盾的，然而，从国家治理体系的总格局看，创新与法治思维也应当契合。正如上述，创新是要有底线的，是要把握一定度的。如果公权主体有创新过程中的法治思维，它便能够把握创新过程中的度，这便能够将创新和法治国家的建设牢牢地捆绑在一起。

第三，预留立法的提前量。法律规范与时代的关系可以有三种情形：第一种情形是法律规范与时代发展保持同步。就是一个法律典则和一个法律规范发生法律效力时，它契合了其调整对象的定在。第二种情形是，法律滞后于时代的发展。我们上文已提到，立法有一个先天的滞后性，就是说，一个法律典则和规范制定以后，它就会立即表现出它相应的滞后性，这其中的原因我们在上文已经作了分析。不是说滞后于时代的法律就不是一国的实在法，恰恰相反，在一国的实在法体系中，存在着大量滞后性的法律典则和规范，这也是一个非常无奈的问题。第三种情形是，法律体现出了一定的超前性。就是一个法律规范所确立的规制方式和调控方式能够有一定的提前量，至少不会在短期内就失去效力、失去规制力。毫无疑问，在一国立法体系中，前两者所占的比重较大，后一种情形较少。笔者认为要实现立法先行，就必须预留立法的提前量。就是说，我们对法律规范和法律典则所规制的事项要进行认真的论证和分析，要考虑到它在较长时间内的生命力，要有一定的战略眼光，甚至在法律规范的行文技术上，要为法律关系主体的未来行为留下空间。在我国的改革开放过程中，之所以有大量的立法阻滞着改革的进行，就因为它们没有提前量。如何预留立法的提前量，可能是立法上的技术问题。这就要求我们在制定法律时，要有质量意识。我们注意到，十八届四中全会提到了立法规范的质量问题，而且对如何提高立法质量作了具体规定："加强人大对立法工作的组织协调，健全立法起草、论证、协调、审议机制，健全向下级人大征询立法意见机制，建立基层立法联系点制度，推进立法精细化。"[1]一定意义上讲，立法质量与立法的提前量是一个范畴的问题。也就是说，当立法质量相对较低时，它的提前量就相对较差，而当立法质量较高时，它的提前量也相对较强。

第四，立法统摄全局工作。四中全会对我国法治体系的构成作了新的解读和规定，其中一个非常明显的亮点就在于把党内法规体系规定为我国法治体系的构成部分。这既体现了我国法治体系对党领导依法治国的包容，也说明党的领导必须走法治化的轨道。我国的改革开放或者制度创新，事实上是一种双驱动的情形和状态。第一个驱动因素就是党的组织和机构，该驱动因素是非常重要和关键的。我国中央层面上每一次的改革都会有一个改革的规范性文件，例如《中共中央关于建立社会主义市场经济体制若干问题的决定》

[1]《中共中央关于全面推进依法治国若干重大问题的决定》，人民出版社2014年版，第10~11页。

等。[1]而在地方，党的机构也常常有类似的行为。第二个驱动因素是国家机关作为国家公权力体系的驱动因素。例如，我国行政体制改革中，国务院与地方各级人民政府就起着非常重要的作用。这种双驱动使我国改革和创新在党的领导下能够稳步推进。然而，要引起我们注意的是，对这样的双驱动，一些机构和人员并不能够理性地认知。他们常常更愿意用行政思维或者其他思维来理解这种双驱动的过程。诸多公权力主体将改革和创新仅仅视为一种日常管理或者日常工作，而没有上升到法律层面上来阐释这种双驱动的精髓。他们没有认识到无论是改革过程中的行政工作，还是改革过程中的日常工作，都不能离开法治这一大系统。因此，在立法先行的这一理念之下，立法应当统摄全局工作，立法应当统摄日常工作。进一步讲，无论地方党委还是其他公权力主体，都应当用立法先行来考量自己的改革和创新等这种表面上的日常行为或者日常工作；都应当通过立法先行，将自己的日常工作和具体工作框定在法治的运作过程中。

---

　　〔1〕　参见中国共产党第十四届中央委员会第三次全体会议 1993 年 11 月 14 日通过的《中共中央关于建立社会主义市场经济体制若干问题的决定》。

新时代立法促进社会公正 *

如果说财富的充分积累和社会资源的充实是新时代的经济价值，那么公平、公正则是新时代的精神价值。该价值的实现存在于一个国家的政治机制之中，更存在于与该政治机制相契合的法治体系之中。而在法治体系的构成中，立法处于首要环节〔1〕。一定意义上讲，法治对社会公正的促进首先反映于立法之中。换言之，目前我国社会系统中存在的若干不公正，如偷税、漏税及其整治的不力，假疫苗及其整治的不力，以及公共交通安全驾驶的危险及其防范不力等，都与我国立法的质量有着千丝万缕的联系。正因如此，我们认为，必须通过立法促进社会公正。本文将围绕该问题展开探讨，构想立法促进社会公正的时代精神、立法促进社会公正的若干新的进路等，并希望引起学界的关注。

一、立法促进社会公正所取得的成就

2011 年，我国宣布中国特色社会主义法律体系已经建成〔2〕。这是对我

---

* 该文发表于《河南工业大学学报（社会科学版）》2019 年第 2 期，原标题为《新时代立法促进社会公正研究》。

〔1〕 中共十八届四中全会对我国依法治国进行了顶层设计，在《中共中央关于全面推进依法治国若干重大问题的决定》中指出的"形成完备的法律规范体系、高效的法治实施体系、严密的法治监督体系、有力的法治保障体系，形成完善的党内法规体系"，即是说法治体系由五个板块构成，其中第一个板块就是法律规范体系。参见《中共中央关于全面推进依法治国若干重大问题的决定》，人民出版社 2014 年版，第 4 页。

〔2〕 2011 年 3 月 10 日，第十一届全国人民代表大会常务委员会委员长吴邦国在第十一届全国人民代表大会第四次会议上郑重宣布：中国特色社会主义法律体系已经形成！这是一个具有权威性的宣布。

国改革开放以来在立法方面所取得成就的形式定位。而从深层次上考量，我国的法律体系很好地促进了社会公正，而其对社会公正的促进正是法律体系的实质方面，二者有机统一。那么，我国立法在促进社会公正方面究竟取得了哪些成就呢？笔者试从下列方面予以分析：

（一）社会秩序的理性构建

美国统一法理学的代表人物博登海默指出，无论是大自然还是人类社会，都是一种有序的排列，有序压倒无序是一个不变的定理。"我们对自然界的整个控制，就是以一些确定的且常常是可以用数学方法进行计算的自然法则的存在为基础的。"[1] 此理论从哲学范畴上讲是正确的，也为法律或者法治的存在提供了理论根据，因为它证明了法治的功能就在于构建有序的生活。但同时我们应当看到，有序压倒无序也许只是一种理想，是人们的一种期待。即是说，无论是大自然还是社会生活，都在个别方面、微观方面，有时或许是中观方面，存在着无序化的现象。以我国为例，在进入改革开放以前，诸多方面都存在着无序化的倾向，例如财富的分配、社会治安以及其他方面的社会管理秩序等。改革开放以来，我国通过大量的立法行为形成并构建了理性化的社会秩序，如通过《中华人民共和国民法通则》基本上形成了理性的商品交换关系；通过刑法典以及相关配套法规，明确了什么是犯罪、什么是何种类型的犯罪、何种类型的犯罪应当给予何种量度的刑罚等；通过行政六法，形成了政府行政系统内部有序化的管理体系[2]。可以毫不夸张地讲，我国在当下有着稳定的社会秩序，而且该社会秩序不是通过高压手段和外在化的机制形成的。它的构造与社会公众的诉求相契合，也使得广大公众在社会秩序中获得了非常大的红利，这都充分证明当下的社会秩序是理性的而不是非理性的，是良性的而不是恶性的，是和谐的而不是非和谐的，等等。我们应当看到，当前社会秩序的理性构造来源于立法，是立法促进了社会秩序的构建，或者说是立法直接构建了理性化的社会秩序，而社会秩序的理性化是社会公正的基础条件，没有理性的社会秩序就没有社会公正。深而论之，通过压制、

---

〔1〕　[美] E. 博登海默：《法理学：法律哲学与法律方法》，邓正来译，中国政法大学出版社 2004 年版，第 229 页。

〔2〕　我们通常所说的行政六法是指以规范政府行政系统行为为主要内容的行政许可法、行政处罚法、行政强制法、行政复议法、行政诉讼法和国家赔偿法。

强权、外在手段所形成的社会秩序很难保证其公正性。这是立法促进社会公正所取得的最大成就。

（二）社会关系的全面调整

社会关系与法律关系是两种不同范畴的关系，是不同的事物，不能混淆。但同时两者也存在着密切的辩证关系。一方面，社会关系由于有着较大的广延度，是法律关系赖以存在的基础，同时也是法律关系能够发生作用的基点；另一方面，法律关系必须通过社会关系发挥作用，同时也能够形成新的社会关系，而且诸多社会关系在法治社会中也都被贴上了法律关系的标签。然而，在一国的政治机制和社会机制中，也常常会出现社会关系与法律关系成为两张皮的现象：某些社会关系是在法律依据缺失的情况下形成的，并且社会机制中的相当一部分关系也可能处于法律规范的真空。在我国法制不健全的年代，这种现象是非常普遍的。但我国当前形成了法律体系，这便可以说我们通过立法调整了方方面面的社会关系。我们认为，我国社会关系中的绝大部分已经得到了法律的调整，绝大多数社会关系已经被法律关系强化。当然，有一部分社会关系是通过其他规则形成的，如道德的规则、软法的规则以及其他良性的规则。这些规则所形成的社会关系与法律关系并不冲突，相反，它们在一定程度上补充了法律关系的不足，因此，这一类关系也应当被视为法律关系的延续。由此可见，通过立法对社会关系的全面调整自然而然地能够促进社会公正。至少可以说，通过法律规范全面调整的社会关系更趋于社会公正，而没有通过法律规范强化的社会关系则隐藏着较大的不公正的风险。以此而论，法律规范调控的社会关系覆盖面越广，社会公正的系数就越大。我国法律体系的形成便足以证明立法在促进社会公正方面所取得的另一维度的成就。

（三）社会角色的合理分配

在社会学上，社会角色被界定为："社会角色是在社会系统中与一定社会位置相关联的符合社会要求的一套个人行为模式，也可以理解为个体在社会群体中被赋予的身份及该身份应发挥的功能。"[1] 由此可见，社会角色是社会个体在社会机制中所具有的特定的身份。说到底，社会角色所反映的是社会

---

[1] 百度百科词条"社会角色"，https：//baike.baidu.com/item/社会角色/6999035？fr=aladdin.

主体的身份关系。一个社会成员在社会系统中扮演什么样的角色，实质上就是说他具有什么样的社会身份。而身份关系被梅因给予了高度评价，梅因认为，社会契约就是塑造社会身份的基本手段，而契约关系也使人们由原来的世袭角色或者其他角色变成了真正意义上的社会角色。一个人的社会地位决定于他的社会身份，一个人所获得的社会财富也决定于他的社会身份，一个人所取得的社会荣誉也决定于他的社会身份，他的身份是他获取社会资源的基础。在法治社会中，身份关系有着适度的稳定性，也有着适度的规范性，这是因为，法律体系中的相关部门法直接与社会角色的分配联系在一起，它们直接分配了相应的社会角色。如医生、律师、教授、公务员、企业经理等，都是部门法创设的社会角色，进而部门法也分配了这些社会角色。随着立法的细密化，每个社会角色又产生了诸多的分层或者分级。如医生中的主治医生与一般医生，公务员中的级别划分。实质上，这些分层同样是对社会身份的确定，也同样是对社会角色的分配。中共十九大报告提出了"个体发展权"的概念[1]，而"个体发展权"实质上就是以社会角色的分配为前提的。角色是社会中的客观存在，而社会个体可以寻求到适合自己的社会角色，并完成相关角色的变迁，最后的结果便是社会个体各得其所，这足以证明社会角色分配与社会公正之间的逻辑关系。而我国通过立法分配社会角色本身就是立法体系的构成部分。

（四）社会机制的正当认可

社会系统是静态与动态的统一，社会角色的分配、社会关系的调整最能够体现出这种静态与动态统一的关系形式，而实现这种静态与动态统一的是社会过程。也就是说，整个社会的运作在有些方面体现的是相对的静态化，而在有些方面则体现的是相应的动态化。社会秩序就是静态化的最主要的表现，而社会变迁、社会发展则是动态化的最主要的表现。能够将社会秩序与社会变迁契合的则是社会机制，也就是存在于社会系统中的诸种调节系统，

---

[1]　十九大报告指出，"必须坚持以人民为中心的发展思想，不断促进人的全面发展、全体人民共同富裕"。这实质上是对发展权的拓展，传统上发展权所强调的是国家的发展权、社会的发展权，十九大报告强调了社会个体发展权的重要性。习近平：《决胜全面建成小康社会　夺取新时代中国特色社会主义伟大胜利——在中国共产党第十九次全国代表大会上的报告》（2017 年 10 月 18 日），人民出版社 2017 年版，第 19 页。

如一个国家通过法律所构建的社会制度、一个国家促成社会发展的相关的技术手段。换言之，社会制度和社会技术手段使社会能够在保持稳定的前提下向着更高的层次发展，而社会制度和有关保证社会发展的方式和方法都与法律规范或者法律体系分不开。因为社会制度就是由法律规范构造产生的，而调试社会发展的方式方法也不能够超越法律规范。在现代社会系统中，调试社会发展的方式方法有多种表现形式，但它们无论怎样表现都必须有法律的支持，我们当下所强调的改革开放要于法有据就充分证明了这一点。因为如果一种能够促进社会发展的方式方法游离于法律之外，便有社会动荡的风险。而诸多的社会制度更是通过法律规范予以创设的，法律对社会机制的认可极其重要，对于正当的社会机制，法律常常会选择予以认可，而对于不正当的社会机制，法律则会加以否定。这种复杂关系与社会公正的实现密不可分。

二、立法促进社会公正存在的问题

中共十九大明确指出，我国新时代的社会矛盾是人民日益增长的美好生活需求与我们在财富、社会、文化等诸多方面不充分、不平衡的发展之间的矛盾。这个关于新时代社会矛盾的命题包含着这样一个事实，即中国当下的社会还不是最公正的社会，还不是高度公平和理性的社会。简而言之，我们在社会公正方面与人们的社会理想还存在一定的差距，我们说要实现充分发展、实现平衡发展，也就是说我们还要充分地推进社会公正。当然，社会公正的推进可以有诸多的手段和方法，而在法治社会中社会公正必然与立法存在着内在的逻辑关系，我国目前在社会公正的实现上所存在的差距可以从立法中看出一定的端倪。我们认为，我国目前的立法在促进社会公正方面还存在着下列若干方面的阻滞：

（一）因立法疏漏而使社会公正实现遇阻

虽然我国的法律体系已经形成，但我国在法律规范、法律典则乃至于在法律制度中还存在着一定的疏漏。即是说，我们在有些领域还缺乏相应的法律规范或者法律典则。例如，在民事法律中，我们的民法典分编还没有制定出来，仅仅通过民法总则来调整所有的民事法律关系显然是不可能的。这表明在民事立法方面，我们有所疏漏。而在公法中，这样的疏漏则更加明显。

例如，我们就缺失行政编制法，缺失统一的行政程序法，还缺失个人信息保护法、新闻法。公法方面的这些缺失是公法中巨大的立法漏洞，以个人信息保护法和新闻法的缺失为例，社会公众的个人隐私往往缺少公法上的保护机制，而正当的新闻报道也常常被阻碍或者被妨害[1]。无论是私法中的立法疏漏，还是公法中的立法疏漏都为社会公正的实现留下了隐患，因为它使得一定的社会关系处于真空状态，因此社会个体之间获得社会资源的状态也就不一定能够呈现出公平和公正。

（二）　因立法偏失而使社会公正实现遇阻

立法疏漏是在某一方面立法不到位、不及时，而立法偏失则是在有形式立法的情形下，出现了立法实质上的偏差。日本学者穗积陈重在《法典论》中就指出："法律的形体虽完备，而其实质若不善良，则成峻法严律，其逞荼毒之害。以某人有实质美而不具形体美来比喻法律，就称为'多病的才子'；以形体完备而实质不善良的人来比喻法律，就称为'妖娆的毒妇'；而实质、形体两者完全皆不具备的法律则可比喻为'不具的痴汉'。"[2]他的这个论断经典地描述了法律规范所应具备的若干条件，而在我国的法律体系中，上述三种情况似乎都是客观存在的。我们有的立法存在比较好的形式要件，但缺乏实质内容，而有的法律规范则在形式方面出了问题，还有的法律规范既缺乏较好的形式要件，也缺失公众所期待的实质内容。上述三种情况都可以称为立法的偏失，毫无疑问，偏失的立法对实现社会公正必然是有阻滞的。以我国《道路交通安全法》中的个别条款为例，它所带来的是负面的社会效应。如《道路交通安全法》有条文规定，当机动车驾驶员与行人，或者非机动车驾驶员发生交通事故以后，无论在什么情况下机动车驾驶员都要承担赔偿责任。因为该立法的逻辑前提是机动车驾驶员是强者，而行人和非机动车驾驶员是弱者。但该逻辑前提显然是难以成立的，所以该条款带来了大量的"交通碰瓷"现象。毫无疑问，道路交通安全法是一个好法，然而该条款的偏失也使得社会公正的实现受到了阻碍。

---

[1]　最近在南方某市就发生了女记者因爆料环境污染问题，被公安机关以抓嫖娼为由进入酒店房间强制检查的案件。而公安机关强制检查的行为是由当地政府授意的，其目的在于阻止女记者下一步的曝光行为，诸如此类阻碍新闻报道的事不止一起。

[2]　[日]穗积陈重：《法典论》，李求轶译，商务印书馆2014年版，第5页。

(三) 因立法选择而使社会公正实现遇阻

在我国公法中，有一个选择执法或者选择性执法的称谓，它引起了学界和实务部门的广泛关注。"选择性行政执法是行政主体违背了法治统一原则，在不同的区域采取了不同的执法措施，在不同的时间段采取了不同的执法措施，对不同的当事人采取了不同的执法措施，对同一行为方式采取了不同的执法措施等。"[1]从该定义可以看出，选择性执法是指执法者受某种外在因素的干扰从而不当分配执法行为的情形。它没有将执法作为一个规范行为、连贯行为、系统行为而予以对待，而是在政策、外在压力、利益驱动等复杂情形下将执法作厚此薄彼的处理，对不同的人采用不同的执法方式，对不同的事采用不同的执法方式，而对同一个人或者同样的事也采用不同的执法方式。那么，在我国立法中是否也存在类似执法中的选择性呢？回答是肯定性的，我国有些立法，当然大多表现为部门立法或者地方立法，在此处具有较为明显的选择性。如，有的立法因领导关注而予以制定；有的立法本来应当予以制定但没有引起领导的关注而不予制定；有的立法对实现社会公正而言意义非常重大，但这样的立法因有一定的制定风险或者难度而常常被搁置。立法中的相关的条款也常常是选择性的。我们知道，我国行政执法中的听证程序本是一个非常好的在行政主体和相对人之间保持平衡的程序，但行政处罚的听证制度只选择了三个行政行为进行听证，而将其他行为排除在听证程序之外，例如行政拘留被排除在听证程序之外就使得人们无法理解[2]。立法的选择性无论如何都是阻滞社会公正实现的因素，因为它既背弃了法制统一原则，也不能够体现法律的体系化和普遍化等固有本质。

(四) 因立法超越而使社会公正实现遇阻

孟德斯鸠非常深刻地指出，法是事物内部关系的本质，法律必须与它所规范和调整的客观事物保持内在联系。而且他还认为法律有着严格的时间性

---

[1] 关保英：《圈套式行政执法研究》，载《东方法学》2018 年第 1 期。

[2] 行政拘留是最为严厉的行政处罚种类，因为它限制了公民的人身自由。在法治发达国家能够达到行政拘留的违法行为常常都以轻罪论处，由司法机关通过司法追究责任。而在我国则由公安机关作出行政拘留决定并予以执行，如此严厉的行政处罚手段在决定中适用听证程序是十分必要的，但是我国在制定《中华人民共和国行政处罚法》和《中华人民共和国治安管理处罚法》时对该处罚行为都不适用听证程序，这其中找不到太好的解释理由。

和空间性，如他指出一个法律只能够与本民族或者本地区的特性予以契合，他强调："这些法律应该量身定做，仅仅适用于特定的国家；倘若一个国家的法律适用于另一个国家，那是罕见的巧合。"〔1〕马克思也曾经指出，立法只是对社会关系的描述而不是对社会关系的创造。这些论点都充分证明了立法必须产生于社会现实之中，立法必须很好地描述社会现实关系的特性，这也是立法能够促进社会公正的前提条件。然而我国相当一部分立法则脱离了社会现实，它们没有能够很好地调整当下的社会关系。以对当下诸多明星偷税漏税的制裁为例，这些明星偷税漏税有的高达数亿人民币，但在责任追究中仅仅将制裁手段框定在补缴税款上，而没有对其人身自由采取限制。又如环境污染方面的立法大多数仍以缴纳环境污染罚款为主，这就使得此方面的违法成本非常低，诸多违法行为人在交完罚款后继续违法。这样的立法当然不能够起到很好的防范环境污染的目的，因为违法成本太低。诸如此类的立法，笔者都将其称为立法超越，也就是说它没有与它所规制的社会关系相一致，没有起到应有的的调整社会关系的效果，所以它们不能够很好地促进社会公正。

（五）因立法冲突而使社会公正实现遇阻

我国的立法体系是一个整体，一个系统，一个有机的体系结构。从立法主体上讲，全国人民代表大会享有立法权，全国人民代表大会常委会享有立法权，国务院享有立法权，国务院的部和委以及直属机构享有立法权，地方省级人民代表大会享有立法权，地方省级人民政府享有立法权；而2015年《立法法》修改以后，地级市人民代表大会和地级市人民政府也享有一定范围的立法权。从法律渊源的角度看，则有法律、行政法规、地方性法规、政府规章等不同的渊源形式，我国《立法法》对这种复杂的体系结构进行了构造：一方面严格区分了它们的位阶，如行政法规是规章的上位法，地方性法规优于地方政府规章等；另一方面，严格规范了它们各自的规制内容，如行政法规可以规制《宪法》第89条所规定的行政管理事项，可以规制执行法律所需要规制的事项等。《立法法》的规定是比较明确的，但是在我国立法实践中，则常常会出现下位法与上位法不契合的现象，甚至是下位法违反上位法的现

----

〔1〕　［法］孟德斯鸠：《论法的精神》（上卷），许明龙译，商务印书馆2012年版，第15页。

象。由于我国也存在着大量地方立法，这便使得地方立法之间也有可能存在矛盾和冲突。例如，前些年有的地方规定一对夫妇只能生一胎，而有的地方则规定在有些情形下也可以生二胎〔1〕。这两地的规定便有可能产生法治实践中的冲突问题，即允许生二胎地方的公民在仅允许生一胎的地方生活，该适用哪个地方的规定，这便必然在法治实践中发生冲突。立法冲突向来就是影响法治统一的问题，向来就是对法治体系造成麻烦的问题，所以各国都非常重视对立法冲突的规制以及冲突问题的解决。我国《立法法》关于立法冲突也有一系列解决的方式和方法〔2〕，而在法治的实施和实现过程中只要存在法律冲突就必然会给社会公正的实现带来威胁，这是一个无须证明的真理。我国的法律冲突有的来自于客观方面，有的则来自于主观方面，无论来自哪个方面，都会降低社会公正实现的程度。

三、立法促进社会公正的时代精神解读

2014 年中共中央发布了《中共中央关于全面推进依法治国若干重大问题的决定》，对我国依法治国做了顶层设计。它很好地构造了我国的法治体系，即法治体系由法律的规范体系、法治实施体系、法治监督体系、法治保障体系和党内法规体系构成。更为重要的是，它提出了依法治国三个有机联系的方面，那就是法治国家、法治政府和法治社会。这三个环节的定位具有非常大的时代价值，因为它将法治社会作为一个独立的概念予以使用，使法治社会和法治政府、法治国家适当地区分开来。这个顶层设计对我国法治做了很好的构造，而中共十九大在这个基础上对依法治国又有新的超越。在笔者看

---

〔1〕 在全面二胎放开之前，我国的计划生育政策在全国范围内强调或者鼓励一对夫妇只生一个小孩，这个政策在各地的执行有所不同，通常情况下，东南沿海地区严格贯彻一胎政策，但在西部一些省份则允许一胎是女孩的情形下生二胎。这便造成了不同地区在人口政策方面的差异，而各地都制定了调整计划生育的地方性法规或执法规章，这个冲突终究也就成了法律上的冲突。

〔2〕 例如《立法法》第95条规定：地方性法规、规章之间不一致时，由有关机关依照下列规定的权限作出裁决：①同一机关制定的新的一般规定与旧的特别规定不一致时，由制定机关裁决；②地方性法规与部门规章之间对同一事项的规定不一致，不能确定如何适用时，由国务院提出意见，国务院认为应当适用地方性法规的，应当决定在该地方适用地方性法规的规定；认为应当适用部门规章的，应当提请全国人民代表大会常务委员会裁决；③部门规章之间、部门规章与地方政府规章之间对同一事项的规定不一致时，由国务院裁决。根据授权制定的法规与法律规定不一致，不能确定如何适用时，由全国人民代表大会常务委员会裁决。

来，这个超越就是明确提出了在新的历史时代，法治应当具有服务精神和给付精神，这当然与我们对新时代社会矛盾的判断有关。毫无疑问，在服务精神和给付精神的统摄之下，立法必须越来越社会化，立法应当更加精准地体现社会公正。从深层次讲，立法促进社会公正的新的时代精神可以通过立法契合社会变奏、立法整合社会治理、立法融入社会过程、立法体现社会诉求几个方面予以解读。

（一）立法契合社会变奏

立法作为法治体系首要环节的东西，首先存在于一个国家的政治体系之中，它是一个国家政治体制的组成部分，也是政治机制的基本构成。同时，立法也与社会系统有着天然的联系，两者是一个事物的两个方面。我们在长期的立法实践中，更多强调了它作为政治体系的属性，用政治思维进行立法是我国传统立法的逻辑。而十八届四中全会将法治社会的概念作为一个独立的事物来看待，这就使得立法无论在政治机制中如何进行运作，它的基础都存在于社会系统之中。一定意义上讲，社会机制是立法质量最有效的衡量领域，社会系统的状况是立法质量的试金石。纵观我国的改革开放，其在诸多方面引起了社会的发展和变化，这些发展、变化的格局可以称为社会变奏。例如我们说我们进入了新的历史时代，这实质上是一种社会变奏，因为新的历史时代的社会格局必然区别于传统的社会格局。社会变奏总是伴随着法律体系的形成和发展，立法要促进社会公正，从精神实质上讲，其中最重要的方面就是要契合社会变奏，它与社会的发展和变迁是一种正向关系而非反向关系。作为正向关系，它能够促进社会的发展，进而促进社会的公正；而作为反向关系，它则抑制社会的发展。社会的变奏有的是由法治以外的原因催生的，而绝大多数的社会变奏则依赖于立法、依赖于国家对法治体系的构造。深而论之，在新的历史条件下，立法促进社会公正就是要进一步契合社会变奏。有学者对此做过深刻论述："法律——通过立法或者行政对新的社会情形进行回应，通过对宪法、法规或先例重新进行司法解释——不仅继续体现主要的社会变迁，而且逐渐为社会变迁铺平道路。因此，'有意识地通过法律进行社会变革是当今世界的基本特征'。"〔1〕

---

〔1〕〔美〕史蒂文·瓦戈:《法律与社会》（第9版），梁坤、邢朝国译，中国人民大学出版社2011年版，第249页。

（二）立法整合社会治理

我国的公法传统强调国家管理，强调政府行政系统的行政管理。在计划经济年代，管理也非常生动地体现了公共权力运作的属性。有学者就指出行政法就是管理法："行政法是一切行政管理法规的总称。"〔1〕2013 年中共十八届三中全会将原来以管理命名的公法过程替换为了社会治理，即是说社会治理是新的治理模式，它是对社会管理的发展。那么社会治理与社会管理究竟有什么区别呢？笔者认为，社会治理所强调的是治理过程中的规则意识、民主意识、参与意识、平等意识等。在社会管理的传统治理机制中，行政高权起着非常关键的作用，而社会治理则淡化了行政高权，使治理过程更加能够体现民主精神，更加能够体现各主体之间的平等关系，更加能够吸收广大社会公众参与到治理机制中来。中共十九大报告对新的历史时代的社会治理做了这样的描述："加强社会治理制度建设，完善党委领导、政府负责、社会协同、公众参与、法治保障的社会治理体制，提高社会治理社会化、法治化、智能化、专业化水平。"〔2〕这充分表明，社会治理更加追求对公民权利的保护，社会公众有着平等的参与治理的机会。即是说，社会治理过程本身就体现着一种社会公正，而必须强调的是，这种社会公正的实现不是被动的和消极的，而是必须由法律规制和调整的。因此我们认为，在新的历史时代，立法促进社会公正所体现的另一种精神便是立法对社会治理的整合，而不是将社会治理纯粹交给法律以外的其他规则或者行为准则。

（三）立法融入社会过程

立法是国家行为，是由相关国家机关通过正式的法律程序而为之的。这很容易给人造成一种印象，那便是立法存在于法治政府和法治国家之中。毫无疑问，立法是政府系统相关主体的行为，在当代社会，或者是立法机关的行为，或者是行政系统的行为。换言之，立法存在于宏观意义上的法治政府之中是没有疑问的，同时正如上述，立法无论如何也是国家意志的体现，是国家行为的构成部分。正因为立法与法治国家和法治政府的这种密切关系，

---

〔1〕 王珉灿主编：《行政法概要》，法律出版社 1983 年版，第 1 页。
〔2〕 习近平：《决胜全面建成小康社会　夺取新时代中国特色社会主义伟大胜利——在中国共产党第十九次全国代表大会上的报告》（2017 年 10 月 18 日），人民出版社 2017 年版，第 49 页。

便很容易使人们对立法与法治社会的关系产生误解，似乎立法与法治社会并没有太密切的联系。因为在法治社会中有诸多的调整社会关系的软法，有诸多的调整社会关系的法律的非正式渊源，有诸多的调整社会关系的行业章程、团体规章、市民公约、乡规民约等。而我们要强调的是，这只是法治社会与立法关系的形式方面，正如前面我们所讲到的，我国立法在促进社会公正方面至少与社会秩序、社会关系、社会角色、社会机制等天然地联系在一起，所以任何将立法与法治社会关系予以淡化的认知都是不客观的。进而言之，立法紧紧地融入了社会过程，事实上，社会过程的良性化构型都不能离开国家的立法行为。整个社会过程如果要体现公正的精神，就必须依赖于立法，反过来说，立法融入社会过程才能够促成社会公正的实现。新的历史时代有着新的时代特征，该时代要求立法要有给付精神，就像法治发达国家被称为福利国家那样。而给付精神在法律体系中形成了社会法治，形成了救助法治，形成了其他以福利为中心的法治，它在立法和私法中甚至在公法中都有所体现："1937年4月，联邦最高法院在国家劳工关系局诉琼斯和劳福林钢铁公司案的判决中认为，联邦劳工关系法是符合宪法的。1935年的这个法律是美国劳工运动的大宪章，它确保工人享有集体组织团体的权利，并规定雇主干预工人这一权利为一种不正当的劳工行为。这个法令原来准备适用于全国的各行各业。"[1]立法对社会过程的融入是自觉与不自觉的，而在当代法治国家，往往在立法的顶层设计中就主动采取了让立法融入社会过程的措施，从这个角度讲，立法融入社会过程的自觉性大于不自觉性。

（四）立法应对社会问题

社会问题是指社会发展过程中所出现或者遇到的，这样或那样复杂的社会事态等。当今社会存在着非常多的社会问题，如人口问题、失业问题、应对恐怖主义问题、环境污染问题、人口老龄化问题、社会财富分配不均问题，等等。关于社会问题与立法的关系，学者们并没有从深层次上进行研究，之所以会造成这样的格局，主要是因为社会问题是社会学领域所关注的，社会问题的概念本身就存在于社会学领域之中，而立法则是法学范畴的问题，它们两者存在着专业和学科上的区隔。那么，立法与社会问题究竟是什么关系

---

〔1〕 ［美］伯纳德·施瓦茨：《美国法律史》，王军等译，法律出版社2018年版，第219~220页。

呢？笔者看来，在当代社会，诸多立法就是为了应对社会问题而制定并运作的。例如，在环境领域方面，我们制定了诸多环境保护的法律和法规，这些法律和法规便是为了应对环境问题的；我国还制定了《中华人民共和国人口与计划生育法》，该法就是为了应对人口和计划生育问题的；等等。社会问题越多为社会公正带来的阻滞也就越大，反过来说，要实现社会公正，立法就必须很好地应对社会问题。在法治发达国家，常常有社会问题的系统研究，尤其在大数据时代，人们通过精确的数据分析，梳理出各种各样的社会问题并根据这些社会问题提出相应的立法案。例如，一些法治发达国家的社会救助法就是为了应对在竞争中处于下风的社会群体的社会待遇问题。在新的历史时代，我国必然会出现新的社会问题，而我们的立法应当将应对社会问题作为新的历史时代的重要任务，因为对社会问题的应对才能够真正促进社会公正的实现。

四、立法促进社会公正的新进路

社会公正在通常情况下是能够形成共识的，但在另外一些情形下，对社会公正则存在着一定的争论。美国就曾经出现过飓风过后有关商家抬高相关物价的行为，对于该行为，一部分学者认为它是不公正的，因为这是乘人之危和趁火打劫；而另一部分学者则认为这样的行为是公正的，因为它没有违反价格欺诈法，它是根据市场的需求对价格进行调节的，并不是欺诈，也不是贪婪和无耻之举，而只是物品和服务在自由社会中获得分配的方式。[1]这表明在复杂的社会，对于利益分配中究竟什么是公正是需要具体问题具体分析的，但是无论如何，立法促进社会公正是人们对立法的普遍期待，也是立法在新时代的基本担当。在新的历史时代下，立法如何促进社会公正呢？笔者认为，应当做到下列若干方面的统一才能够不厚此薄彼，才能够使立法在促进社会公正中选择出最大公约数：

（一）立法定性与定量统一的进路

定性与定量是两种哲学方法，定性是对事物本质的确定，它侧重于分析

---

〔1〕 参见［美］迈克尔·桑德尔：《公正：该如何做是好？》，朱慧玲译，中信出版社2011年版，第5页。

事物的质的方面，定量则是对事物在数量方面的确定和分析。两者互为前提和条件，互相依赖，并存于一个矛盾的统一体之中。在立法中，这两种方法都能够恰当地予以运用。但在笔者看来，我国传统立法较为侧重质的方面的分析，而在定量方面存在一定的欠缺。例如，一个法律典则的制定，其背后所隐藏的各种具体的社会关系、利益分配关系乃至权利与义务关系究竟有多少个，我们常常并没有做出这样的量化。又如，一些法律典则都是原则性条款，它反映了该法所规制的事物的质的方面，而在量的方面则是有所疏忽的。以《道路交通安全法》为例，我们在该法中列举了一些道路违法的行为，而关于行政法治实践中违法行为所出现的频率、不同行为所涉及的行政违法案件的多少，我们似乎都缺少相应的数据支撑。在现代大数据时代，任何法律规范的制定都应当做到定性和定量的统一，只有通过这样的统一制定出来的法律典则才能够促进社会公正。中共十八届四中全会在顶层设计我国法治体系时就强调，我国诸多法律制定出来以后并没有很好地予以执行和实施，其中一个重要原因就是一些法律规范仅仅是抽象规则，而没有案件数量的支持。有人将这样的法律规范称为"法律睡美人"。大数据时代，如果出现"法律睡美人"那就必然会浪费社会资源，进而使该法典不但不能促进社会公正，反倒成为社会不公正的制造因素。要真正做到定性与定量的统一还需要有具体的方式和方法，该进路极其重要，应当引起我国法学界和法律实务部门的重视。

（二）立法惩戒与奖励统一的进路

法律是国家强制力的体现，它的执行和实施都以国家强力作为后盾，受到国家强力的保障和支持。人们普遍认为，法律是长着牙齿的，这生动地表明了法律中所隐藏的制裁力、强制力和约束力。事实上，我国所有的部门法都有后续的制裁条款，通过制裁并矫正违法行为、预防违法行为，形成非常好的纠错机制。关于法律与制裁的关系，有学者就指出："制裁是由法律秩序所规定以促使实现立法者认为要有的一定的人的行为。"[1]与法律的惩戒性相比，立法所体现的奖励则被人们忽视了。近年来，我国学界在法学研究方面创立了一个新的名词，那就是激励法学[2]。它已经成为一个学派，该学派的

---

〔1〕　[奥]凯尔森：《法与国家的一般理论》，沈宗灵译，商务印书馆2013年版，第92页。

〔2〕　参见倪正茂：《激励法学探析》，上海社会科学院出版社2012年版。

中心要义是在法律的规范体系中有一部分并没有长牙齿，它不以制裁为特征，而是用理性的方式和方法去调动当事人的积极性，从而让更多的社会主体在没有制裁的情形下遵守法律规范。笔者认为，该学派对我国立法模式是有贡献的，进入新的时代以后，我国法治在调控社会关系中要与服务精神、给付精神一致起来，大量法律典则不能像传统那样将侧重点放在制裁上，而应当通过激励的方式调动相关主体的积极性，让他们形成守法的意识，让他们认为通过守法是可以得到实惠的，让他们感受到利益的实现在守法的积极性和主动性方面而不在惩处方面。社会公正及其实现绝对不能够建立在法治的单一功能方面，我们不能够通过单一的惩戒模式实现社会公正，而通过奖励模式与惩戒模式两者的有机统一，全方位地实现社会公正便是最合理的选择。法律的奖励属性已经引起了法治发达国家的重视，有学者就指出："积极奖励与消极惩罚同样重要。换句话说，虽然法律制裁通常被认为包含各种形式的处罚或者通过赔偿给受害者以补偿，但试图通过法律积极推进社会变迁时，对服从法律予以正面的激励也常常得到使用，在现代立法中，关于授权、补贴、减税以及其他财政减免的规定都是积极奖励的重要例证。"[1]在我国怎样构建立法的奖励模式是我们今后应当关注的热点问题。

(三) 立法规范与技术标准统一的进路

立法也罢，法律体系也罢，其功能都在于形成相应的行为规则，使人们的行为有根有据，使人们的行为得到规范和调整。从这个角度讲，立法只是调整人们行为规则的一种手段，这便使人们对现行立法和法律规范有了新的认知。在传统立法中，人们仅仅关注立法本身所创立的行为模式、立法本身的规制方式；而在现代法律体系中，人们则用更加宽阔的视野看待法律规范，一些行为规则如果也能够像立法制定的行为规则那样调整人们的行为，那它们就应该具有法的属性。这样在法律体系中便出现了软法的概念，出现了法的非正式渊源的概念："非正式渊源是指那些具有行政法意义的资料，而此资料尚未在正式的行政法文件中得到权威性的规范或至少是明文的阐述和体

---

〔1〕 〔英〕罗杰·科特威尔：《法律社会学导论》（第 2 版），彭小龙译，中国政法大学出版社2015 年版，第 60 页。

现。"〔1〕我国关于依法治国的顶层设计中就明确规定："发挥市民公约、乡规民约、行业规章、团体章程等社会规范在社会治理中的积极作用。"〔2〕这便非常肯定地认可了立法规范之外的行为规则的法治价值。有学者认为，当代法律体系有三个构成部分：一是原则，二是规则，三是技术标准。所谓技术标准，是指那些能够规范人们行为的、具有技术含量的行为准则。它们与国家立法不同，其存在于社会技术之中，如重庆火锅协会制定的有关标准火锅配料的技术标准等。技术标准从表层看是法律规范的末端，但从它规制人们行为的性能来考量，其与法律规范并没有严格的区别，因为违反了它也会带来相关社会关系的阻滞。新的历史时代受到了高科技和管理技术的影响，技术标准是客观存在的，它很好地补充了法律规范，它执行的质量同样与社会公正的实现密不可分。基于此，我们认为立法规范与技术标准的统一是促进社会公正的另一个新进路。

（四）立法本土规则与全球规则统一的进路

十八届四中全会所确立的法治原则有五个，其中比较重要的一个就是从中国实际出发。即是说，我们的立法、法治都必须从中国的国情出发，体现本土法治文化的意蕴。上文我们已经提到，孟德斯鸠强调法律所依赖的文化要素和其他要素，相关的要素形成相关的法律规范，要素的不同决定了法律规范的差异，这是对立法本土化的哲学分析，给本土化提供了理论基础。我国诸多法律规范在制定时都充分考虑了我国的国情，甚至考虑了我国的传统文化，如我国婚姻法所规定的婚姻登记方式就和西方婚姻法所规定的婚姻确认方式有着较大区别。在西方，婚姻关系的确认大多是通过宗教机制而为之，而在中国，则是通过行政机制和法律机制而为之，因为在我国信教的人口在人口总数量中所占的比例是较小的。与本土化相对应的则是立法的全球化的问题，我国加入世贸组织以后立法全球化就越来越明显。近年来，随着有些国家以本国利益为核心制定国际规则的状况愈演愈烈，我国提出了建构人类命运共同体的倡议，提出了"一带一路"的倡议。我们强调："坚持打开国门搞建设，积极促进'一带一路'国际合作，努力实现政策沟通、设施联通、

---

〔1〕　[美] E. 博登海默：《法理学——法哲学及其方法》，邓正来、姬敬武译，华夏出版社 1987 年版，第 395 页。

〔2〕　《中共中央关于全面推进依法治国若干重大问题的决定》，人民出版社 2014 年版，第 28 页。

贸易畅通、资金融通、民心相通，打造国际合作新平台，增添共同发展新动力。"[1]这实质上是对法律全球化的昭示，社会公正固然存在于一个主权国家之内，而在全球化的时代背景之下，社会公正的外延也在不断拓展，有些社会公正的问题就不仅仅是一个主权国家的问题，而存在于复杂的国与国交往之中，存在于不同国家的国民的交往之中。所以全方位的社会公正的实现，必须由立法本土化和全球化的统一予以保障，否则便是片面的、狭隘的。

---

〔1〕 习近平：《决胜全面建成小康社会 夺取新时代中国特色社会主义伟大胜利——在中国共产党第十九次全国代表大会上的报告》（2017 年 10 月 18 日），人民出版社 2017 年版，第 60 页。

行政法的时代变迁

行政法结构性变迁的法哲学分析[*]

我国行政法自改革开放以来在诸多方面都有了新的发展，1982 年《宪法》制定以后，行政法在渊源和范畴上有了相对明确的概念和内容；行政组织法、公务员法、行政程序法以及行政救济法都以不同的典则形式出现于行政法体系之中。由于我国行政法治在建构中吸收了解放初期的行政法传统，而这一时期的行政法受到苏联行政法的深刻影响，"管理论"自然也就成了我国行政法的理论基础和发展的总原则。随着我国改革开放的深入，一系列新的具有控权色彩的行政法典则相继出台，特别是 21 世纪初期我国加入世贸组织这一重大历史事件又使行政法的发展有了新的时代变奏。近年来，这些变奏又呈现出了新的时代特征。在笔者看来，行政法在我国的发展一个最主要的特征就是其结构性的变迁，目前来说学界对此还鲜有研究，这对从总体上认知我国行政法的发展是有消极意义的，基于此，笔者撰就本文。

一、行政法结构性变迁的涵义

行政法的结构性变迁，一定意义上讲很难用一个规范定义予以揭示。行政法在其发展变化的过程中至少包括下列方面的变迁元素：一是软件变迁与硬件变迁。所谓软件变迁就是指行政法所包含的理念、价值和认知模式的变迁；硬件的变迁则是指行政法所包含的规则和制度等硬件构成的变迁，而行政法结构性变迁与软件和硬件的变迁都是勾连在一起的。二是自身的变迁与环境的变迁。行政法可以有两个考量标准：①将其作为一个封闭系统的考量

---

* 该文发表于《中国社会科学评价》2016 年第 2 期。

标准，②将其作为一个开放系统的考量标准。就前者而论，它指的是行政法自身的变迁或者说仅仅将变迁的观察点集中在行政法这个定在的内部；后者则从行政法与其环境发生能量交换而发生的变化格局出发，行政法的结构性变迁在这两个考量范畴中都是存在的。三是认知变迁和构成变迁。行政法作为实在法是一个客观存在，但是无论是什么样的客观行政法都与一定的理论认知有着千丝万缕的联系，我们说不同国家的行政法有着不同的理论基础，实质上这个理论基础就是指人们对行政法的一种认知[1]。与之相比，行政法的构成则指的是行政法内部的诸种元素，包括行政法中的规范，行政法中的规则，行政法中的其他刚性要素等。无论是行政法认知范畴的东西还是行政法构成范畴的东西都可以作为结构性变迁的考量标准。上述三个方面是我们理解和认知行政法结构性变迁的三个关键要素，可以用这些要素将行政法的结构性变迁描述为下列状态：

第一，它是行政法体系的变迁。行政法体系是就行政法的规范体系而论的，而不是就行政法治体系而论的。中共十八届四中全会将法治体系分为五个范畴："形成完备的法律规范体系、高效的法治实施体系、严密的法治监督体系、有力的法治保障体系，形成完善的党内法规体系"[2]。我们所讲的行政法体系的变迁不包括行政法的实施体系、保障体系等范畴，仅指行政法的规范体系。行政法的规范体系本身就是一个非常复杂的构成，其他部门法都有一个能够框定该部门法规范的统一的法典，例如，各国民法这个部门法中的民法典："仅指国家经立法程序制定，由总统公布之民法法典而言，凡未冠有民法之名称，纵属私法亦非本章所指之民法。"[3]而行政法则是另一种体系形态，它是由诸多法律规范构成的法律群："所谓行政法，就是有关行政的法……有关行政的法，由几近无数的法令所组成，并不存在如民法典及刑法典那样的单独法典。因此，行政法呈现出无数的法令的镶嵌图式的集合之观，要发现和认识贯穿于其全体的法理和法原则，往往是极其困难的。"[4]这就使得行

---

〔1〕 例如，叶必丰教授在分析行政法的理论基础时就将其归入行政法学的范畴之内，而没有将其归入行政法治的范畴之中，这表明行政法理论基础是认知范畴的东西，而非法实在范畴的东西。参见叶必丰：《行政法与行政诉讼法》（第2版），高等教育出版社2012年版，第9页。

〔2〕《中共中央关于全面推进依法治国若干重大问题的决定》，人民出版社2014年版，第4页。

〔3〕 谢世维、谢瑞智编著：《法律百科全书：一般法学》，三民书局2008年版，第51页。

〔4〕 [日] 南博方：《行政法》（第6版），杨建顺译，中国人民大学出版社2009年版，第1页。

政法体系的发展过程显得更加复杂，变化的格局更具有难以测评性。我们说行政法在其发展过程中已经发生了结构性的变迁，首先就是说行政法作为静态的规范体系发生了相应的变化，包括旧的规范被新的规范所取代，规范有了新的组合形式，规范形成了相对严谨的结构，等等。上文已经指出，行政法是一个法群，也正因为如此，人们关于行政法体系的研究就有了诸多的认知进路，这形成了行政法规范体系一道亮丽的风景线，尤其形成了人们对行政法规范体系认知的风景线。

第二，它是行政法构型的变迁。行政法的构型指的是行政法体系中诸种规范的结构以及这些结构与行政法体系总体状态的关系。在刑事和民事这些部门法中，其构型是相对稳定和单一的，行政法则与之不同，支撑它的规范的多元性和多样性使得行政法的构型也显得非常复杂。笔者对不同国家所编纂的行政法体系考量后便发现这样一个令人惊奇的事实，那就是没有哪一个国家的行政法规范的构成与另一个国家是相同的，而且不同国家之间的差异如此之大，以至于我们已经无法判断行政法究竟是调整什么关系的部门法。正如王名扬教授所指出的："没有任何法律规定行政法的意义，学术上对行政法有不同的理解，没有共同接受的概念。美国大多数早期的行政法学者认为行政法是关于独立的控制机构的法律，因为这类机构具有很大的立法权力和司法权力，和总统领导的传统的行政机关不同，所以行政法是关于这类机构的权力的法律。……当代具有代表性的行政法概念有两个：一是流行最广的狭义行政法概念；二是代表较新趋势的广义行政法概念。"[1]我国行政法的构型也在发生着相应的变化，不同历史时期有着不同的行政法典则问世并进而成为行政法体系的构成之一。行政法的结构性变迁之中必然包含着行政法构型的变化，而这个变化常常使行政法的调整对象和作用基点随之发生相应的变化。

第三，它是行政法源流的变迁。行政法规范和行政法体系本身是静态的，但是如果我们将其放在历史发展的视野之中，它则是一个动态化的过程，所以，行政法结构性变迁的研究基础不是对一个点或者一个面上的行政法及其问题的研究，而是对行政法现象在一国的特定历史时段的研究，这是一个过程化的东西。基于此，我们认为行政法的结构性变迁必然涉及行政法源流的

---

[1] 王名扬：《美国行政法》，中国法制出版社2005年版，第38页。

变迁问题。一方面，当代的行政法与历史时段的行政法是有继承性的，当代的行政法的状况是对历史源流中行政法的发展。另一方面，当代行政法也或多或少决定着未来行政法的状况。当然我们对行政法结构变迁的研究是对已经发生变化的行政法现象的研究或者主要是对它的研究，换句话说，有关行政法未来状况不是行政法结构性变迁的重点命题。我们还可以从行政法规范产生的源头的角度来理解行政法的源流，来认知行政法源流变迁的状况。

第四，它是行政法模式的变迁。在法治发达国家，有关行政法模式的研究是行政法学的核心问题之一，例如，美国学者肖恩在《行政国的正当程序》一书中就将美国行政法在 20 世纪的发展和变化概括为效能模式、尊严模式……〔1〕；而英国行政法学家则在《行政与法律》一书中将英国行政法在 20 世纪所发生的变化用红灯理论、黄灯理论和绿灯理论等进行概括。他指出："红灯理论是以控制为导向，更为保守；绿灯理论以自由或社会为导向，本质更注重效率性。两种理论模式是伴随着现代国家的产生而发展起来的。……红灯理论源于 19 世纪自由放任（管理最少的国家）政治理论的传统，体现的是对政府权力根深蒂固的怀疑和把国家介入公民个人权利（尤其是财产权）降到最低的欲求。"〔2〕与之相比，我国有关行政法模式的研究仅仅是一个起步〔3〕。行政法的模式问题是行政法的调控技术问题，是行政法的内在关系问题，甚至是行政法的功能型问题等。在通常情况下，行政法的模式问题是中性的，它与国家的政权形态和意识形态并不一定紧密地勾连在一起。然而，作为一种调控技术，行政法的模式是至关重要的，从美国学者和英国学者对行政法模式的研究来看，模式的变迁甚至是行政法结构性变迁中最为重要的问题。

---

〔1〕［美］杰瑞·L. 马肖：《行政国的正当程序》，沈岿译，高等教育出版社 2005 年版，第 109~170 页。

〔2〕［英］彼得·莱兰、戈登·安东尼：《英国行政法教科书》（第 5 版），杨伟东译，北京大学出版社 2007 年版，第 5 页。

〔3〕2000 年，笔者在法律出版社、中央文献出版社出版了《行政法模式转换研究》一书，对我国行政法的模式进行了研究。2015 年莫于川教授在法律出版社出版了《民主行政法要论——中国行政法的民主化发展趋势及其制度创新研究》一书实质上也是对行政法模式及其转换的研究，但总体而论，我国有关行政法模式及其转换的研究还比较滞后。

二、行政法结构性变迁的客观表现

直观地看，我国行政法近年来呈现出下列四个方面的现象，学者们也从不同的侧面对这些现象进行了研究，但大多数学者都是就事论事地揭示了这些现象，而没有从行政法哲学的层面上对它们进行揭示。笔者将这些现象概括为：一是行政法典则和规范总量的增多。行政法与其他部门法一样是由典则和规范构成的，前者所指的是行政法典，后者所指的则是行政法典则中包含的行为规则，我国这两个方面的总量都在急剧上升甚至逐年递增，每年都有新的行政法规范被充实到行政法体系之中，每年都有新的行政法典则支持行政法系统。有人甚至用立法膨胀来概括这个现象，对行政法典则和规范的分析是可以采用定量原理的，完全可以用相应的数字将行政法总量的增多予以具体分析和考量。二是更替迅速。在立法行为中除了制定新的法典和规范之外，还有两个行为也是立法行为的基本构成，那就是废止旧的法典、修改旧的法典，三者都会对行政法体系和行政法规范产生影响。通常情况下，制定新的行政法典则和规范会导致行政法总量增多，而在行政立法的实践中也常常有这样的现象，那就是一个新的行政法典则或者规范制定以后，旧的规范和法典就被宣布失效或者无效[1]。还有一种情况就是对已经过时的行政法典则宣布予以废止，这也是行政立法中经常采用的手段。对一个行政法典则的修改，也是立法行为中经常运用的手段，例如我国前不久就修改了两个重要的与行政法有关的法典，即立法法和行政诉讼法。这些立法行为都能够使行政法内部发生规范的更替，而在我国的行政法体系中这种更替显得非常迅速，几乎每年都能够发生行政法规范和典则更替的现象[2]，这已经成为我国行政法中的一个特征。三是内部不平衡。行政法牵扯到行政主体与行政相对人之间的能量交换关系，这是行政法的一个本质现象，它决定了行政法规范中有一部分用以规范行政主体而另一部分则用以规范行政相对人，这常常可

---

[1] 例如《中华人民共和国治安管理处罚法》第119条规定："本法自2006年3月1日起施行。1986年9月5日公布、1994年5月12日修订公布的《中华人民共和国治安管理处罚条例》同时废止。"《城市生活无着的流浪乞讨人员救助管理办法》第18条规定："本办法自2003年8月1日起施行。1982年5月12日国务院发布的《城市流浪乞讨人员收容遣送办法》同时废止。"

[2] 例如2014年国务院就废止了《中外合资经营企业合营各方出资的若干规定》《〈中外合资经营企业合营各方出资的若干规定〉的补充规定》，2014年国务院制定了《不动产登记暂行条例》等。

以通过典则本身予以区分。例如行政六法就是用来规范行政主体的："彰显了
行政法的一个重要职能作用是规范行政机关，而不仅仅是管老百姓。"[1]然而
绝大多数部门行政法就是用以规范行政相对人的。还有一种情况是在一个典
则中既规范行政主体又规范行政相对人，例如，治安管理处罚法、土地管理
法等。以现代行政法治理念来看，行政法中规范行政主体的规则应当处于行
政法规范的核心地位，但是在我国则是一个相反的情形，那就是规范行政相
对人的规则远远多于规范行政主体的规则，这种内部不平衡的形成既有历史
的原因，也有现实的原因。四是开放性明显。作为法律体系的构成之一，行
政法是国家立法行为的结果，进一步讲，行政法规范是由正式的立法行为产
生的，这在理论上是合乎逻辑的。然而，在我国目前的行政法体系中，诸多
社会组织的规则、诸多行业标准乃至诸多民间规则，都已经以这样和那样的
形式成了行政法的构成，我国学界和实务部门也逐渐接受了行政法中存在软
法的理念："在现代社会，软法之治在公共治理中有着极为重要，而且越来越
重要的作用。今天的法治在很大程度上应该是软法之治。尽管软法也有着很
多的缺陷和不足，如不统一、不稳定、缺少刚性等，从而需要硬法对之加以
适当规制；但纯硬法的治理有着着更多的弊病：政府不得不为形式正义而牺牲
实质正义，为严格执法、机械执法而不惜损害人的尊严，从而引发执法者与
被管理者的尖锐对立，等等。因此，现代社会的公共治理，应该硬、软法结
合，充分发挥软法机制的作用。"[2]这从表面上看，似乎是行政法规范的构成
问题，而它的本质则体现了行政法的开放性。在十八届四中全会上，进一步
强调了相关行为规则作为行政法规范的重要性，即是说，我们在官方文件中
已经高度认可了行政法的这种开放性特征。上述四个事实和行政法发展中的
现象都是直观的、外在的，若从深层次观察，它们反映了行政法的结构性变
迁，换句话说，行政法结构性变迁体现在下列客观方面：

第一，行政法典则多元化的结构性变迁。在行政法的变迁中，典则的变迁
是至关重要的，因为典则是行政法体系中最为基本的要素。我国行政法典则在
数十年来的发展中越来越呈现出它的多元性，在改革开放初期，行政法以管理

---

[1] 关保英主编：《行政六法简明教程》，法律出版社 2015 年版，序言第 1 页。
[2] 姜明安：《法治的求索与呐喊（评论卷）》，中国人民大学出版社 2012 年版，第 462 页。

法为理论基础，有学者指出："行政法是一切行政管理法规的总称。"[1]有学者对这个理论基础做过这样的表述："行政法如果产生于行政机关的行政管理活动过程，那么，行政法本身就是行政机关行为的结果，而不是行政机关行为的前提。行政法一旦作为行政机关的行为结果来看，其规制对象就不是行政机关，而是行政机关的行为对象，即行政相对人。"[2]它表明行政法是行政主体对行政相对人进行行政管理的部门法。与之相适应，在这个时期，行政法典则主要以管理行政相对人为主，行政法典的构成也是相对单一的。改革开放的深入，加之我国与法治发达国家在对外交往中的相对活跃，既在客观基础上提高了我国行政法与外国行政法的融合，也使我们能够接受一些相对发达的行政法理念，于是我国便在1989年制定了《行政诉讼法》，1990年制定了《行政复议条例》。尽管这两个行政法典则在整个行政法体系中所占的比重是非常小的，但它增加了行政法中的一个元素，那就是权利救济的元素。后来，随着我国从总体上对法治国家的认知发生变化，尤其是在《宪法修正案（1999）》第13条出台之后，我们认为，法治国家作为必须将治理的重点放在国家权力上。于是在行政法规范体系中又出现了行政程序法的法律典则，包括2003年制定的《行政许可法》，2011年制定的《行政强制法》，以及前期制定的《行政处罚法》，它们都是行政程序法的基本构成，这使行政法出现了另一个元素。近年来，还有诸多新的行政法典则补充到行政法体系中来，例如，有关社会救助的行政法，有关公共服务的行政法，等等[3]。行政法典则的多元化非常清楚地表明了行政法结构的变迁，典则的多元化与行政法的结构性变迁之间的关系无须加以论证。

第二，行政法部类分化的结构性变迁。行政法在不同的国家有着不同的概念界定，有着不同的规范构成，有着不同的体系结构等。在欧洲甚至出现了一种超越国界的新的趋向："近几年，随着欧洲建设的加速发展，共同体法规总是被用于经济、税制、环保等众多领域的行政管理工作，以致产生了疏离国家法律控制、从属于欧盟准则的风险。但是，人们不能过分强调上述现象的重大意义。须知，《马斯特里赫特条约》（Treaty of Maastricht）的实施，

---

[1]　王珉灿主编：《行政法概要》，法律出版社1983年版，第1页。
[2]　关保英：《比较行政学》（第2版），法律出版社2014年版，第108页。
[3]　如《社会救助暂行办法》《自然灾害救助条例》《农村五保供养工作条例》，等等。

尤其是统一货币欧元的启用，特别是正在制定中、必然会改变的《罗马条约》，人称欧盟'宪法'的那个条约，只会加速上述运动的发展。"〔1〕但从总体上看存在两种类型的行政法格局，一是限权的行政法，就是用行政法来限制或者控制政府权力。韦德就曾指出："行政法定义的第一个含义就是它是关于控制政府权力的法。"〔2〕二是扩权的行政法，就是用行政法扩充行政系统的行政管理权。苏联学者就曾指出："苏维埃国家管理机关是国家机关的一种形式。它被授予相应的国家管理权限。这些权限主要是以苏维埃国家的名义颁布有关法律拘束力的文件，通过适用教育、说服和监督的措施保证这些文件的贯彻；对执行这些法律文件的情况实施监督；在必要的场合，通过适用国家强制措施，而保证这些法律文件不致遭到违反。"〔3〕这是两种不同的行政法理念，同时也构成了两种不同的行政法制度。在前一种制度中，行政法的部类划分以控权的方式为依据，可以将行政法划分为行政组织法、行政程序法、行政救济法等部类。而在后一种格局中，行政法除了在一定范围内规范政府行政权之外，绝大多数典则是部门行政管理法，就是用以管理社会公众和行政相对人的典则和规范。以我国所编纂的行政法典则的分类为例，就包括内务行政、监察、人事、民政、宗教、教育、科学技术、文化传播、医疗卫生、工商行政管理、国有资产、海关，等等。〔4〕可见，我国的行政法部类主要由部门行政管理法的内容构成。应当指出的是，近年来，行政法的部类已经悄然地发生了变化，例如，行政六法就成了我国行政法的核心内容，以我国司法考试对行政法典则的选择为例，其认为行政六法是行政法规范的最主要的内容〔5〕。同时，部门行政法中的部类也在发生一定的变化，例如社会救助、社会保险等行政法典则也已经越来越普遍，行政法部类从总体上讲，已经发

〔1〕 ［法］让·里韦罗、让·瓦利纳：《法国行政法》，鲁仁译，商务印书馆2008年版，第341~342页。

〔2〕 ［英］威廉·韦德：《行政法》，楚建译，中国大百科全书出版社1997年版，第5页。

〔3〕 ［苏］П. Т. 瓦西林科夫主编：《苏维埃行政法总论》，姜明安、武树臣译，北京大学出版社1985年版，第59页。

〔4〕 最高人民检察院法律政策研究室编：《中华人民共和国现行法律法规及司法解释大全》（第1卷），中国方正出版社2010年版，目录第1~21页。

〔5〕 2015—2016年全国司法考试有关行政法的法律典则主要包括行政许可法、行政处罚法、行政复议法、行政强制法、行政诉讼法、国家赔偿法、政府采购法、行政监察法等。参见教学法规中心主编：《行政法与行政诉讼法》，中国法制出版社2015年版，目录第1~3页。

生了分化。就是说，人们已经认为部门行政法应当从行政法体系中独立出去，它们应当形成一个新的法律部门，而在传统行政法的概念之中，仅仅应当包括行政六法以及其他规范政府行政权的法律典则。正如有学者所指出的："行政法作为行政所固有的公法，从内容上来说，是指有关行政主体的组织、作用及行政救济的公法。行政法作为关于国家、地方自治团体等行政主体的行政机关设置及权限，以及各个机关间相互关系的法（行政组织法），关于行政主体与私人之间关系的法（行政作用法），关于对行政作用侵害个人权利救济的法（行政救济法），是行政中固有的公法。"〔1〕当然，这种部类上的变化只是行政法变化中的一种客观状态，它们还没有在行政法学科体系和规范体系的构设中得到普遍认可。

第三，行政法治公平的结构性变迁。我国行政法建立在管理论的理论基础之上，而该理论基础要求行政过程由行政高权主导，就是要在行政法的调控中体现行政权的优先性，体现行政权威原则等。这种控制模式是我国传统行政法的主流，也是我国行政法的精神气质，应当强调的是，这种精神气质仍然存在于我国行政法治的若干方面，罗豪才教授就曾指出："在行政实体法关系中，法律承认行政权具有公定力，由行政机关优先实现一部分权利以保证行政管理的效率，形成不对等的法律关系。"〔2〕然而，在《宪法修正案（1999）》第13条出台之后，尤其是在2014年发布《中共中央关于全面推进依法治国若干重大问题的决定》之后，行政法的这种传统精神气质发生了深刻变化，一则我们强调行政法应当以构建和谐的社会秩序为价值导向，即是说，良好的社会秩序是行政法应当实现的目标。二则行政法在调控过程中应当由传统的单向控制进入发展为多向度的社会化进路，就是行政决策也罢，行政行为也罢，行政责任的承担也罢，相关的社会主体都有介入的机会，使行政法的运行不单单是行政系统内部的事情，而是整个社会系统的事情。三则中共十八届三中全会提出了"社会治理"的概念，就是将原来的社会管理变成了现在的社会治理，这个变化在行政法中的体现便是行政法在运行中要强调一定范围的社会自治，允许相关的社会主体依据软法进行治理，允许行

---

〔1〕　[韩]金东熙：《行政法Ⅰ》（第9版），赵峰译，中国人民大学出版社2008年版，第17页。

〔2〕　全国高等教育自学考试委员会组编、罗豪才主编：《行政法学》，北京大学出版社2005年版，第19页。

政相对人在行政法中有独立的法律人格。这三个精神气质已经悄然形成，它改变了传统的以行政高权为主导的行政法治，这虽然较为抽象，虽然更多地体现了行政法中的软件的变化，但它同样是行政法结构性变迁的状态。在笔者看来，它是新的历史条件下的行政法，突显了公平的价值取向。

第四，行政法给付主义的结构性变迁。行政法由行政高权向行政契约的转化就已经开始了它的结构性变迁，这个变迁发端于 20 世纪 80 年代，在 20 世纪 90 年代和 21 世纪初则相对比较成熟。20 世纪 80 年代随着农村联产承包责任制的普遍推行，行政合同便成了行政法中的一个重要的调控手段，后来人们将行政合同拓展在诸多领域："在我国，行政合同的种类主要有计划生育合同、公共工程建设合同、行政委托合同、公用征收合同、公务员聘用合同等。行政合同是以执行公务为目的的合同，但行政合同必须是直接以执行公务为目的的合同，并非和执行公务员有关的合同都是行政合同。"[1] 行政合同是行政主体和行政相对人之间所形成的一种具有法律效力的协议，它的精神实质是契约精神在行政法治中的体现，是私法的相关规则在公法中的运用。这可以说是为我国行政法的调控手段注入了新的活力，而当人们对此兴奋不已时，行政法中又出现了一个新的行政方式，那就是给付行政，它发端于 21 世纪初，著名的孙志刚案导致国务院废止原来的《城市流浪乞讨人员收容遣送办法》，而制定了《城市生活无着的流浪乞讨人员救助管理办法》。[2] 这个立法行为对我国行政法治而论是具有革命性价值的，因为，在此之前我们将城市流浪的人群视为社会恶势力从而进行管制，甚至采用限制人身自由的方式进行管制，而新的变化则使得我们将他们定性为社会弱势群体，对其予以社会救助。我们知道社会救助是给付行政的范畴，尽管西方国家早在 20 世纪中期就形成了"福利国家"的概念，甚至也制定了有关的社会福利政策和法律，但在我国它则是相对新鲜的。国务院的这个立法行为使后来我国的行政法和行政法治出现了一个新的景象，那就是行政给付主义的变化，政府是公

---

[1] 马生安：《行政行为研究——宪政下的行政行为基本理论》，山东人民出版社 2008 年版，第 254 页。

[2] 孙志刚案在当时历史条件下所导致的仅仅是一个行政法典则的变化，然而，这个变化的历史内涵却是非常深刻的，因为在此之前，政府行政系统常常将流浪于城市或农村的弱势群体视为社会恶势力，而采取的行政手段便是管制或者强迫。这个法律典则的修改改变了这种传统认知，将这种社会弱势群体视为社会中的真正弱者，而不是恶势力，进而对他们进行救助而非管制，这个变化实质上在行政法法治中肯定了给付主义的精神，具有非常深刻的历史意义和现实意义。

共服务的当然主体，政府行政系统的角色定位已经不是管理主体而是服务主体，这远远超越了行政契约主义。这个变化仅仅用行政法结构性变迁来表述似乎降低了它的地位，但无论如何我们认为它是行政法结构性变迁的又一客观表现。

三、行政法结构性变迁的原因分析

对行政法在我国近些年的发展的一些现象我们应当予以重视，这些现象对我们分析行政法结构性变迁的原因是有非常重要的参考价值的。其一，行政法的决定因素发生了变化。行政法是一个独立的社会现象，它可以作为一个封闭系统而存在，然而，无论如何我们也不能够隔断行政法与其他社会现象之间的关系，即是说，行政法是一个第二性的东西，由很多第一性的东西决定。例如，一国的经济基础、政治体制、传统文化、社会格局等，都以这样或那样的方式决定着行政法现象的状态。如果说行政法本身尚具有稳定性的话，那么决定它的那些因素则相对活跃、处在动态的过程中。例如经济结构的调整，政治体制的改革，社会过程的组合等都在我国的改革开放中有所调整和变化，它们作为第一性的东西必然要对稳定的行政法结构有所冲击。事实上行政法结构性的变迁往往与这些外在于行政法的东西有着密切的关联，它们甚至直接决定了行政法结构的变化〔1〕。其二，行政法的本土色彩越来越淡。孟德斯鸠指出，"这些法律应该量身定做，仅仅适用于特定的国家；倘若一个国家的法律适用于另一个国家，那是罕见的巧合"。〔2〕此论的基本含义是，法律具有强烈的本土化的色彩。行政法作为一个部门法当然也应当具有

---

〔1〕　在国外，行政法的变迁也常常与有关外在的东西紧密联系在一起，例如"1955年，英国议会为了适应国家对社会生活实行广泛干预这一现实需要，突破英国传统的法制观念的束缚，不断地立法设立具有裁判职能的行政裁判所，以及时、有效地处理普通法院缺乏足够力量予以解决的大量社会纠纷。但是，由于裁判所无限制、无计划地发展，一系列矛盾和问题便随之出现。这些矛盾和问题主要有：管辖不清、当事人无所适从，程序规则混乱；裁判所成员缺少法律知识；缺乏统一的上诉制度，错误的裁决得不到适当的纠正；等等。这种情况很快引起了英国公众的不满，对行政裁判所的批评日益激烈。于是英国议会对裁判所制度进行了改革，任命了以弗兰克斯为首的委员会对裁判所制度进行专门的调查研究。1985年，弗兰克斯委员会在进行了大量调查研究的基础上，向议会提交了一份关于制定一部专门法律——《行政裁判所和调查法》的报告。该法对裁判所制度作了一系列统一规定。"参见关保英主编：《外国行政法编年史》，中国政法大学出版社2009年版，第134页。

〔2〕　[法]孟德斯鸠：《论法的精神》（上卷），许明龙译，商务印书馆2012年版，第15页。

本土化的特征，然而，随着我国对外交往的不断深入，也随着全球范围内全球化倾向的日益明显，行政法的本土特征必然会越来越淡。21世纪初，在我国学界就展开了法律的本土化和全球化之关系的大讨论，一派观点认为，法律应当越来越本土化，而另一派观点则认为法律应当越来越全球化。在笔者看来，法律，包括行政法在内，应当有本土化的特征，但全球化也是它在发展过程中的一个新的景象。换言之，行政法的本土化的特征已经有所淡化，行政法之所以会发生结构性的变化与此是有关联的。其三，行政法与其他部门法的融合度越来越高。行政法是一个独立的法律部门，在全国人大所划分的法律部门中，行政法与其他六个法律部门相并列，是一个独立的法律部门[1]。在传统法律体系中，行政法与其他部门法应当是泾渭分明的，并且也有相对较少的融合度，但是，近年来发生了新的变化，那就是行政法和其他部门法的关系越来越具有融合化的倾向，例如，民法中的诚信原则就已经成为行政法中的一个重要原则，民法中的契约理论和规则也被行政法所广泛运用等，这些融合必然会冲击传统行政法的构成。上述三个方面虽然不是行政法结构性变迁发生的直接原因，但它们对我们分析行政法结构性变迁是有指导意义的，那么行政法的结构性变迁究竟有哪些具体原因呢？笔者试从下列方面予以分析：

第一，从法系概念在行政法中逐渐模糊的角度分析。法系是人们对不同类型法律制度的一个称谓："法系这一术语，并不是指一系列关于合同、公司或者犯罪的法律规范，虽然从某种意义上说这些规范都是法系某一方面的表现形式。准确地说，法系是指关于法的性质，法在社会和争执中的地位，法律制度的实施及其相应的机构，法律的制定、适用、研究、修改和教育的方法等一整套根深蒂固的并为历史条件所限制的理论。"[2]这在世界上已经形成共识，人们普遍认为存在着大陆法系和英美法系两大不同的法系，而两大法系都有着自己的内容构成和规制方式，例如，我们常常将大陆法系称为成文法系，而将英美法系称为判例法系，即是说，大陆法系的调整规则是成文法，

---

〔1〕《全国人民代表大会常务委员会工作报告——在2001年3月9日第九届全国人民代表大会第四次会议上》将我国的法律部门划分为七个，它们包括，一是宪法及宪法相关法，二是民法商法，三是行政法，四是经济法，五是社会法，六是刑法，七是诉讼与非诉讼程序法。

〔2〕［美］约翰·亨利·梅利曼：《大陆法系——西欧拉丁美洲法律制度介绍》，顾培东、禄正平译，知识出版社1984年版，第2页。

而英美法系则以判例法为核心〔1〕。这个分类在行政法体系中也是客观存在的，法治发达国家的诸多学者在论述其行政法时，往往都涉及法系的概念或者从法系的角度对其进行分析："成文法的相对重要性，行政法的一般理论源自判例，而非立法者所为。相反，有一系列重要的法律条文规范行政组织和行为的基本领域。"〔2〕进一步讲，不同国家的行政法能够与一个法系相对应，然而，近些年的发展和变化则有新的取向，例如在号称普通法系的美国就制定了非常规范的统一的行政程序法典，这几乎颠覆了它作为英美法系的特征。而在欧陆国家行政判例在行政法治实践中也常常能够起到法律渊源的作用，法系概念在行政法中的日益模糊是行政法发生结构性变化的直接原因之一，法系概念的模糊性使一国的行政法不再被贴上成文法或者判例法的标签，它的实际状况才是关键因素。我国行政法的变迁也能够从法系概念的变化中得到佐证，例如，我国最高人民法院就有相应的案例指导制度，这也渗入了行政法结构。〔3〕换句话说，传统的法系概念如果被某一个国家所完全接受，行政法就很难发生结构性的变迁。

第二，从公法原理不再成为行政法唯一支柱的角度分析。公法与私法的区分也是形成共识的，至于公法究竟包括哪些具体内容则存在一定的争议，但可以肯定地讲，宪法与行政法是典型意义上的公法："公法中规定行政机关权力和职能的分支。它所涉及的基本问题是国家行政机关对权力的运用。在某些法律制度中，行政法还制约着行政机关与其他行业部门之间形成的其他

---

〔1〕 在诸国行政法治的进程中，法系的固有属性已经日渐模糊，换句话说，在传统的成文法法系国家，行政判例也起着非常重要的作用，也能够成为行政法的渊源，我国最高人民法院的案例指导制度就很具代表性。而传统的判例法国家，其成文法或者正式的行政法典则也越来越重要，美国虽然为典型的判例法国家，但美国有一套完整的行政法和行政程序法则和体系，其中《1946年联邦行政程序法》就是行政程序法立法的典范。

〔2〕 ［法］古斯塔夫·佩泽尔：《法国行政法》（第19版），廖坤明、周洁译，国家行政学院出版社2002年版，第5~9页。

〔3〕 例如，《最高人民法院公布的行政不作为十大案例》第5个案例中的"典型意义"中指出，本案的典型意义在于：以裁判方式明确了行政机关不仅应当及时履责，还应当全面履责，并要依法实现履责的目的。本案中市政府从形式上已责令褚庄村村委会公布有关村务的信息，似乎已经履行了法定职责；但是由于该《责令公布村委通知书》既未明确具体内容，更未明确具体期限或者合理期限，实际上构成未全面履行法定职责，造成原告等村民对村务的知情权和监督权迟迟得不到落实。因此，人民法院判决其限期责令褚庄村村委会限期公开村务信息，能够更好地促进村务公开，切实维护广大村民知情的权利。参见《最高人民法院公布的行政不作为十大案例》，人民出版社2015年版，第19~20页。

各种权力的形式。因此，宪法所涉及的是通过宪法对权力进行分配，并对基本的自由权加以保护，而行政法关注的则是政府部门对出自任何来源的权力的行使问题。"[1]公法以公权为规范和调整的对象，私法则以私权为规范和调整的对象，换言之，公法所解决的是不平等主体之间的关系，而私法所解决的是平等主体之间的关系，正如有学者所指出的："凡规定公民之间权利对等关系的是私法。"[2]这个论断从法律形式上讲是科学的，即是说，行政法在传统的调控过程中应当运用单向权力行使关系的逻辑，应当运用公权优先的规则等。而令人不可思议的是，在现代公法中，尤其是在行政法中，公法原理已经不是它的唯一支柱，上文我们讲到的行政法中的行政诚信、信赖保护、契约主义等，已经成为行政法的新现象，而它们本身是私法原理而非公法原理。在当代行政法中，支撑它的法律原理已经由原来的一元变成了现在的二元，这种逻辑背景的变化必然使行政法发生结构性的变迁。私法在行政法中的渗入已经越来越普遍，例如公共服务外包、行政管理外包，即便在我国这样的行政法较不发达的国家也已经越来越普遍。

第三，从行政法无法用单一理论基础统摄的角度分析。行政法的理论基础问题是否为行政法学的核心问题我们不得而知，是否为一国行政法发展中的决定性问题，我们也不得而知。我们要强调的是近二十多年来行政法学的发展与理论基础的探讨密不可分，换句话来说，行政法理论基础是我国近二十年行政法学研究的重点问题之一，人们相继提出了管理论、控权论、服务论和平衡论等理论基础[3]。就管理论和控权论而论，它们是行政法学中的传统理论基础，而且也是两个对立的理论基础。前者认为行政法建立在国家管理的基础之上，后者则主张行政法建立在权力控制的基础之上，而且两个理

---

〔1〕 ［英］戴维·米勒、韦农·波格丹诺英文版主编：《布莱克维尔政治学百科全书》（修订版），邓正来中译本主编，中国政法大学出版社 2002 年版，第 10 页。

〔2〕 中国大百科全书总编辑委员会《法学》编辑委员会、中国大百科全书出版社编辑部编：《中国大百科全书（法学）》，中国大百科全书出版社 1984 年版，第 80 页。

〔3〕 行政法理论基础的研究在我国形成不同的流派和方法论体系，它们试图解释中国行政法治发展中的若干重大理论和实践问题，试图为我国行政法治的发展提供相应的理论支撑。然而，在笔者看来，我国学界有关行政法理论基础的研究相对比较混乱和单薄。例如，究竟什么是行政法的理论基础，似乎都没有一个统一的界定和认知，诸多理论基础仅仅是学者们提出的一个个观点，很少有系统的论著予以论证。这也是我国行政法理论基础较为混乱的原因。而理论基础研究上的混乱也表明了我国行政法治在发展过程中还存在着诸多方面的不适，它是我国行政法治的写照。

论基础都有较为周延的理论体系和方法论范畴。与之相比，服务论和平衡论则是新的历史条件下的两种解释行政法的方法论，前者认为行政法建立在政府为社会公众服务的基础之上，政府应当根据服务理念履行行政管理职能，行政法也应当依据服务理念来设计规范。而平衡论则认为行政法建立在行政主体与行政相对人相互平行的关系基础之上，一方面行政法要保护公民、法人和其他社会组织的基本权利，另一方面，行政法也要维护行政机关正当行使权力。或者反过来说，行政法既要控制行政权，同时也要纠正社会公众的违法行为。上述四大解释行政法问题的理论基础在我国已经不仅仅是行政法学范畴的问题，它更是行政法现象本身的问题，甚至是行政法治过程的问题。例如，社会公众就用控权论和服务论主张自己的权利，并与行政系统进行博弈，而行政系统则用管理论和平衡论强化自己的管理职能，强化自己职权的优先性。然而，行政法的发展则没有给上述四种理论中的任何一个留下单独的空间，即是说，上述理论基础中的任何一个都不能够单独解释行政法现象，换句话说，在有些条件下，管理论还是具有生命力的，而在有些条件下，控权论则能合理地解释行政法现象。在目前给付行政的理念下，服务论的空间将越来越大，而从行政法化解社会矛盾的功能上分析，平衡论则最能够解释当下的行政法现象。我们知道，行政法的理论基础作为解释行政法现象的哲学方法，一旦被某国的行政法所接收，它就会作为一种价值体系制约该国行政法的进程。在目前情形下，任何一种行政法理论基础都不能够绝对地统摄该国行政法的发展走向，这恰恰为行政法结构性变迁解除了价值判断上的束缚，这是行政法结构性变迁的又一原因。

第四，从行政法制让位于行政法治范式的角度分析。上文已经指出《宪法修正案（1999）》第13条给法治国家注入了新的时代精神，具体地讲，在该修正案出台之前，行政法所调控的范式是行政法制，就是说行政法所突显的是一种刚性的制度，是一种刚性的行政权力，是一种刚性的由行政系统所设计的规则。毫无疑问，在制度型的或者法制型的行政法范式之下，行政法的运行和调控乃至行政法的体系都是相对简单的，它的结构的单一化也是非常明显的。而行政法治概念的提出则使问题发生了变化，尤其在2013年中共中央提出社会治理的概念之后，行政法中的刚性管理已经越来越少，或者仅仅是行政法现象中的一个现象。而新的历史条件下，行政法则体现了治理所要求的多元化的色彩，如果说，传统行政法制所强调的是单一主体的治理，而新的行政法治则强调的是多元主体的治理，而这种治理主体的多元性使行政法中的其他现象也发生了非常复杂的变化，它动摇了行政法中的传统结构，包括典则的结构和规范的结构等。这个变化说到底是行政法范式的变化而不是行政法中个别问题的变化，这可以用来顺理成章地解释行政法结构性变迁的原因。

四、行政法结构性变迁与新的行政法时代精神的形成

行政法的时代精神可以有三个分析路径，第一个路径是将行政法作为一个整体事物来看待。当我们将其作为一个整体事物来看待时，没有给行政法贴上国度的标签，没有给行政法贴上法系的标签，即是说我们是将全球范围的行政法作为一个整体事物来认知的。第二个路径是将行政法与法系联系在一起。就是考察不同法系行政法在新的历史条件下的状况。可以说，这个考察已经越来越少了，但从法律传统上讲，进行这样的考察仍然是可行的和有必要的。第三个路径是对不同国度的行政法现象进行分析。就是对每一个主权国家行政法所体现的新的精神气质和时代特征进行框定。笔者认为上述三个方面的分析都是成立的而且都是很有必要的。例如，人们就用参与行政、服务行政、给付行政来表述行政法作为一个普遍现象所发生的新的变化，所体现的新的精神气质；人们也用行政效率和诉权拓展来表述法国行政法近年来的状况；人们也用行政行为的公益化来表述日本行政法的新的状况。我们认为，行政法时代精神的分析重点应当放在国别上，一方面，不同国家的行政法有着不同的时代精神，而且这常常会使不同国家之间互相认可其他国家行政法的这种状态。另一方面，行政法的时代精神也是该国社会公众对其行政法的一个感悟。即是说，体现在社会公众眼里的一国行政法究竟具有什么样的特征，究竟具有什么样的时代气息，这同样是非常重要的。如果没有公众的感悟和认同，行政法的时代精神的价值就会降低许多倍。从这个角度讲，一国行政法时代精神的状况并不是一个小问题，并不是纯粹学术范畴的问题。而新的行政法时代精神往往与行政法的结构性变迁是关联在一起的，深而论之，行政法所发生的结构性变迁常常会使一国行政法形成新的时代精神。一定意义上讲，我们对行政法结构性变迁的研究，其目的在于梳理出该国行政法新的精神面貌，那么行政法结构性变迁究竟使我国行政法形成了哪些新的时代精神呢？笔者试作出如下概括：

第一，是一个将定在寓于万变之中的行政法精神。行政法的结构性变迁所体现的是行政法的发展和变化，以此而论，行政法的结构性变迁一方面标志着行政法的变化，另一方面标志着行政法元素的增加。它的变化是相对于它的传统而言的，它的元素的增加是相对于它元素的单一而言的。在这个命题中，变化和多元是问题的核心和主流，也是矛盾的主要方面。那么次要方面是什么呢？则是行政法中的传统和行政法中稳固的固有元素，这就牵扯到一个不能绕开的问题，那就是行政法的结构性变迁究竟是否标志着行政法扬弃了传统、否定了过去、否定了行政法固有的内涵呢，对此我们应当做出否定的回答。换句话说，行政法结构性变迁仍然在行政法本身的定在之内，它仍然没有否定行政法的质的规定性，例如行政法的质的规定性可以被定性为控制政府行政权力和保护行政相对人的权利[1]。这个定在不会随着行政法结构性变化而发生改变，但同时，行政法的结构性变迁标志着行政法的动态化过程、行政法的多元化过程，这就是指行政法有了一种新的时代精神，就是将行政法的定在寓于万变之中。或者反过来说，行政法的万变和多元化寓于行政法的定在之中，这种时代精神是至关重要的。我们在分析行政法现象时可能更多地强调了行政法的传统，就是强调了行政法中的定在，而忽视了它的变化，有时我们又被眼花缭乱的行政法变化所迷惑，甚至不知道行政法会朝着什么样的方向发展。在新的时代精神下，这种定在和万变便是一个有机统一，便是行政法在新的历史条件下的辩证法。

第二，是一个诸元互让的行政法精神。行政法中包括了诸多元素，它们可以被理解为行政法中的元构成，例如有行政组织法的元素，有行政程序法的元素，有行政救济法的元素，有部门行政法的元素，有行政管理法的元素，等等。同时还可以从另一个角度讲，其有内部行政法的元素，有外部行政法的元素，而且在当代行政法的运行过程中内部元素和外部元素常常交织在一起。例如，行政系统的内部批准行为在行政诉讼中就有一定的法律意义[2]。

---

〔1〕 参见全国人大常委会法制工作委员会行政法室编著、袁杰主编：《中华人民共和国行政诉讼法解读》，中国法制出版社2014年版，第5页。

〔2〕 2004年1月14日最高人民法院发布了《最高人民法院关于规范行政案件案由的通知》，将行政行为划分为27种，其中行政批准就是这27种中的一种。毫无疑问，行政批准在绝大多数情况下是内部行政行为，但最高人民法院之所以要将它作为行政行为的一个类型，主要是因为该内部行政行为往往能够产生外部的行政法效果。

还可以从另一个角度分析，行政法中有程序法的元素，有实体法的元素等："行政法的正式定义是，它是公法的一个分支，它规定执行公共政策的政府各不同部门的组成、程序、权力、义务、权利和责任。"〔1〕在传统行政法中不同元素之间虽然是互补的，但它们之间并不具有一定的交融性，尤其是在规范行政主体与规范行政相对人的元素中，二者是互相争夺地盘的，然而，行政法的结构性变迁则使得行政法内部的这种互相不让步的精神气质发生了变化，这就使不同行政法元素之间相互让步，给其他元素留下相应的空间，而且在有些情况下，不同的元素之间还交融在一起，由原来的"二"变成了现在的"一"。我国近年来出台的一些行政法典则就非常好地统一了行政法中一些相互对立的元素。〔2〕总而言之，行政法诸元互让是我国行政法又一个时代精神，只是我国学界对该时代精神还缺乏相对深刻的认知。

　　第三，是一个以行政法实现为境界的行政法精神。在行政法的学理中有诸多概念都与行政法的运作有关，例如，行政执法的概念，行政法实施的概念，行政法适用的概念，等等。行政法作为一个法律典则，必须进入社会系统才会体现它的价值，应当说，在我国传统行政法规范中有相当一部分规范虽然有明确的规范形态，但并没有有效地调控社会关系。中共十八届四中全会将这样的规范称为沉睡性法律规范，这些沉睡性法律规范必然会加大行政立法的成本，而行政立法的成本问题是行政法治中的基本问题。有学者指出："立法成本问题没有行政成本那样敏感，一些发达国家在其宪法和宪政制度中对行政效率和行政成本做了明确规定，要求行政系统的权力行使要提高效率，节约成本。对立法的要求主要是提升其准确性和利益均衡的功能。各国在立法权行使中实行委员会制或者票决制的情形就是例证，任何一个国家都没有在其法律制度中设立立法权行使中的责任制等。"〔3〕只有当行政法规范与社会事实或者法律案件予以结合时，它才是真正意义上的行政法规范，因为它有效地支持了法律治理过程。在我国传统行政法治实践中，人们强调行政法的适用，强调行政法的实施，也强调行政法的实行，就是要求行政主体将行政

---

〔1〕　[英] A. W. 布拉德利、K. D. 尤因：《宪法与行政法》（第14版）（下册），刘刚等译，商务印书馆 2008 年版，第 527 页。

〔2〕　这些法典中有代表性的包括《中华人民共和国道路交通安全法》《中华人民共和国治安管理处罚法》等。

〔3〕　张淑芳：《行政法援用研究》，中国政法大学出版 2008 年版，第 63 页。

法规范与案件事实予以有机的结合，如果这个结合行为完成了，行政法的规范也被认为已经实施："所谓行政法的实现是指行政法在其对社会事实规制中其规则和价值已经社会化的过程，而这种社会化不单单体现于社会中。"[1]但是行政法的结构性变迁则强化了行政法与社会公众的关系，它的内涵中包括了行政法治公平，说到底所谓行政法治的公平就是指社会公众对行政法的认同度，该认同度不仅仅是对已经制定的行政法典则的赞同与否，而是当自己的权利和义务受到行政主体的行政作用时所产生的对行政法的态度。行政相对人尽管在一个行政案件中受到了行政主体的处理，但他在认知上可能会有两种认知的态度，一种是对行政主体的行为和行政法规范的认可，另一种则是对行政主体的行为和行政法规范的不认可。在后一种情形下，行政行为可能已经完成了，但行政法仍然处于未实现状态，因为行政法与社会过程并没有融合。只有当行政相对人既接受行政主体的处理又认同行政行为和行政法规范时，行政法规范才算实现了，因为在这种情形下，行政法与社会系统已经高度融合。行政法结构性变迁使我国行政法产生了一个新的时代精神，那就是将行政法治实现作为最高境界的精神。这在中共十八届四中全会的规定中有所体现，因为在这个文件中第一次提到了良法的概念。[2]

　　第四，是一个被染上后现代特性的行政法精神。在哲学范畴中，人们首先提出了后现代的概念，[3]它指的是现代以后的情形或者现代化的相对较高阶段。就行政法而论，同样有现代与后现代之分，我们知道，现代行政法产生于 19 世纪，英国的自然公正原则奠定了现代行政法的基础，它的实质内容是"政府机关和官吏在其和人民社会团体发生关系时的权力的法律。"[4]由此可见，现代行政法的概念包含了较长的历史时段，而它的一些行政法特征也已经不再具有新颖性，例如越权无效，行政公开，行政的程序化，等等。[5]有学者指出："当发现许多学者认为行政法的主要功能，应当是控制一

---

　　〔1〕　关保英：《行政法分析学导论》（上），商务印书馆 2011 年版，第 263 页。

　　〔2〕　良法与恶法及其关系是法学理论和法治实践的基本问题之一，一种观念认为，恶法亦法，而另一种观点则认为恶法非法，《关于〈中共中央关于全面推进依法治国若干重大问题的决定〉的说明》提出了良法之治的新理念，表明我国的依法治国属于良法之治，这也从不同侧面否定了恶法亦法的理论。

　　〔3〕　参见冯俊等：《后现代主义哲学讲演录》，陈喜贵等译，商务印书馆 2003 年版，第 2 页。

　　〔4〕　王名扬：《英国行政法》，中国政法大学出版社 1987 年版，第 267 页。

　　〔5〕　[英]卡罗尔·哈洛、理查德·罗林斯：《法律与行政》（上卷），杨伟东等译，商务印书馆 2004 年版，第 92 页。

切逾越国家权力的行为，使其受到法律尤其是司法的控制。应毫不奇怪。"近二三十年全球行政法的发展从不同的方位上否定了现代行政法中所包括的一些内涵，发展了现代行政法中所包含的一些内容，提炼了现代行政法中的一些精神，这都足以使行政法进入一个更高的历史阶段，那就是后现代阶段。笔者曾经撰写了较长的文章来论证后现代行政法的产生的背景、时代内涵等因素。[1]在福利国家的概念之下，服务行政、参与行政、给付行政、行政外包等都不是现代行政法概念所能够包容的，因此笔者认为行政法的结构性变迁使我国行政法在诸多方面染上了后现代行政法的特性。这是行政法又一个新的时代精神，而它与行政法的结构性变迁天然地联系在一起。

五、行政法结构性变迁对我国行政法治的挑战

在行政法若干问题中，下列问题及其关系应当予以澄清：一是行政法与行政法治的关系，通常意义上的行政法所指的是行政法的静态方面，就是行政法的规范体系。而行政法治则是一个意义广泛的概念，依据中共十八届四中全会的论断，行政法治包括行政法典则体系、行政法实施体系、行政法监督体系、行政法保障体系等内容。由此可见，行政法的结构性变迁与行政法治的变迁并不是同一意义的概念，但是，行政法的结构性变迁必然会影响行政法治的变迁，影响行政法治的进程，对此，我们在本文其他部分已经作过讨论。二是行政法中应然与实然的关系。我们所指的行政法的结构性变迁是行政法实然方面的东西，就是已经在行政法领域发生的东西，这个东西是否为行政法治的理想则是另一范畴的问题，或者说，行政法和行政法治的理想并不必然由行政法的结构性变迁所引起。我们研究行政法的结构性变迁，既要掌握行政法实质方面的因素，也要掌握行政法未来的趋势，也就是行政法的应然方面。三是行政法形式与行政法实质的关系。行政法的形式是行政法的一些外在因素，而行政法的实质则是行政法的内在要素，当我们在讨论行政法的结构性变迁时，我们既考量了行政法的形式方面，也初步分析了行政法的实质方面，但可以肯定地讲，行政法的结构性变迁主要体现的是行政法的形式方面而非实质方面。上述三个关系是我们必须予以重视的，上述三个方面也提醒我们，行政法结构性变迁对我国行政法治会提出一些挑战，因为

---

〔1〕 参见关保英：《行政法时代精神研究》，中国政法大学出版社 2008 年版，第 114 页。

结构性变迁虽然是行政法规范的问题、行政法实然的问题、行政法形式的问题，但它终究要影响行政法治问题、行政法应然问题、行政法实质问题等。行政法的结构性变迁对我国行政法治至少会产生下列方面的冲击或者挑战：

第一，是行政程序至上还是行政效率优先。法律的正当程序是公法的一个核心制度，它指的是任何主体哪怕是国家机关，若要对公众权益产生影响，若要实施相应的公权行为，必须以正当法律程序为之[1]。有些国家在行政法制度中将正当法律程序的理念提升到了一个较为极端的地步，那就是程序至上。即是说，在法治实践中，当程序和实体发生冲突后，程序具有独立的价值，程序可以制约实体，美国行政法中的程序性正当就是该问题的一个具体体现[2]。我国行政法治实践中程序的地位也越来越高，2004 年国务院制定的《全面推进依法行政实施纲要》强调了程序的重要性，它规定："行政机关实施行政管理，除涉及国家秘密和依法受到保护的商业秘密、个人隐私的外，应当公开，注意听取公民、法人和其他组织的意见；要严格遵循法定程序，依法保障行政管理相对人、利害关系人的知情权、参与权和救济权。行政机关工作人员履行职责，与行政管理相对人存在利害关系时，应当回避。"这显然强调了程序的价值和地位。然而，从行政给付理念的角度看，似乎行政效率的地位更加突出。笔者认为，行政法有两个价值，一个叫程序价值，一个叫效率价值。笔者也曾指出："效率是绝对的。说它是绝对的，是说，在任何情况下都不能放弃效率价值定位。如果说程序不是一种带有普遍意义的问题的话，那么，效率则是一个普遍性概念。在其行政权行使的每时每刻都有独立存在的价值，应贯穿在行政法体系的各个方面。"[3]因此，笔者赞同在行政法中效率优于程序，尤其是当效率与程序发生冲突时，应当选择效率而非选择程序。行政法的结构性变迁体现了诸多新的精神，其中后现代行政法的精

---

[1]　"美国宪法第五修正案宣称，不经过法律的正当程序，任何人都不可以被剥夺生命、自由或财产；第十四修正案把同一原则扩展到国家行为中。依据这些宣言，建立了一个巨大的宪法上层建筑，它保证了政府的权力不被用来反对个人，除非是依据法律并对个人的权利予以应有的保护。"[英] 戴维·米勒、韦农·波格丹诺编：《布莱克维尔政治学百科全书》，中国问题研究所等组织编译，邓正来主编，中国政法大学出版社 1992 年版，第 210 页。

[2]　参见 [美] 欧内斯特·盖尔霍恩、罗纳德·M. 利文：《行政法和行政程序概要》，黄列译，中国社会科学出版社 1996 年版，第 119 页。

[3]　参见关保英：《行政法的价值定位——效率、程序及其和谐》，中国政法大学出版社 2003 年版，第 276 页。

神，行政给付的行政法精神，服务行政的行政法精神都刻画了这样一个命题，那就是在行政法中应当强调效率的优先，而不应当将程序提高到超越效率的等次上。这可以说是对我国行政法治的一个挑战，因为就行政主体的执法行为而论，其对程序负责要比对效率负责来得更加平实和没有风险一些。

第二，是行政的公众参与还是行政的社会化。参与行政是近些年来人们对行政法发展趋向的一个判断，人们认为现代行政过程是行政相对人参与行政行为的过程，是社会公众参与行政行为的过程，参与行政似乎成了当代行政法的主流[1]，有学者将此称为行政法中的"公民文化"背景，"而这种政治文化在本质上是多元主体参与的政治文化"。而且从相对客观的意义上讲，参与行政体现了行政法治的进步，因为它将封闭的行政法治运行模式转化为了开放的行政法治运行模式。但是，行政法结构性变迁则可以得出另一个结论，那就是行政法社会化的结论，毫无疑问，行政法的社会化包括了参与行政的部分内涵，但同时要指出，行政法的社会化的内涵要远远宽泛于参与行政的内涵，例如，在行政法治过程中，诸多公用事业的民营化，诸多公权的私人承包，诸多治理中的社会自治就大大超越了参与行政的内涵："今天的环境要求各种体制机构不是简单地为公民们服务，而且要把权力赋予公民。"[2]行政责任的社会化日益强烈，这就使行政法与社会过程高度融合："近年来，世界各国都将行政主体执法的社会化视为执法的一个趋势，行政公开化原则在各国行政法中被广泛认可就是例证。"[3]所以，行政法的结构性分化使行政法治中公众参与的价值相对降低，而行政法社会化的价值则大大提升。

第三，是行政法的分解化还是行政法的整合化。本文第四部分提出了一个关于行政法时代精神的新命题，那就是将定在寓于万变中的行政法精神，这个精神如果放在行政法治中就牵扯到行政法的分解化和行政法的整合化的关系问题。行政法的结构性变迁使行政法中的元素相对增多，使行政法中的部类相对分解，这似乎给人一种错觉，似乎行政法在这个结构性变迁的过程中越来越被分解，越来越成为碎片，等等。然而，行政法中的这种多元化或

---

〔1〕〔美〕费勒尔·海迪：《比较公共行政》（第6版），刘俊生译校，中国人民大学出版社2011年版，第182页。

〔2〕〔美〕戴维·奥斯本、特德·盖布勒：《改革政府：企业家精神如何改革着公共部门》，周敦仁等译，上海译文出版社2006年版，第13页。

〔3〕关保英：《行政学学》（上册），法律出版社2013年版，第56页。

者不断变化的这种特性是指它的形式方面，而从行政法作为一个完整社会现象的角度看，行政法的定在是必然的，所以行政法的结构性变迁并没有否定行政法的客观存在，它意味着我们要对行政法的体系进行整合，具体地讲，我们允许行政法治有诸多新的元素和新的理念。另外，我们也要强调行政法体系的一体化，行政法规范的结构化，行政法调控方式的有序化和效能化。这种整合与分解的关系也许是相辅相成的，但必须强调的是，体系的分解只是行政法发展中的一个形式性的东西，而行政法和行政法治的本质则是要对行政法的体系进行相应的整合，这就促使我们要检讨我国相关行政法典则制定的进路。因为我国诸多行政法典则的制定都走的分散立法的道路，例如，针对单个具体行政行为而制定相应的行政程序法[1]，而我们恰恰缺乏一个统一的行政程序法。好在十八届四中全会对我国法治政府做了顶层设计，而这个顶层设计必然能够很好地指导行政法现象的整合。

第四，是行政的司法化还是行政的法律化。在传统的行政法治中，行政权的行使以及行政行为的作出都有着强烈的行政化的色彩，这种行政化是行政高权的体现，它在行政法治实践中表现为行政主体与行政相对人双方之间的互动关系，而在进入救济程序之前，只有这两个主体介入进来。学者们认为，这种由双方主体介入的关系形式有可能导致法治实践中的恶意串通或者利益交换，事实上，在行政法治实践中这样的恶意串通和利益交换是存在的。基于这样的弊端，学者们主张应当让行政司法化，"司法化和司法程序有这样的优势，因为司法化和司法程序有着自身的程序：司法程序的公正是一套对个人及其财产实施法律时所要求的条件、限制和过程的组合。尽管司法程序的公正应用于个人直接与法律打交道的场合，但是社会成员对于法律实施的平等和公正的普遍认识则是一个更为全面的过程产品，它有助于促进人民的安全感和可预见感，使其非常有信心地行使自由和权利。司法程序上的公正通常意味着在法律面前人人平等，以及在实施法律时提供公正的程序。"[2]就是说，在行政行为作出时，除行政主体和行政相对人外，应当有第三方介入，使原来的双方关系变为现在的三角关系，就是将行政和行政行为司法化。

---

〔1〕《行政处罚法》就是对行政处罚这一具体行政行为所作的具体规范，《行政许可法》就是对行政许可这一具体行政行为所作的规范，而《行政强制法》则是对行政强制行为所作的规范。

〔2〕［美］加布里埃尔·A. 阿尔蒙德、小 G. 宾厄姆·鲍威尔：《比较政治学：体系、过程和政策》，曹沛霖等译，上海译文出版社 1987 年版，第 468 页。

这个构想也得到了我国诸多学者和实务部门的赞同，那么行政法的结构性变迁是否也能支持这样的结论呢？回答是否定的，因为行政法的结构性变迁带来了行政法社会化、行政法效率化等一系列新的价值取向，而这些价值取向并不能够完全与行政的司法化对应。所以在笔者看来，行政法的结构性变迁所要求的是行政的法律化而非行政的司法化，行政的司法化是一个正当命题，但它仅仅能够存在于行政过程中的个别环节，而不能够覆盖行政的所有方面、覆盖行政法治的所有环节。而行政的法律化则不同，它可以将行政过程贴上公法的标签，也可以将行政过程贴上私法的标签，使所有行政法治的环节都被法律典则和法律规范覆盖，并按照法治的相关逻辑进行运转。

行政法治社会化的进路 *

　　近年来，我国学界非常关注行政法与社会体系及社会过程的关系，在学者们的普遍关注中有这样一些倾向：第一种倾向认为行政法随着社会的发展越来越社会化，而这种社会化是与行政法的公共管理勾连在一起的："公共管理行为是在行使公权力过程中作出的行为，包括法人实现公共职能的行为，无论其中是否涉及使用强制方法，也无论在实施行为中应遵守的是什么技术或其他性质的规则。"[1]此论认为行政法在发展过程中其社会属性越来越明显，即是说在行政法发展的过程中，行政法的诸多内容已经深深地渗入社会机制之中。第二种倾向认为在行政法规范的体系中有关社会性的行政法规范越来越多，甚至在行政法体系中形成了社会行政法这样的部门行政法。[2]第三种倾向认为整个行政法都被贴上了社会化的标签，该论既是对第一种理论的接受，也将第二种理论作了拓展。[3]理论界上述关于行政法与社会体系和社会过程的诸种论点均刻画了这样一个命题：当代行政法在其发展过程中与社会系统有着密不可分的关系，至于我们如何认识这种关系则是一个仁者见仁、智者见智的问题。在笔者看来，行政法与社会机制的关系是一个深层次

---

　　* 该文发表于《法学》2015 年第 7 期。

　　〔1〕 ［葡］迪奥戈·弗雷塔斯·亚玛勒：《行政法教程》（第 1 卷），黄显辉、王西安译，法律出版社 2014 年版，第 84 页。

　　〔2〕 参见张淑芳：《社会行政法的范畴及规制模式研究》，载《中国法学》2009 年第 6 期，第 41 页。

　　〔3〕 此论在《美国行政法的重构》一书中得到了表述，该书作者认为行政法已经由传统模式转化为了现代模式，现代模式的核心就在于行政法的利益代表功能包括行政法过程中的普遍参与等，这实质上都是对行政法社会化从另一个角度的诠释。参见 ［美］理查德·B. 斯图尔特：《美国行政法的重构》，沈岿译，商务印书馆 2011 年版，第 144 页。

的理论和实践问题，只有站在法理学或者法哲学的高度，对该问题的认识才能得出一个合乎逻辑的结论。本文将从行政法的社会维度对行政法近年来的发展做一个初步认识，笔者所探讨的问题既与行政法的社会化有关，又与行政法体系中社会行政法的构成有关，同时也与行政法规范所具有的强烈的社会属性有关。但同时还应指出，笔者不是对这些问题分别进行探讨，而是要从一个相对较高的层面上回答现代社会体系、社会过程以及社会关系对行政法的影响，还要对行政法在发展过程中如何与上述社会因素发生能量交换作出初步考察。

一、行政法社会维度的界定

所谓行政法的社会维度是指行政法在其发展和变化过程中与社会系统、社会机制、社会过程和社会关系发生能量交换的客观状态。有关行政法社会化的认知，有学者用行政法范围尚未确定的理念对其进行描述，例如有学者指出："公法价值包括公开、公正、参与、无偏私、问责、诚实和理性——虽然它们主要来自行政法，但在很大程度上与宪法有着公共的根源。"[1]这是我们关于行政法社会维度含义的简单揭示，对于这个定义的理解必须把握下列三个关键之点：第一个关键之点是行政法的社会维度是分析行政法的一个视角。进入 20 世纪中期以后随着政府管理模式的变化，诸国行政法发生了巨大的变化，这些变化既使行政法治部门在有些方面有所不适，如有学者就生动地指出："如果说，政府的权力曾经一度受到限制的话——政府除了保障法律和秩序、保护私人自由和财产、监督合同、保护本国不受外国侵略以外，没有别的权力——那个时刻早已过去……看来，政府的职责似乎是无限的，而我们每年都给政府添加任务。"[2]又使行政法学界在对行政法现象的认知中有所迷茫。[3]在这样的情况下，人们关于行政法的认知有诸多的认识径路，例如行政法的服务属性、行政法的社会参与、行政法给付属性的强化，等

---

〔1〕 [新西] 迈克尔·塔格特编：《行政法的范围》，金自宁译，中国人民大学出版社 2006 年版，第 4 页。

〔2〕 [美] 托马斯·戴伊：《谁掌管美国——卡特年代》（第 2 版），梅士、王殿宸译，世界知识出版社 1980 年版，第 66 页。

〔3〕 仅就行政程序法概念的认知就产生了三种以上的有关行政程序法认知的流派。参见罗传贤：《行政程序法论》，五南图书出版股份有限公司 2004 年版，第 3 页。

等。[1]这些认识都是对行政法日益发展及其带来的变化的一个定性，这些定性都应当说是观察行政法的一个视角。当然，这些视角作为一种认知存在着一定的客观基础，正如有学者所指出的："行政法是特别用于调整作为管理者的国家和作为被管理者的臣民之间的关系的法律部门。"[2]笔者所提出的行政法的社会维度也是考察行政法的一个视角，如果说上述视角是将行政法作为一个相对封闭的事物来看待的话，那么行政法社会维度的视角则是在更大的视野内，在行政法与社会机制的大视野下对行政法的一个考察。第二个关键之点是行政法的社会维度是对行政法内涵的认识。仅就字面意思来看，行政法的社会维度有一个关键词是"社会"或者"社会系统"，这似乎让人们将行政法的社会维度问题看作是行政法的一个外在性问题，看作是行政法与外围事物的关系问题。恰恰相反，笔者所讲的行政法的社会维度是对行政法内涵的确定，即是说，当我们讨论行政法的社会维度时我们是要对行政法这个事物的质作出新的认识。从这个角度讲，笔者所提到的行政法社会维度的概念与行政法的服务属性、社会参与、给付行政等新的行政法概念有着一定的关联性。第三个关键之点是行政法的社会维度是对行政法边缘的淡化。行政法是法律体系中的一个构成，这是不争的事实，正因为如此，人们常常更愿意用法律体系的认识路径去认识行政法，以此为路径人们常常将行政法与法律体系中的其他部门法的界限予以划分，将行政法与其他相应的社会准则的界限予以划分。总而言之，人们总是试图为行政法勾画出某种框架或者边缘，而行政法社会维度的观察视角则是要求相对淡化行政法的边缘或者边界，这样的淡化既是对当代行政法发展状况的一个反映，也提醒我们，行政法在发展过程中其开放程度越来越高，封闭性则越来越小，"行政法之发展有绝对性影响者，乃宪法明确现实采行之民主国家原则，以及基于基本国策章中所彰显之社会福利国家原则。"[3]由上述三个方面出发，我们认为行政法社会维度的概念至少包括下列科学内涵：

---

〔1〕　我们可以将法治发达国家行政法发展的过程做一个总体上的概括，它们经历了不同的历史阶段，例如，政府管制阶段、放松管制阶段、程序主义阶段、契约主义阶段等，进入21世纪后行政法被人们认为进入了一个历史阶段，这个阶段的主要特征是给付行政或服务行政的普遍化，这似乎已经成为法治发达国家行政法的主流。

〔2〕　[德]奥托·迈耶：《德国行政法》，刘飞译，商务印书馆2002年版，第14~15页。

〔3〕　张永明：《行政法》，三民书局股份有限公司2001年版，第4页。

第一，行政法社会维度反映行政法与社会过程的关系。当我们提出行政法社会维度的概念或者命题时，我们是在相对中性的情况下认识问题的，即我们没有刻意地强调社会对行政法的作用，或者行政法对社会的作用。不论这个概念如何中性，它都必然要反映行政法与社会过程的关系。从宏观上讲，行政法与社会过程是紧密地联系在一起的，之所以这样说是因为一方面行政法本身就是一个社会现象，[1]另一方面，尽管行政法是以国家行政权为作用对象的，但行政法的存在必然是有社会基础的。毫不客气地讲，一个国家社会过程的变化也必然要促成该国行政法内涵的变化。在美国行政法中就有三种不同的发展模式，即"传送带模式""参与模式"和"尊严模式"。[2]这三个模式仅仅从行政法内部进行讨论是无法得出一个正确的结论的，也是无法让别人信服的。也就是说，这三种模式中的每一种都是在考量行政法与社会过程的关系之后所得出的结论。当然，上述三种模式只是美国学者对美国行政法与社会过程的关系所做的一个总结，至于这种总结是否具有普遍性，是否科学或者合理则是另一范畴的问题。在我国行政法学研究中，学者们大多侧重对行政法与政府关系的研究，我们的"管理论""服务论"等代表性理论所强调的都是行政法与政府行政系统或者政府大系统的关系。苏联学者瓦西林科夫就认为："苏维埃行政法调整整个国家管理，首先包括国民经济的管理。但经济法构想的拥护者们否认这一事实。他们断言，国民经济领域的管理和社会主义企业、联合组织进行经济活动时所发生的关系有着不可分割的联系，他们一道构成由经济法所调整的统一的'经济关系'。实际上，国民经济领域的国家管理是统一的苏维埃国家管理的一个组成部分，因此，它是由行政法所调整的。"[3]而行政法的社会维度则将行政法的考察视角作了相应的拓展，其中最大的拓展就是注意到了行政法与社会过程的关系，这种关系应

---

〔1〕 孟德斯鸠认为法是从事物的本质关系中产生的，不同的事物有着不同的本质，所以每一种事物都有它自身的法，这是对法与社会及其自然物之关系的深层论证。而马克思则升华了孟德斯鸠的理论，认为法本身就是一个社会现象，行政法作为法律体系的构成，它当然也应当是一个社会现象，对行政法作为一种社会现象的认知应当有两个切入点，一是行政法与社会有着密切的关联性，二是行政法作为一个独立的事物建构于一定的社会事实之上并且会随着社会的发展而发展。

〔2〕 参见［美］杰瑞·L·马肖：《行政国的正当程序》，沈岿译，高等教育出版社 2005 年版，第 23~321 页。

〔3〕 ［苏］Π.Т.瓦西林科夫主编：《苏维埃行政法总论》，姜明安、武树臣译，北京大学出版社 1985 年版，第 32 页。

当是一种双向的关系形式。所谓双向的关系形式就是指行政法在它的功能发挥中不能离开社会过程，而社会过程的发展也必然潜移默化地影响行政法及其行政法治的格局。行政法与社会过程究竟是什么关系则是另一范畴的问题，我们可以说行政法制约社会过程的发展，我们也可以说社会过程制约行政法的发展，我们还可以强调行政法与社会过程是一种相互促进和相互制约的关系形式，等等。行政法与社会过程的具体关系形式究竟如何可以开辟一个新的研究范畴，即是说，行政法社会维度的概念只是在强调当我们认识行政法现象时必须将它与社会过程有机地联系在一起。

第二，行政法社会维度反映行政法在社会系统中的地位。仅从行政法学研究的角度来看，人们关于行政法在社会系统中地位的探讨似乎是一个空白。[1]之所以会出现这样的情形是因为行政法是法律体系中的一个构成，它只是一国法律体系中的一个部门法。正是由于这个情况，人们更愿意从法律体系的视角去看待行政法的地位，如有的认为行政法是公法的一个组成部分，将其与私法予以区分，[2]这样的区分实质上是要回答行政法在法律体系中的地位。有的则将行政法视为"小宪法"，认为其在法律体系中的地位仅仅低于宪法，"宪法是行政法的基础，而行政法则是宪法的实施。行政法是宪法的一部分，并且是宪法的动态部分。没有行政法，宪法每每是一些空词、僵死的纲领和一般原则，而至少不能全部地见诸实践。"[3]学界关于行政法在社会系统中的地位的认识仍为空白，这究竟是由什么导致的，我们不得而知。也许行政法在社会系统中的地位必须通过法律体系在社会系统中的地位才能够得到确定，因为行政法无论如何也不能够从法律体系中剥离出去。然而，近年在各国出现的有关行政法社会化的讨论，有关行政法治体系与相关的社会系统直接交换能量关系的讨论，都使我们若明若暗地看到，行政法在社会系统中的地位完全可以离开法治大系统或者离开一国法律体系而进行考察。例如，行政法体系中的社会行政法就是一个非常特殊的规范构成，即是说这些规范

---

〔1〕　近年来，国外的行政法学研究已经对该问题予以了重视，一些行政法学家在对行政法问题进行研究时，往往从行政法的圈子走出来探讨行政法与社会过程的关系，而我国在此方面还是相对滞后的。参见［韩］金东熙：《行政法Ⅰ》（第9版），赵峰译，中国人民大学出版社2008年版，第17~19页。

〔2〕　杨海坤、章志远：《中国行政法基本理论研究》，北京大学出版社2004年版，第28页。

〔3〕　龚祥瑞：《比较宪法与行政法》，法律出版社2003年版，第5页。

的内容既可以被视为法律规范的构成，又可以被视为相关的社会准则的构成。诸多法治发达国家都将其国家形态称为"福利国家"[1]，而福利国家的国家属性正是从复杂的社会机制中产生的，即是说在福利国家的概念之下，政府权力不仅仅是一国政治机制的产物，它更是一国社会机制的产物，而且可以说决定福利国家诸种特性的正是社会系统。而在此基础上产生的行政法规范，诸多已经更接近于社会准则而不是法律准则。[2]因此，我们认为行政法的社会维度要对行政法在社会系统中的地位有所涉及，甚至可以说它必须能够从法哲学的高度回答行政法在社会系统中所扮演的角色。

第三，行政法社会维度反映行政法对社会关系的作用属性。在传统行政法学理论中，关于行政法关系的描述是非常接近行政法与社会之关系的，人们一般都将行政法关系用社会关系的属性来框定，认为行政法关系就是由行政法所调整的发生在行政主体与行政相对人之间的一种社会关系，"行政法调整的对象，是国家行政机关在行政活动过程中所发生的各种社会关系。这种社会关系称为行政上的法律关系，也称行政法律关系，或行政法关系。"[3]在这个定义中，有若干个关键词，第一个关键词是"行政法规范"，就是说行政法关系的形成必须通过行政法规范来规定，若没有行政法规范的规定，行政法关系就不能形成。第二个关键词是"行政主体和行政相对人的关系"，即是说行政法关系中的两个基本主体就是行政主体和行政相对人。第三个关键词则是"社会关系"，这个关键词是十分重要的，因为学者们在很早以前就已经认识到行政法与社会关系是有关联的，只不过在行政法学传统中，人们仅仅从行政法关系的角度来认识行政法与社会关系的关系。这样的认识虽然是科学的但却是非常片面的，因为从行政法社会维度的角度观察，行政法所起的作用并不是在法律之内，而是在法律之外，行政法发生作用的客体是社会系统，而不仅仅是行政系统。社会关系是一个非常庞大的概念，依照马克思的理论，所有人与人之间的结合都可以称为社会关系。但是在现代法治社会中，

---

〔1〕 参见［英］弗雷德里希·奥古斯特·冯·哈耶克：《自由宪章》，杨玉生等译，中国社会科学出版社 1999 年版，第 402 页。

〔2〕 例如《英国警察法》就规定了平民雇员的雇佣问题："根据本法第 1 条，在警察管辖区内配备有警察力量的警察机关，和根据本条例配备有警察力量的任何郡、市镇的政府，可为本地区警察工作之雇佣平民。"参见萧榕主编：《世界著名法典选编：行政法卷》，中国民主法制出版社 1997 年版，第 97 页。

〔3〕 王珉灿主编：《行政法概要》，法律出版社 1983 年版，第 2~3 页。

法律对社会系统的控制是通过设定社会关系的形式而进行的，在这其中行政法所起的作用、所覆盖的社会关系的范畴是最为广泛的。那么行政法究竟怎样对社会关系发生作用呢？我们能够做出各种各样的设想，例如可以用行政法形成一种新的社会关系，[1]也可以用行政法废止一个旧的社会关系，[2]还可以用行政法强化已经形成的社会关系，等等。在这里还有一些问题也不应当回避，那就是社会关系能不能够带来行政法规范乃至行政法格局的变化，社会关系能不能够改变一国行政法治的走向，等等。在有关行政法社会维度的探讨中，这些问题都是最基本的内容。

二、行政法社会维度的维度范畴

行政法的社会维度既是一个理论问题又是一个实践问题，一则，行政法的社会维度是一个行政法实在问题。其作为行政法实在可以有三个方面的含义：第一方面，随着社会的发展一国行政立法的社会性越来越强，当立法机关制定有关的行政法规范时，其必须对社会机制和社会系统予以考虑，必须对社会需求予以考虑，必须对社会过程予以考虑。应当说在当代诸国行政法体系中有关社会属性的行政立法所占的比重越来越大，社会救助、社会保险以及其他社会福利方面的法律体系和规范已经成为行政法体系中一道非常亮丽的风景线。日本学者南博方就对日本环境领域行政法的状况做过这样的描述："关于环境保全的法令，有《环境基本法》等各种公害规制法，如《大气污染防止法》《水质污浊防止法》《关于海洋污染及海上灾害的防止的法律》《关于农用地的土壤污染的防止等的法律》《关于建筑物用地下水的使用的规制的法律》《噪音规制法》《振动规制法》《关于防止由公共用飞机场周边的飞机噪音造成的危害等的法律》《恶臭防止法》《关于废弃物的处理及清扫的法律》《二恶英类对策特别措施法》《关于对特定化学物质向环境的排除

---

〔1〕　例如《行政强制法》第 35 条就规定了行政机关在作出强制执行决定之前应当事先催告当事人履行义务，这便形成了在行政强制过程中的一种新的关系形式，那就是催告与被催告的关系形式，这实质上就通过一个法律条文形成了一种新的社会关系。

〔2〕　2015 年修改的《立法法》在法律保留原则中增加了一个条款，那就是有关税种的设立、税率的确定和税收征收管理等税收基本制度应当由法律来设定，该条文实质上就废止了原来一部分税收设定由行政系统为之的社会关系，在我国立法实践中诸如此种类型的修改及其所废止的关系形式是非常多见的。

量的把握等以及管理改善的促进的法律》等。"〔1〕第二方面，一国的行政执法也被贴上社会化的标签，当行政系统在执行行政法规范时，它必须考虑诸多的社会因素，即使这些社会因素常常在行政法典则之外，而不在行政法典则之内。诸多国家在行政执法系统中，都建立了专门的具有社会属性的行政执法机构，〔2〕这是行政执法社会化的一个例证。第三方面，行政法体系以及整个行政法现象，都被社会机制和社会过程渗入，我们上面提到的行政法的社会化的论点就是对这种现象的一个描述。二则，行政法的社会维度是一个行政法哲学问题。对行政法问题的认识有诸多层面，在笔者看来，至少有三个层面：第一个层面是对行政法学科本身的认识，这个层面的行政法研究可以称为行政法学。目前，我国行政法教科书对行政法学科体系的构建基本上都存在于这个层面。第二个层面是从法理学的角度对行政法问题的认识，就是运用相关的法律原理来考察行政法的典则体系和行政法治过程，这个层面的认识依凯尔森的论点应当是"纯粹法理学"。〔3〕它在认识行政法现象的过程中排斥了法律理论以外的相关认识径路，这个层面的认识在我国是相对零散的，尚未形成一个有关行政法的法理学体系。第三个层面则是从法哲学的角度对行政法问题的认识，从法哲学层面上讲，对行政法的认识是一个方法论的问题，它的视野在行政法规范之上、在行政法规范之外，具体而言，就是用辩证的方法、历史的方法、分析的方法等对行政法问题的认识。如果说行政法的社会维度是一种认识论的话，那它便处于法哲学层面，正如我们上文所指出的，它是对行政法的一个相对外围的考察。不同的是，这个外围考察，并没有离开行政法和行政法治内在化的属性。三则，行政法的社会维度是一个行政法的学科定性问题。行政法与行政法学是两个范畴的东西，〔4〕行政法指的是行政法的法律实在，而行政法学则是有关行政法的认知体系。行政法学究竟应当有哪些学科属性，可以有多种多样的表述，例如我们可以

〔1〕 ［日］南博方：《行政法》（第6版），杨建顺译，中国人民大学出版社2009年版，第29页。

〔2〕 参见 ［美］J. 格里高利·西达克、丹尼尔·F. 史普博：《美国公用事业的竞争转型：放松管制与管制契约》，宋华琳等译，上海人民出版社2012年版，第438页。

〔3〕 这种纯粹法学的核心是从结构上研究法律，不是从心理和经济上论证法律的作用，也不是从政治和伦理上探讨法律的价值。从结构上研究法律，是指研究法律一般概念、原则和原理。纯粹法学的研究对象是法律规范，即一个国家具体的实在法，或者说"法律的实然"。参见徐爱国：《分析法学》，法律出版社2005年版，第13页。

〔4〕 参见关保英：《行政法学》（上册），法律出版社2013年版，第27页。

认为行政法学是以法学为基础的，我们也可以说行政法学与行政学有着天然的联系，我们还可以说行政法学从广义上应当归入政治学的研究范畴，"行政法学法定而为独立之一法学分析，系比较近代的事实，此固不待言者。至其愿意按，归纳言之，约有二端：一，久已成为研究对象的行政法规，并非显然独立之存在；关于行政之实质，自古希腊罗马以来，即已有片段的研究。然此种行政实质之研究，系所谓'治术'之研究"〔1〕，等等。那么当我们揭示行政法的社会维度时，已经隐隐约约地给行政法学科作了新的定性，而这个属性就是行政法的社会性。上述三个方面是我们从相对概括的角度对行政法社会维度范畴认识的方法论所作的一个描述，由这些方法论出发，我们认为就目前来讲行政法社会维度的维度范畴应当包括下列方面：

第一，行政法体系社会包容的维度范畴。我国在 2011 年宣布社会主义法律体系已经建成，〔2〕这其中也包括行政法体系。因为无论如何行政法体系是不能够从法律体系的大系统之中游离出去的，这是我们对行政法体系认识的一个基本进路，也就是说我国行政法体系已经形成。〔3〕同时，我国的行政法体系处于法治大系统之中，这个判断也是我们的一个具有惯性的认识进路。当学者们将行政法体系作为法律体系的构成时，必然认可了我国法治大系统对行政法体系的包容，这个认识从纯粹法理学的角度分析是科学的。然而，行政法的生命力、行政法体系的功能和价值不能单单地通过法律体系对它的包容而作出判断。正如上述，行政法既与一国的社会过程有关，也在一国的社会系统中处于特定的地位，同时，还要对相应的社会关系发生作用。这都提醒我们，行政法体系与一国社会机制的关系不能不予以考察，不能不作出理性的分析。那么这中间的核心问题或者关键问题就在于行政法体系是否能够被社会系统或者社会机制所包容，应当这样说，社会系统和社会机制对一

---

〔1〕 ［日〕铃木义男等：《行政法学方法论之变迁》，陈汝德等译，中国政法大学出版社 2004 年版，第 1~2 页。

〔2〕 尽管我国的法律体系已经形成，但还存在诸多问题，如习近平同志在《〈中共中央关于全面推进依法治国若干重大问题的决定〉的说明》中指出："我们在立法领域面临着一些突出问题，比如，立法质量需要进一步提高，有的法律法规全面反映客观规律和人民意愿不够，解决实际问题有效性不足，针对性、可操作性不强；立法效率需要进一步提高。"

〔3〕 单就我国行政法体系的总体构成而论，其还存在一系列缺陷，例如行政组织法不够完善，行政编制法法律位阶偏低，统一的行政程序法尚未制定等，部门行政法中也存在诸多问题。

国行政法的包容与否应当作为一国行政法是否有效和进步的一个测评指标，即是说当一国社会系统不能够包容该国的行政法时，就可以说该国的行政法是存在巨大缺陷的。反之，若该国的社会系统有效地包容了该国的行政法体系，那就应当说该国的行政法法律体系是有效的和进步的。无论是对我国学界还是对我国立法和执法部门来讲，这个问题都是至关重要的，因为我们注意到我国学界和实务部门长期以来并没有对该问题给予重视，我们既没有很好地研究这个问题，也没有很好地在我国的行政法治体系构建中处理这个问题。正是由于这个情况，我国行政法体系中的诸多构成并没有被我国的社会系统所包容。基于此，有学者主张："为使行政立法尊重行政相对人的合法权益，有必要对行政立法进行全面的监督。"[1]

第二，行政法规范总量社会拓展的维度范畴。行政法在法律体系中虽然是一个部门法，但是与其他部门法相比，它有着自己的特点。其中最大的特点就是行政法是由诸多法律规范和规则体系构成的法律群，"行政法是指以特有的方式调整行政——行政行为、行政程序和行政组织——的（成文或者不成文）法律规范的总称。"[2]这与刑事法律部门和民事法律部门形成了巨大的反差。正是由于行政法法律体系的法群性，行政法体系要比其他部门法的法律体系复杂得多。一是一国行政法究竟由哪些法律规范构成常常是难以统计的，尤其是部门行政法作为行政法体系的构成，加大了人们对其进行数量确定的难度。二是在行政法体系中分布着若干不同层次的典则体系，以我国为例，从法律到政府规章至少有四个层次的行政法渊源。三是行政法体系的动态性比其他任何部门法的法律体系都要来得强烈，即是说在行政法这个法律体系中每日每时都有一些规范因某种原因退出行政法的规范体系，而另一些规范则有可能进入行政法的规范体系。[3]上述三个方面的特点似乎告诉我们，对行政法规范的总量进行分析是不可能的，然而在笔者看来，无论如何行政法总是一个法律实在，它总是以国家的制定法为主要法律渊源的，这便决定了我们能够对行政法规范的总量进行分析，甚至进行科学统计。如果我们能够做出这样的统计，行政法规范的构成与社会系统和社会机制的关系就

---

〔1〕 朱新力、金伟峰、唐明良：《行政法学》，清华大学出版社 2005 年版，第 199 页。

〔2〕 ［德］哈特穆特·毛雷尔：《行政法学总论》，高家伟译，法律出版社 2000 年版，第 33 页。

〔3〕 参见张载宇：《行政法要论》，汉林出版社 1977 年版，第 23 页。

应当作为一个分析范畴。事实上，在行政法的规范体系的构成中，有一个从行政系统内部向行政系统外部进行拓展的状况，有一个从法律机制向社会机制拓展的状况，有一个由纯粹行政模式向社会治理模式拓展的状况。在行政法产生的初期，尤其在资本主义国家，行政法与警察治理基本上是同意义的概念，即是说那个时代的行政法以维护社会治安秩序的规范为基本的规范构成，然而，到了 21 世纪，行政法中，治安治理规范构成已经少之又少。如果我们能够用一种比例关系来衡量的话，那么可以说，行政法体系中的诸种比例关系已经发生了巨大变化，这种变化最为突出的表现就是社会性规范的不断拓展。

第三，行政法性质社会化演变的维度范畴。行政法的性质与行政法的理论基础应当说是同一范畴的问题，它的主要含义就在于揭示或者反映行政法的内在精神气质。现代行政法是资本主义制度建立以后的产物，一定意义上讲，行政法的产生是以三权分立的政治体制为基础的。由于三权分立在政治机制上的关键之点在于对不同国家权力进行不同的制约，"以权制权"是人们对这种制约机制的形象化的称谓。[1]在三权分立的体制之下，立法与司法都有自己独立的价值体系，行政系统也有自己的价值体系，但是行政系统的价值体系以及行政系统的权力行使，必须受到立法的价值体系和司法的价值体系的制约，必须受到立法权和司法权的制约。因此现代行政法在产生初期的规则制定上就突出了立法权对行政权的控制，而在行政执法中则强调司法权对行政执法过程的司法审查，这同样是对行政权行使的制约。由此可见，行政法在产生的初期就具有强烈的政治属性，说到底现代行政法与现代政治体制是紧密地联系在一起的，而现代政治体制的基本内容之一就是不同国家机关之间的权力分配和权力制约，这是西方国家行政法的状况，也是其行政法在产生初期的一个基本性质。那么社会主义国家的行政法又是什么情况呢？社会主义的行政法是在社会主义制度建立以后形成的，当社会主义国家取得了国家政权以后，就要通过法律的手段或者政治的手段对社会持续进行设计。在这个设计过程中，必然要强调行政管理秩序与社会主义的基本价值体系保持一致乃至同步，这同样反映了社会主义国家的行政法在其产生初期的政治

---

〔1〕　参见［法］孟德斯鸠：《论法的精神》（上册），张雁深译，商务印书馆 1961 年版，第 155~156 页。

属性。后来，随着社会的发展，随着国家法治体系的发展，随着国家法治体系与社会机制之间关系的变化，行政法原来所具有的这种政治属性可以说越来越淡化，而取而代之的便是社会属性，对这种变化西方有学者用"红灯理论""黄灯理论"和"绿灯理论"来表述，[1]这些表述应当说是比较科学的，因为它们较为合理地描述了行政法属性的变化过程。当我们用"红灯理论"来描述行政法的性质时，行政法所具有的政治属性非常强烈，当我们用"黄灯理论"来分析行政法的特质时，行政法的属性则处于由政治属性向社会属性过渡的这样一个阶段。而"绿灯理论"则不折不扣地描述了当代社会格局下行政法的社会属性，因为"红灯理论"中的行政法是将行政法治和行政过程封闭在政治机制之内的，"黄灯理论"使得行政法的运作既要体现政治上的价值，也要体现相应的社会价值，"绿灯理论"则充分表明行政法的运作过程已经处于一种完全向社会开放的状态。行政法的社会维度正是对行政法所具有的强烈社会属性的一个描述。

第四，行政法过程高度社会感应的维度范畴。长期以来，我们在研究行政法问题时总有一个在笔者看来较为偏颇的方略，那就是我们将行政法问题的中心甚至将行政法问题的全部都集中在对行政法规范的研究上，不仅仅行政法学的研究是这样的状况，行政法的教学也同样具有这样的倾向。可以说，我国行政法的课程体系和行政法的教材体系都是对行政法典则或者行政法规范的评介，当然在评介过程中也不乏对行政法规范进行解释。[2]我们之所以将这样的研究方略视为是有缺陷的，是因为行政法作为一个社会现象，作为一个在社会系统中运行的客观事物，它应当是一个动态的东西，它包括行政法典则的制定，包括行政主体对行政法典则的执行，包括广大公众对行政法规范的遵守。总而言之，在笔者看来，行政法作为一个完整的事物，它应当有三个有机联系的构成部分：第一个部分是行政法的典则体系，就是一国行政法的法典和相关的行政法规范；第二个部分是行政法的实施，就是指行政

[1] 参见［英］卡罗尔·哈洛、理查德·罗林斯：《法律与行政》（上卷），杨伟东等译，商务印书馆2004年版，第92页。
[2] 近年来，我国行政法的教学已经有了一定的调整，尤其在教育部提出培养应用型人才的大背景下，包括行政法教学在内的法学教学引入了相关的案例，引入了相关的实务，这改变了以前仅仅对规范进行评述的状况。但在笔者看来，以案例和实务为重心的教学方法仍然是注释教学法，因为它没有超越行政法及其规范与社会过程之间的关系。

法的执法机构和其他的法律机关对行政法的执行和它们运用行政法规范来处理行政法问题的过程；第三个部分则是行政法的实现，行政法实现的概念与行政法实施的概念是有质的区别的，行政法实施仅仅反映行政法运用的状态，而行政法的实现则是指行政法被放置于社会系统之后相关社会主体接受和认同的状况。"所谓行政法的实现是指行政法在其对社会事实规制中其规则和价值都已经社会化的过程，而这种社会化不单单体现于社会控制之中，最为重要的体现于社会心理机制的认同、接受和信奉之中。"〔1〕上述三个部分中，第一部分反映的行政法问题应当是相对封闭的，与社会系统的关系也不是那么密切的；第二部分反映了行政法渗入社会过程中的运行状况，它已经和有关的社会机制联系在了一起；而第三部分则是将行政法完全置于社会系统之中。令人遗憾的是，我国学界大多将行政法问题集中在第一个问题之上，因此我国学界在研究行政法问题时基本上没有对行政法过程的社会感应作出相应探讨。从行政法现象所包含的上述三个范畴来看，行政法越是要得到实施和实现，越要和社会机制发生这样或那样的联系。笔者所提出的行政法的社会感应，就是对行政法及其过程的一个较为完整的表述，行政法社会维度的第四个范畴就是行政法过程对社会感应的程度。

三、行政法社会维度与行政法治的新进路

行政法与行政法治的关系在我国学界尚未有一个系统理论，一定意义上讲，行政法与行政法治是同一意义的概念，因为现代意义上的行政法本身与社会治理是联系在一起的。然而，按照我国行政法学界的研究传统，行政法与行政法治则是两个不同的事物，行政法所反映的是一个社会现象，而行政法治所反映的是这个社会现象与社会过程的关系。上文我们界定了行政法社会维度的概念，也初步揭示了行政法社会维度的范畴，但是说到底行政法的社会维度只有体现在行政法治中才是有意义的。从上文对行政法社会维度的分析我们可以看出，行政法治从大的方面来看应当有下列方面的新的内涵：一是行政法治应当具有开放性。可以说传统意义上的行政法治往往把行政法

---

〔1〕 关保英：《行政法分析学导论》（上），商务印书馆 2011 年版，第 263 页。

的治理仅仅当作行政法律人[1]的事情，也就是说，行政法是在有关的行政立法机关、行政执法机关和具体的行政法关系中进行运作的。而行政法的社会维度则使我们在这个问题上有了新的认识，那就是行政法的运作不仅仅是行政法律人的事情，而是整个社会系统的事情，这就将行政法治由传统的封闭性转化为了现在的开放性。二是行政法治应当具有动态性。从辩证哲学角度来分析，行政法作为一事物应当是运动着的，应当是发展变化的，然而我国学界和实务部门在分析行政法问题时往往没有对行政法的动态性有所关注。之所以这样说是因为，如果把行政法和行政法治封闭在一个圈子里面来探讨，那它必然就是静态的，而我们提出行政法的社会维度以后，情况则发生了变化，即是说行政法尤其行政法治必须经常地与社会机制发生能量交换，必须将行政法中的诸种能量输入到社会系统中去，这就必然使行政法和行政法治由静态转向动态。三是行政法治应当具有和谐性。行政法及其和谐性的问题有两个分析范畴，一个分析范畴是行政法内部的和谐问题，对于该问题我国学者已经有过相应的探讨，[2]普遍认为行政法内部包括了诸多元素，例如行政主体、行政相对人、利害关系人等；还有其他非人格化的东西，例如有关的行政法典、有关的行政行为、有关的行政程序等，这些元素之间当然应当保持最大限度的和谐。另一个分析范畴则是行政法与其外围因素的和谐问题，包括行政法与整个法律体系的和谐、行政法与其他部门法的和谐、行政法与相关自然因素的和谐。有学者就深刻地指出："法国行政法令人惊讶的特征是，尽管有集权主义的血统，但在当代，它为个人享有的防御国家的自由提供了一套最为严密的保证。"[3]而在行政法与外围因素的和谐关系中，不能不提到的是行政法与复杂的社会因素的和谐问题。上述三个方面体现了行政法社会维度与行政法治的关系原理，也采用了行政法社会维度对行政法治发展

[1] "法律人共同体"在有些国家是一个相对确定和正式的概念，指的是那些从事法律职业的人或者组织，《中共中央关于全面推进依法治国若干重大问题的决定》虽然没有确立法律人共同体的概念，但却提出了"法治工作队伍"的概念，该概念将我国从事法律工作的人或者组织做了厘清，将他们和其他社会主体予以区分。

[2] 参见张淑芳：《行政法中的不和谐因素研究》，载《法学评论》2012年第6期；王学辉、方颉琳：《迈向和谐行政法——检视移植与改造之径 献礼于行政法学元命题》，载《云南大学学报（法学版）》2011年第1期。

[3] ［英］L. 赖维乐·布朗、约翰·S. 贝尔：《法国行政法》（第5版），［法］让-米歇尔·加朗伯特协助，高秦伟、王锴译，中国人民大学出版社2006年版，第22页。

的相关性的视角，如果我们将行政法社会维度与行政法治的新进路放在相对微观或者相对具体的范围内来表述的话，那么下列方面则是最为基本的：

第一，行政法由行政性转化为法律性的进路。行政法的概念是可以拆开进行讨论的，也就是说我们在行政法这个概念中可以注意到下列措词：第一个措词是"行政"，关于行政在学界是有定义的，它指的是由特定主体通过国家权力所进行的一种特定的活动。[1]就行政本身而论，它是可以独立存在的，既是说即便离开了"法"或者"法律"，行政也有独立的价值，并具有独立的运作模式。第二个措词是"法"，这里所指的法首先是一种规则，其次指由特定主体依据国家权力而制定的内涵。"法"对于行政而言也是独立的，它可以成为一个有机的体系。上述两个措词的结合便产生了行政法的概念，但是这两个词究竟怎么样结合、以什么方式将它们组合在一起则是一个非常微妙的问题。如果笔者的概括正确的话，那么我们就能够发现，在西方法治发达国家，法是一个关键词，而行政则是法的副词，即是说，法是用来控制行政的。在这样的行政法概念中，行政法的法律属性可能更加明显一些，而行政法的行政属性则相对要淡化一些。与之相反，在社会主义的行政法概念中，由于突出行政法的管理属性，在行政法中行政是关键词，法是行政的副词。我们注意到，在我国的行政管理过程中，行政机关不但能够执行行政法，更为重要的是，它还承担着大量的制定行政法的职能。[2]对于我国的这种行政法状况，可以说整个行政法的行政性是非常明显的，一方面行政系统是行政法及其实施的主导者，另一方面，在行政法的实施和实现过程中行政主体的行政权威得到了充分体现，甚至在一些环节上行政有可能凌驾于法律。美国学者施瓦茨就对发生在美国的行政法现象做过这样的惊叹："这样的结果是行政机关典型地集立法权与司法权于一身。"[3]在行政法缺少社会维度的情况下，行政法中突出行政属性这是一种必然，因为行政系统和其他社会系统的连接仅仅通过行政强制权力就能够实现，而行政法的社会维度则使行政法不

---

[1] ［美］费勒尔·海迪：《比较公共行政》（第6版），刘俊生译校，中国人民大学出版社2010年版，第2页。

[2] 2015年修改的《立法法》将政府行政系统的立法权作了进一步拓展，赋予了设区的市级人民政府制定规章的权力，这便使我国行政系统所享有的行政立法权有了新的发展。还应指出，由于在我国享有行政主体资格的行政机关就有权制定行政规范性文件，而行政规范性文件的规制力与一般行政立法的区别并不明显，以此而论，我国行政系统享有的行政法文件制定权是非常广泛的。

[3] ［美］伯纳德·施瓦茨：《行政法》，徐炳译，群众出版社1986年版，第6~7页。

能离开社会机制而独立存在。那么连接社会机制与行政系统的已经不能是行政系统的强制权力，而应当是产生于社会系统和国家权力的法律体系。这是行政法社会维度为我国行政法治提供的第一个新进路。

第二，行政法由管制性转化为治理性的进路。在西方法治发达国家，行政法曾经与社会管制紧密地联系在一起，一定历史时期内行政法的基本功能和价值就在于进行相应的政府管制。这样的管制在西方一些国家持续了很多年，到了 20 世纪 70 年代行政法的管制属性达到顶峰，[1]从积极方面来看，行政法的管制属性对于政府干预社会经济起过非常好的作用。但是政府管制必然是在政府强制权力运作的情况下进行的，这样的管制在强化政府权力的同时大大限制了公众的自由，尤其是市场的运作没有按照竞争的逻辑进行，而是按照政府计划的逻辑进行。因此，20 世纪 70 年代以后，诸国在其行政法价值体系中提出了放松管制的理念。而放松管制则使得相当一部分具有管制性的行政法典则不能再发生法律效力，使政府的一些强制性的管理手段逐渐退出行政法治体系。当然，这些国家放松管制的处理方式仅仅是单一性的，即是说它们没有将政府管制的放松与建构新的治理机制有机地结合起来，这些国家行政法发展中的这个特殊历史时期应当引起我国的高度重视。在笔者看来，就我国目前的行政法治体系而论，我们的行政法还具有非常强烈的政府管制的色彩。尽管我国在 2003 年制定了《行政许可法》，试图通过《行政许可法》来解决政府管制的问题，但是，新一届政府掌管行政管理权以后已经对我国政府治理作出了一个初步的判断，根据这个判断，我国目前行政法治中的管制色彩还相当浓厚。也正因为如此，2003 年的政府工作报告已经提到了控制行政许可的问题。[2]总而言之，我国的行政法治还具有非常明显的管制属性，而行政法的社会维度则将行政法传统意义上的管制属性转化为了治理属性。我们知道，近年来我国提出了社会治理和社会管理的概念，究竟如何进行社会治理和社会管理，则是困扰我们的一个问题，即是说我们并没有找到一个进行有效社会治理的路径，我们也不知道如何让我国的行政法去适应新的社会治理格局。而行政法的社会维度则为该问题的解决提供了一定

---

〔1〕 参见宋世明：《美国行政改革研究》，国家行政学院出版社 1999 年版，第 72 页。

〔2〕 参见李克强：《政府工作报告——2015 年 3 月 5 日在第十二届全国人民代表大会第三次会议上》，人民出版社 2015 年版。

的答案，换句话说，行政法的社会维度可以使我国传统行政法中的管制属性被新的治理属性取代。

第三，行政法由碎片化转化为一体化的进路。上文我们已经指出，行政法是由诸多法律规范构成的法律群，这是行政法所特有的一个现象。然而，这个现象常常使行政法作为一个法律实在具有碎片化的特性，所谓碎片化就是指行政法的规范体系很难通过一个有机的标准被捏合在一起，甚至在行政法规范的内部也存在诸多相互冲突或者矛盾的情形。碎片化还有一个表现，就是行政法的执法主体也常常是多元的，甚至一些本来不具有执法主体资格的组织也常常执行或者实施着行政法规范。就行政法体系的碎片化而论，我国甚至没有一个统一的编撰行政法体系的方法，[1]目前有关行政法体系的编撰可谓是五花八门，花样层出不穷，例如，有的认为行政法由总则和部门管理法构成，有的认为行政法由行政组织法、行政行为法和行政救济法构成，有的则认为行政法由一般行政法和部门行政法构成。认识的不同形成了不同的行政法的法律汇编，这种非常分散的编撰行政法典则的状况使人们很难对我国的行政法做出一个基本的定性。之所以会形成这样的格局，主要原因在于我们过多地将行政法与国家的政治控制模式联系在一起，我们过多地将行政法作为行政系统对社会生活进行控制的一个工具。由于我国行政系统存在着非常复杂的职能划分，存在着若干不同的层级，这种多样化和多元化的行政法主体必然会产生多样化和多元化的行政法问题。由于把行政法和行政管理紧紧地联系在一起，我们常常并不认为行政管理是行政法的结果，而简单地认为行政管理可以演绎行政法的规范和内容，甚至可以演绎行政法的典则体系。西方法治发达国家在行政法体系的构建中也常常认为行政法是由不定数量的法律规范所构成的。但是，它们将行政法与行政管理的概念作了非常严格的区分，它们的行政法体系并没有将部门行政法囊括进来，这就必然使行政法的价值和规范体系容易得到整合。而西方国家之所以会形成这样的行政法格局，其根本原因还在于它们的行政法所调整的不仅仅是不同政府机关之间的关系，更为重要的是，行政法要调整政府行政系统与其他社会机制的

---

〔1〕 参见最高人民检察院法律政策研究室编：《中华人民共和国现行法律法规及司法解释大全》（第1卷），中国方正出版社2009年版，目录。全国人大常委会法制工作委员会审定：《中华人民共和国常用法律大全》（上卷），法律出版社1996年版，目录。法规应用研究中心编：《行政法一本通》，中国法制出版社2014年版，目录。

关系。在西方国家，正是因为行政法的这种社会化倾向，行政法体系容易得到有效的整合。以此为借鉴，我国行政法的碎片化问题可以从行政法的社会维度予以解决，通过这样的改造，我国的行政法将成为一个有机的整体，我国的行政法治过程也将由碎片化转向一体化。

部门行政法在新时代的变迁 *

　　部门行政法是我国行政法体系中最为庞大的板块，它涉及数十个领域和无数行政法典则[1]，我国社会生活的方方面面几乎都是通过部门行政法来设定关系、分配角色、确定相关的行为模式的。中共十九大提出了新时代的论断，同时对新时代我国法治以及行政法治作了新的顶层设计，这些设计的内容都触及了部门行政法。中共十九大报告关于部门行政法的表述或直接或间接，既强调了部门行政法在新时代的重要性，又勾勒了部门行政法在未来发展的基本轮廓和框架。其一，对法治政府和依法行政的顶层设计给部门行政法留下了巨大的空间。如"转变政府职能，深化简政放权，创新监管方式，增强政府公信力和执行力，建设人民满意的服务型政府。赋予省级及以下政府更多自主权。在省市县对职能相近的党政机关探索合并设立或合署办公。深化事业单位改革，强化公益属性，推进政事分开、事企分开、管办分离。"其二，在多个部门管理中明确了法治的重要性和具体要求。例如，在农村行政管理中指出："加强农村基层基础工作，健全自治、法治、德治相结合的乡

---

　　* 该文发表于《社会科学战线》2019 年第 4 期，原标题为《部门行政法在新时代的变迁研究》。

　　[1] 法律典则是戴维·伊斯顿在政治学研究中使用的概念，该概念是对部门法的法典和规范的总称，即是说，其既不同于部门法的法典，也不同于支持部门法的其他相关规范，用它来指称法律的静态方面具有一定的合理性和独特内涵。行政法是由诸多法律规范构成的法律群，它与其他部门法不同，其他部门法通常都有一个基本法典，如刑法典、民法典，而行政法则没有这样的基本法典。在行政法体系中，分布了不同的法律规范和规范性文件，如果用法典来称谓它们显然是不合适的，因为，规范性文件乃至规章肯定不是法典，但这样分布于行政法体系中的规范都有着一定的法律属性，或者规范形式。基于此，笔者认为，戴维·伊斯顿将法律典则的概念运用于行政法之中是比较恰当的，它较为准确地表达了行政法体系中分布的复杂的行政法规范形式。

村治理体系。培养造就一支懂农业、爱农村、爱农民的'三农'工作队伍。"在环境行政管理中要求"建设生态文明是中华民族永续发展的千年大计。必须树立和践行绿水青山就是金山银山的理念，坚持节约资源和保护环境的基本国策，像对待生命一样对待生态环境，统筹山水林田湖草系统治理，实行最严格的生态环境保护制度，形成绿色发展方式和生活方式，坚定走生产发展、生活富裕、生态良好的文明发展道路，建设美丽中国，为人民创造良好生产生活环境，为全球生态安全作出贡献。"其三，对一些重要部门行政管理的法治走向提出了新的要求，这些要求既拓宽了部门行政法的空间，又使部门行政法的发展有了方略和依据。如教育行政法方面，强调"推动城乡义务教育一体化发展，高度重视农村义务教育，办好学前教育、特殊教育和网络教育，普及高中阶段教育，努力让每个孩子都能享有公平而有质量的教育。完善职业教育和培训体系，深化产教融合、校企合作。"社会保障法治方面，"坚持精准扶贫、精准脱贫"。药品食品安全方面，"要完善国民健康政策，为人民群众提供全方位全周期健康服务。"生态系统保护方面，"实施重要生态系统保护和修复重大工程，优化生态安全屏障体系，构建生态廊道和生物多样性保护网络，提升生态系统质量和稳定性。完成生态保护红线、永久基本农田、城镇开发边界三条控制线划定工作。开展国土绿化行动，推进荒漠化、石漠化、水土流失综合治理，强化湿地保护和恢复，加强地质灾害防治。完善天然林保护制度，扩大退耕还林还草。严格保护耕地，扩大轮作休耕试点，健全耕地草原森林河流湖泊休养生息制度，建立市场化、多元化生态补偿机制。"深而言之，在新的时代背景下，部门行政法将要发生诸多深刻变化。那么，在新的历史条件下，我国部门行政法将会如何与时代的发展保持同步？将会发生哪些变迁？本文将对这些问题进行较为系统的研究。

一、部门行政法变迁的涵义

部门行政法在我国行政法体系中占有绝对的比重，如果说行政法是一个总的体系的话，那么部门行政法是这个体系的主流，部门行政法典则在这个体系中至少占90%〔1〕，它的典则总量已经形成行政法体系中一道亮丽的风景线。一定意义上讲，行政法的精神气质和行政法的主要内容都决定于部门行政法，即便在西方国家，在强调控权主义的行政法格局下，其功能也常常是通过部门行政法体现出来的："《州际商务法》充满了诸如'不公平和不合理的价格''不公正的歧视'和'不正当和不合理的偏见或劣势'之类的表述。"〔2〕社会主义国家的行政法以"管理论"为基础，凸显行政法的管理性能，而行政法所涉及的管理关系就是通过部门行政法典则予以认可、感应和规范的。新中国成立初期大量部门行政法典则的制定就说明了这一点〔3〕。令人遗憾的是，学界在有关行政法概念的界定上，有关行政法体系的认知上，往往没有对部门行政法给予更多的关注。我们必须认识到，行政法整个体系的发展和变化有赖于部门行政法的发展和变化。另外，部门行政法又是相对独立的，在行政法体系中可以将一般意义上的行政法与部门行政法予以合理的区分。例如适用于所有行政机关或者行政管理部类的那些行政法典则便是一般意义上的行政法，如行政组织法、行政程序法、行政救济法等，它们在行政法体系中相对较为显眼，所以人们也将关注的焦点集中在了一般行政法之上。这些一般行政法具有独立性，即是说在行政法体系中，我们可以对它们作单独的考量，甚至进行单独的体系构建。以行政程序法为例，有学者就对其体系构建做过这样的描述："行政法学者有从最广义着眼，认为行政程序法包括一切行政权行使之程序，举凡行政机关内部作业及对外发号施令之各

---

〔1〕 国务院法制办公室编著的《新编中华人民共和国常用法律法规全书》所收入的一般意义的行政法典仅包括行政许可法、行政处罚法、行政强制法、行政复议法、公务员法、行政监察法、行政诉讼法、政府信息公开条例、信访条例等。它在所收入的一百多个行政法典中，尚未占到10%，其他的如治安管理处罚法、食品安全法、精神卫生法、建筑法、电力法、邮政法、广告法等，都是部门行政法的内容。参见国务院法制办公室编：《新编中华人民共和国常用法律法规全书》（2016 年版），中国法制出版社 2016 年版，目录第 1~2 页。

〔2〕 ［美］马克·艾伦·艾斯纳：《规制政治的转轨》（第 2 版），尹灿译，中国人民大学出版社2015 年版，第 56 页。

〔3〕 例如 1954 年铁道部、交通部、粮食部共同制定了《粮食水陆联运试行办法》，对粮食的水陆联运作了非常细致的规定，而这个规定凸显的是上述三个部门及地方机构对粮食水陆联运的管理，而且管理的内容都非常具体。例如第 31 条："联运粮食自铁路方面起运者，铁路发站向发货人收取铁路部分之运费及杂费（包括大连港站调车费）。大连港务局为每批粮食换装后，即将轮船运费、中转费、搅载费等，开列清单，粘附在联运提单上，带交到达港。由到达港连同到达港港杂费及其他杂费一并向收货人收取。"参见国务院法制局、中华人民共和国法规汇编编辑委员会编：《中华人民共和国法规汇编（1954 年 9 月—1955 年 6 月）》，法律出版社 1956 年版，第 350 页。

种程序，莫不在内。"〔1〕部门行政法当然也顺理成章地区别于一般行政法，它们在典则体系的构成上、在规制对象上、在行为模式上等都能够与一般行政法泾渭分明。这个相对独立性是我们研究部门行政法变迁的基础条件。还要强调，部门行政法存在于社会机制和社会过程之中，我们通常将依法治国概括为法治国家、法治政府和法治社会三个方面，部门行政法虽然与法治政府和法治国家有着某种程度的关联，但它最主要的功能在法治社会方面，它存在于法治社会之中。其作为一种规则系统，又对法治社会发挥这样或那样的作用。而一般行政法与法治社会则没有这样的密切关系，有学者深刻地指出，行政法"是为行政所特有的法"〔2〕，足见一般行政法与法治政府关系之密切。十九大报告对我国新的历史条件下的社会矛盾作了解释，作为国家的法治系统，尤其是行政法治系统，要对这种社会矛盾有所回应，要能够有效调控新的历史条件下的社会矛盾。由于部门行政法与法治社会有高度的契合，所以部门行政法的变迁就显得十分重要。在新的历史条件下，究竟如何认识部门行政法变迁的涵义呢？本文将从下列方面予以分析。

（一）部门行政法典则的淘汰

部门行政法典则区别于一般意义上的行政法典则，它与部门行政管理天然地联系在一起，而我国的部门行政管理有着非常复杂的类型，即便按照最简单的分类，也可以将我国的部门行政管理分为四十多类，如财政行政管理、税务行政管理、工商行政管理、金融行政管理、物价行政管理、技术监督行政管理、文化行政管理、卫生行政管理、土地行政管理、能源行政管理，等等〔3〕。每一个部门行政管理领域都存在着不同的行政法典则，如财务行政管理中的《中华人民共和国注册会计师法》，工商行政管理中的《中华人民共和国广告法》《中华人民共和国商标法》，物价行政管理中的《中华人民共和国价格法》，海关行政管理中的《中华人民共和国海关法》，外贸行政管理中的《中华人民共和国对外贸易法》，药品行政管理中的《中华人民共和国药品管理法》。部门行政法典则本身就是一个规范系统，除了法律层面的法典之外，还有大量的行政法规和部门规章。应当说，我国法律体系中最大的版块就是

---

〔1〕 罗传贤：《行政程序法论》，五南图书出版股份有限公司 2004 年版，第 3 页。

〔2〕 [德] 哈特穆特·毛雷尔：《行政法学总论》，高家伟译，法律出版社 2000 年版，第 33 页。

〔3〕 参见关保英：《行政法学》（下册），法律出版社 2013 年版，第 401 页。

这些部门行政法典则，它们存在于我国控制系统的方方面面，设定了几乎所有的社会关系，确定了社会主体几乎所有的权利义务。在新的历史时代中，由于社会矛盾的变化，诸方面的行政管理也必然要发生管理价值的变化、管理技术手段的变化、社会效果的变化，而传统的占有绝对数量的部门行政法典则，很难与新的时代精神有所契合，甚至可以说，传统部门行政法典则中大量的内容已经不能够契合新的时代精神。例如十九大报告提出了完善公共服务体系的概念，在今后很长一段时期内，行政功能或者行政法的功能就是要良好的公共服务体系，然而传统的部门行政法典则与公共服务的联系非常少，有些甚至是阻滞公共服务体系的建构的。基于此，我们认为，要完成部门行政法的变迁，首先要对一些旧的部门行政法典则进行淘汰，将那些不适应新的时代的部门行政法典则从行政法体系中剔除出去。我国由计划经济转入市场经济时，在部门行政法领域曾经有过这样的革命，曾经也淘汰过大量的仅仅适合于计划经济的部门行政法典则。新的社会矛盾的转变必然使诸多旧的部门行政法表现出不适或者滞后性，具有严格管制色彩的或者与公共服务不契合的部门行政法典则就应当被淘汰，这是部门行政法变迁的最基本的涵义。它不仅仅是部门行政法形式上的变迁，更是部门行政法实质变迁的反映。

（二）部门行政法内涵的更新

有学者指出："如果能给部门行政法一个独立的体系，就可以避免立法技术上的这种不足。"[1]由此可见，部门行政法应当有自己的调整对象，有自己所设定的社会关系的独特形式，并有自己的完整的规范系统。这三个方面足以使部门行政法成为一个相对独立的法律部门。事实上，有学者曾主张要将部门行政法从行政法体系中独立出去，将行政法体系分化为行政法部门和行政法两个不同的法律门类[2]。从法律部门划分的相对性来看，这个论点是合乎理性的。当然，本文不是对部门行政法与行政法关系的探讨，对于这个问题，我们暂且不予以讨论。我们要强调的是，部门行政法有自己的调整对象，有自己的规范形式，有自己所设定的社会关系等，这完全能够使部门行政法有自己独特的质的规定性。该质的规定性也就使部门行政法有着自己独特的内涵，这个内涵与行政法体系的内涵有一定的联系，这种联系只是分析部门

---

〔1〕　孟鸿志：《论部门行政法的规范和调整对象》，载《中国法学》2001 年第 5 期。

〔2〕　参见孟鸿志：《论部门行政法的规范和调整对象》，载《中国法学》2001 年第 5 期。

行政法内涵的法理基础，而它本身并不足以构成部门行政法的自身内涵，这是一方面。另一方面，部门行政法是一个社会现象，它的内涵的解读存在于社会机制之中，它的内涵也是符合辩证哲学关于事物运动和变化的一般规律的，换言之，部门行政法的内涵在不同的历史时代会有不同的表现，会有不同的客观内容。新的时代的到来意味着部门行政法必须有新的内涵，反过来说，部门行政法的旧的内涵就要被扬弃，甚至被予以否定。部门行政法的变迁就存在于部门行政法作为一个整体的精神气质的变化上，也就是说存在于它的深层内涵的变化上。部门行政法内涵的更新与典则的淘汰相比是更加深层次的东西，淘汰行政法典则是部门行政法变化的个别现象，而更新它的内涵则是一个普遍现象，且内涵更新的工程和手段也要比典则的淘汰更加复杂。

（三）部门行政法结构的调整

部门行政法结构的认知可以有下列进路：一是部门行政法内部的位阶及其关系。我国《立法法》对法的位阶作了严格的规定，从宪法到法律到行政法规再到地方性法规和政府规章，分布着五个层次。各层次之间是相邻关系，也是相邻的位阶关系，它们是梯形的排列状态，宪法高于法律，法律高于行政法规，行政法规高于地方性法规，地方性法规高于地方政府规章。我们注意到，我国的部门行政法典则在法律以下的位阶上都有分布，而就目前来讲，它们大量分布在较低的位阶上，那就是政府规章的位阶上[1]。二是部门行政法的部类及其关系。部门行政法如何划分部类是极其复杂的问题，我国所编纂的行政法关于部门行政法的分类就五花八门、莫衷一是。[2]我们暂且不去

---

[1] 目前，我国中央层面上的行政法典则和文件的分布大体上是这样的比例：由全国人大及其常委会所制定的法律占3%，国务院制定的行政法规占15%，而政府规章则占82%。通常情况下，政府规章涉及的一般行政法的内容非常少，而且多为实施细则。换言之，政府规章的主要内容是部门行政法的内容。

[2] 有学者将部门行政法分为人事行政法、公安行政法、安全行政法、国防行政法、军事行政法、司法行政法、教育行政法、文化行政法、体育行政法、卫生行政法、城乡建设行政法、交通行政法、旅游行政法、应急管理行政法、档案行政法等。有学者将部门行政法分为价格行政法、统计行政法、工业行政法、交通行政法、通信行政法、质量监督行政法、税务行政法、工商行政法、国土资源行政法、建设行政法、环境保护行政法、水利行政法、气象行政法、劳动行政法、计划生育行政法、公安行政法、民政行政法、社会团体行政法等。参见国务院法制办公室编：《新编中华人民共和国常用法律法规全书》（2016年版），中国法制出版社2016年版，目录第5~10页。湖南省人民政府法制局编：《湖南省法规规章全书（1949.10—1999.8）》（上册），湖南人民出版社1999年版，目录第2~13页。

纠结部门行政法部类的分布方式和划分标准，我们要说的是，我国存在不同部类的部门行政法是客观实在。通常情况下，根据执法部门的职能不同对部门行政法作部类上的划分，如土地行政管理部门就有与之相对应的土地部门行政法，旅游行政管理部门就有与之相对应的旅游部门行政法。部门行政法在部类上的划分不是小问题，因为它会引申出行政执法中的职能划分问题，一旦我们没有科学地划分部门行政法的部类，就有可能导致行政执法中的越权或者推诿。我国近年来所推行的相对集中行政处罚权的制度就在于对不同部类的部门行政法进行整合[1]。上述两个方面是部门行政法结构的主要内涵。我们说部门行政法要发生变迁，其中一个重要内容就是对部门行政法的结构进行调整，使它们在位阶上的分布趋于合理、在部类上的划分趋于合理。

（四）部门行政法体系的重构

部门行政法在我国的状况学界普遍有认知，由于我国在 2011 年已经作出一个论断，那就是我国的法律体系已经形成[2]，因此，我们也可以顺理成章地说，我国的部门行政法体系也已经形成。一方面，部门行政法作为整个行政法体系的内容，它支撑着我国的行政法治体系。很难想象没有部门行政法的支撑，行政法体系会有完整的构型。另一方面，部门行政法体系的客观状况在学界鲜有学者进行解释，甚至到目前为止还没有一部成体系的有关部门行政法的教科书，国家更没有从法律层面上界定部门行政法的概念和体系。因此，部门行政法体系的整合和重构是我国学界和实务部门长期以来面临的问题。新时代概念的提出为我们解决这一问题提供了机遇，质而言之，新的时代格局下，部门行政法如何回应新的社会矛盾，它已经形成的体系格局能不能有效解决新的社会矛盾，都是我们要反思的，而这恰恰有可能使我们对部门行政法体系进行重构。

二、部门行政法的当下特征

我国部门行政法的形成有下列重要的影响基因：一是法传统的基因。可

---

〔1〕　参见《国务院关于进一步推进相对集中行政处罚权工作的决定》（国发〔2002〕17 号）。

〔2〕　我国关于法律体系已经形成的论断，学界相对比较认可，但也有一些学者认为，对我国法律体系而言，如果相对柔和一点讲，应当说基本形成，因为无论在我国私法体系还是公法体系中都缺少了不少法典，而在中共十八届四中全会上，我们也强调要加强法律体系的建设，并指出我国还缺少一系列法律典则。

以说，我国部门行政法的历史可以追溯到陕甘宁边区。在陕甘宁边区，区政府就制定了非常多的部门行政法，包括土地管理的部门行政法，社会治安管理的部门行政法，赈灾救济、税收管理的部门行政法，教育管理的部门行政法，等等。[1]新中国成立后，在陕甘宁边区的基础上，我国制定了诸多新的部门行政法典则，使得部门行政法形成了新的类型。新中国的建立是在新的历史条件下进行的，所以我们必须对新的社会秩序进行调控，必须形成新的社会关系，必须对相应的社会角色进行定位和分配。而在当时历史条件下，部门行政法的立法经验主要是陕甘宁边区时期的，因此新中国制定的诸多行政法典则与陕甘宁边区已经制定的行政法典则保持着高度的一致性，新中国的部门行政法典则是对陕甘宁边区传统的延续。而改革开放以后，我国制定的行政法典则又延续了新中国成立初期的部门行政法典则，这就使得部门行政法典则有着一定的法传统。至于这个传统怎么定性，还需要进一步探讨。二是苏联行政法和部门行政法的基因。苏联是第一个社会主义国家，关于社会主义的行政管理，他们形成了一套完整的东西，正如有苏联学者所指出的："行政法不仅调整管理者的活动，而且也调整被管理者的活动。例如，交通规则、公共场所行为规则、贸易规则、狩猎和捕鱼规则、教学规则、卫生规则，等等，都是调整被管理者活动的规则。"[2]由于新中国成立初期和苏联在政治、经济、文化等方面都有高度的合作关系，加之我国也是社会主义性质的国家，所以我国在制定部门行政法时，就吸收了诸多苏联的行政法。苏联的行政法是以管理论为理论基础的，而在管理论的指导之下，行政法和部门行政法几乎是同一意义上的概念，因此我们将所有部门法的规范都贴上部门行政法的标签，强调部门行政法的管理属性。有学者就指出："某些国家机关（财政机关、土地管理机关等）在其进行号令活动的过程中所发生的社会关系也受该专门法律部门：财政法、土地法、劳动法等规范所调整。行政法所调整的是发生在执行机关和号令机关之间以及号令机关和公民及其社会团体之间的社会关系。"[3]上述两个基因基本上决定了我国部门行政法在以后的格

---

〔1〕 参见陕西省档案馆、陕西省社会科学院合编：《陕甘宁边区政府文件选编》（第8辑），档案出版社1988年版，第1~5页。

〔2〕 ［苏］П. Т. 瓦西林科夫主编：《苏维埃行政法总论》，姜明安、武树臣译，北京大学出版社1985年版，第1~2页。

〔3〕 ［苏］克拉夫楚克等：《国家法·行政法》，王庶译，法律出版社1955年版，第10~12页。

局，这个格局虽然在我国推行市场经济以后有所改变，但部门行政法的本质并没有发生深刻的变化。在我们对新的历史时代作出"断代"之前，我国部门行政法存在着下列主要特征，我们将其称为当下的特征，就是尚未变迁情形下的特征。

（一）部门行政法的部门性

上面我们已经指出，部门行政法和一般行政法既有联系，又有区别。究竟如何看待它们的联系和区别，应当说是法哲学层面上的问题。不可否认的是，部门行政法和行政法体系的联系是矛盾的主要方面，而它们的区别则是矛盾的次要方面。进而言之，部门行政法应当和行政法的总的体系保持高度的一致性，这是十分必要的。一旦强调了部门行政法绝对的独立性，就有可能使每一个部门行政法超越行政法大系统，进而走向事物的反面。不幸的是，我国当下的部门行政法更多地凸显了它的部门性。我们知道，多年以来，在我国行政法治中就存在着一个负面的现象，那就是部门保护主义和地方保护主义，这对行政法治构成了威胁，破坏了法治的统一，而这样的保护主义说到底是部门行政法的部门性。在部门行政法之中，存在着立法、执法、司法等若干不同的环节，在每个环节上都存在这样或那样的利益分配。一定意义上讲，有些部门已经成了一个独立的自利系统，对于这一特征，我国官方文件早有提醒，如《法治政府建设实施纲要（2015—2020 年）》中就有这样的描述："加强对政府内部权力的制约，对财政资金分配使用、国有资产监管、政府投资、政府采购、公共资源转让、公共工程建设等权力集中的部门和岗位实行分事行权、分岗设权、分级授权，定期轮岗，强化内部流程控制，防止权力滥用。"

（二）部门行政法的管理性

在行政法概念的表述中，尤其是在行政法功能的定位中，有这样一些较为敏感的措词，如行政控权、行政管理、政府规制、参与行政、服务行政、给付行政、契约行政等，这都反映了行政法处在发展和变革之中，也有学者认为这种变革相对比较缓慢，并带来了负面效应："至少直到几十年前，这种拒绝接受变革需要所产生的不幸后果是，对中央政府和地方政府中日益增多的行政权滥用缺乏回应机制"〔1〕，这些概念都天然地与行政法的理论基础和行政法的功能定位密不可分。在控权的措辞之下，行政法的功能主要在于控制政府行政权，行政法存在的基础也在于此。在行政管理和政府规制的概念之下，行政法的功能在于使行政主体对社会实施有效管理，行政主体对市场和其他社会主体进行有效规制。在服务的措辞之下，政府行政系统的功能在于提供社会公共服务，行政法的基础也在于提供公共服务。给付行政、参与行政都包含了提供公共服务的内容。而在行政契约的措辞之下，行政系统与其他社会主体通过契约勾连，契约模式也就成了行政法的模式。我们说我国部门行政法在当下具有管理性，就是说部门行政法目前是以行政管理为价值取向的，是以政府行政系统对社会的干预、对私人空间的介入为取向的。我们可以用一个行政法典则的规定为例证，例如《城市商品房预售管理办法》第1条规定："为加强商品房预售管理……"第4条第3款规定："市、县人民政府建设行政主管部门或房地产行政主管部门（以下简称房地产管理部门）负责本行政区域内城市商品房预售管理。"这种管理属性与十九大所强调的政府行政系统的公共服务精神背道而驰。

（三）部门行政法的行政本位性

2016年我国诸部委联合制定了在公共管理领域进行合作的政府规章〔2〕，该规章颁布之后，一些地方也制定了相应的地方政府规章或者规范性文件，它意味着我国行政管理和部门行政法的调控格局将要发生一些变化。这个变化的实质在于将原来部门行政法中的单主体变为双主体，将原来部门行政法中的单一本位变为复合本位，人们将这样的合作称为公私合作。它实质上是部门行政法乃至行政法中的一场革命。传统行政法中，行政系统是单一主体，能够单方面设定行政法关系，单方面决定行政法关系的走向，单方面决定行政法关系中的权利义务分配。公私合作的模式将会改变原来的情形。那么我国部门行政法目前究竟具有什么特征呢？这种多元性的主体参与是否已经普

---

〔1〕 ［英］彼得·莱兰、戈登·安东尼：《英国行政法教科书》（第5版），杨伟东译，北京大学出版社2007年版，第7页。

〔2〕 2016年财政部、环境保护部发布了《关于申报水污染防治领域PPP推介项目的通知》，2016年财政部、国家发展和改革委员会发布了《关于进一步共同做好政府和社会资本合作（PPP）有关工作的通知》，2016年财政部、教育部、科技部、水利部、国家林业局、国家能源局等十余个部委或者直属机构发布了《关于组织开展第三批政府和社会资本合作示范项目申报筛选工作的通知》等。

遍化了呢？回答是否定的。因为公私合作的模式在我国目前仅仅是一种尝试，仅仅在个别环节上予以适用。换言之，部门行政法总的精神气质还是单一主体，就是以行政主体为本位的格局。以我国行政法教科书对行政法关系特征的描述为例，我们就过分强调行政法关系的单方面性，强调行政权的优先性。毫无疑问，在部门行政法中，行政主体的本位现象已经与新的时代精神有所背离。十九大报告强调了行政系统的公共服务精神，对行政主体提出了实现公共服务职能的要求，以行政主体为本位与之是完全不契合的，对于当下的这个特性，我们必须有充分认识。

（四）部门行政法的迟滞性

部门行政法既是一个社会现象，也是一个历史现象。部门行政法作为行政法的有机构成也不能例外，它也是社会现象和历史现象的统一。其作为社会现象，必须对社会上发生的事件进行积极感应，甚至需要通过规则予以回应。而作为历史现象，它必须随着历史时代的变化而变化，必须和时代发展的节奏保持同步。然而，我国部门行政法无论在对社会的回应方面，还是在和历史变奏保持一致方面，都存在着巨大的问题。它们既没有很好地回应社会，也没有和历史发展保持契合。我国有些部门行政法从制定到现在已经有半个多世纪，20 世纪 50 年代制定的诸多部门行政法到现在还发生着法律效力，20 世纪 70 年代、80 年代制定的大量行政法典则仍然发生着法律效力。而且笔者注意到，目前部门行政法的主要制定年代是 20 世纪 90 年代 [1]。而我们知道，20 世纪 90 年代以后，我国发生了若干重大历史事件，例如由计划经济转换为市场经济 [2]，加入了世界贸易组织（World Trade Organization，WTO）[3]，加入了国际人权公约，等等。这些重大事件都具有非常高的历史价值，它们推动了社会的发展，有些事件为社会发展带来的变化不仅仅表现在量的方面，更重要的是它已经突破了一定的度，成了质的方面的变化。而

---

〔1〕 例如：1958 年通过了《中华人民共和国户口登记条例》、1997 年制定了《中华人民共和国献血法》、1994 年制定了《医疗机构管理条例》（后于 2016 年被修订）、1996 年制定了《中华人民共和国环境噪声污染防治法》（后于 2018 年被修正）、1999 年修订了《中华人民共和国会计法》（后于 2017 年被修正）、1997 年制定了《中华人民共和国价格法》、1988 年制定了《中华人民共和国标准化法》（后于 2017 年被修订）、1999 年制定了《城市居民最低生活保障条例》。

〔2〕 1993 年中共中央发布了《关于建立社会主义市场经济体制若干问题的决定》。

〔3〕 2001 年我国签订了入世议定书，我国正式加入了世界贸易组织。

部门行政法典则还保持着 20 世纪 90 年代的格局，这种迟滞性必然使部门行政法在调控社会关系中有所滞后。新的历史时代，部门行政法必须有新的格局，必须对社会的变化、对历史的发展保持非常高的敏感度。

三、部门行政法变迁的维度

部门行政法在法治体系中有着特殊的地位，它们是法律部门中的一个版块，人们还没有将它与刑法、民法等法律部门相对应，而是将它归入行政法体系之中，它是行政法体系中的一个版块，这就使得部门行政法变迁的维度较为复杂。变迁维度的把握应当考虑下列因素：

一是行政法体系的变迁。行政法体系是与民事法律体系、刑事法律体系等并列的部门法律体系。部门行政法是行政法体系的有机构成，当我们探讨部门行政法的变迁时，不可以脱离行政法体系大系统的变迁。毫无疑问，新的历史时代下，任何一个法律部门都会发生或深或浅、或明或暗的发展变化，行政法体系也不能例外，笔者要说的是，行政法与社会生活的高度关联性、与社会过程的高度关联性决定了行政法的变迁，要比其他法律部门来得更加剧烈一些，我们探讨部门行政法的变迁，便不可以离开行政法总的体系的变迁。当然，这不是说，部门行政法的变迁不可以单独研究，恰恰相反，部门行政法的变迁可以单独研究，只是我们在这个研究过程中，不能离开行政法体系，因为行政法应当是一个完整的事物。

二是法治体系的变迁。2014 年我国中央在对依法治国的顶层设计中，很好地区分了法律体系和法治体系的关系，准确地将法治体系概括为："形成完备的法律规范体系、高效的法治实施体系、严密的法治监督体系、有力的法治保障体系，形成完善的党内法规体系，坚持依法治国、依法执政、依法行政共同推进，坚持法治国家、法治政府、法治社会一体建设，实现科学立法、严格执法、公正司法、全民守法，促进国家治理体系和治理能力现代化"[1]。法治体系由若干复杂元素构成，其中法律的规范体系只是法治体系的内容之一，而不是法治体系的全部。我国建设法治国家必须全面考虑法治体系，而不是单单考虑法律体系。新的历史时代，社会矛盾发生了变化，法治体系的变化便是必然的。法治体系的变化既可以自上而下进行变化，又可以自下而

[1]《中共中央关于全面推进依法治国若干重大问题的决定》，人民出版社 2014 年版，第 4 页。

上面为之。而部门行政法存在于法治体系之中，它也存在一个变化过程中的自上而下和自下而上的辩证关系。法治体系的变化对部门行政法而言便是自上而下的变化，而部门行政法的变化进而通过它的变化促成法治体系的变化，则是自下而上的变化。无论如何，这两方面的关系我们都必须考虑到，否则，部门行政法即使有变化，也可能破坏我国的法治体系。十九大报告对法治体系总的格局是有新的描述的，而这个新的描述也必然成为部门行政法变迁维度确定的依据。

三是社会系统的变迁。正如上述，部门行政法涉及的社会生活领域非常之丰富，如工业、农业、国防、外交、治安、文化、环境、资源，等等。任何一个范畴的社会事务，都有相应的部门行政法予以调控。从这个角度讲，对这些社会事务最早作出感应的是部门行政法，而部门行政法也与这些社会事务的关系最为密切。诸多其他部门法典则常常依赖于部门行政法，以刑法所打击的犯罪为例，有些犯罪的确定就依赖于部门行政法的规定，如环境保护法因对环境保护的强化就产生了诸多新的罪名；水法对水资源的保护也产生了新的罪名；文物保护法关于文物等级的分类，更是构成文物犯罪或者不构成犯罪、构成轻罪还是重罪的依据。十九大报告关于新的历史条件下社会事务的格局有一系列新的内容，它实质上涉及我国未来社会秩序的设计、社会关系的设计、社会资源的分配、社会角色的定位，等等。部门行政法的变迁必须以社会的变迁为依据，对部门行政法维度的确定而言，这些都是依赖因素。上述三个考虑的因素是部门行政法变迁维度确定的关键要素，也是该维度确定的出发点。具体而论，新的历史条件下，部门行政法变迁的维度可以概括为下列方面：

（一）部门行政法称谓的变化

我国《立法法》对不同位次的法律规范的名称作了规定，例如国务院的行政法规叫作条例、规定和办法，而规章则可以叫作规定和办法等，《立法法》所规定的这些名称在笔者看来是法的形式方面的东西，而非法的实质方面的东西。换言之，《立法法》所规定的有关部门法的称谓是非常中性的，它没有反映某种价值取向或者利益关系。但是在部门行政法的立法实践中，在有些情形下它的称谓则不是中性的，有着严格的价值取向，甚至有着严格的利益关系。我国诸多部门行政法都带有"管理"二字，例如《缺陷汽车产品召回管理条例》《校车安全管理条例》等。也许对这些带有"管理"字样的部门行政法的称谓我们已经习以为常了，似乎不认为它有什么价值取向或者感情色彩。然而 2013 年我国已经将社会管理的概念升华为社会治理的概念，这两个概念虽然只有一字之差，但却在价值取向和感情色彩上发生了质的变化。前者表明了行政系统强烈的控制色彩，后者则表明了行政法治平权化的过程。部门行政法在新的历史条件下变迁的维度的第一要素就在称谓上，即是说，部门行政法要用治理取代传统的管理，一定要淡化行政控制的价值取向，一定要将治理的色彩放在社会公众一边，而这个变化维度不仅仅是形式层面上的，它反映了新的历史时代下部门行政法的某种新的品质。

（二）部门行政法构型的变迁

十九大报告关于社会矛盾变化与法治变迁有比较精辟的表述："中国特色社会主义进入新时代，我国社会主要矛盾已经转化为人民日益增长的美好生活需要和不平衡不充分的发展之间的矛盾。我国稳定解决了十几亿人的温饱问题，总体上实现小康，不久将全面建成小康社会，人民美好生活需要日益广泛，不仅对物质文化生活提出了更高要求，而且在民主、法治、公平、正义、安全、环境等方面的要求日益增长。"由此可见，社会矛盾的变化意味着我国治理机制、公平、正义、社会安全等诸多国家治理层面的方略与措施都必须发生深刻变化。而在法治国家、法治政府和法治社会建构的大格局中，新的社会矛盾是这些建构的发动机或者决定因素。与这一大的时代背景相对应，我国部门行政法在位次的构型上和在部类的构型上都存在着巨大的变迁空间。以位次构型而论，上文我们已经提到，部门行政法中属于下位法的典则的量要相对大一些，具体来讲，一方面，部门行政法大多由行政系统制定，它更多地集中于政府规章的位次上。而另一方面，部门行政法大量存在于地方立法层面上，诸多部门行政法都仅仅以地方立法的形式存在于行政法系统。深而论之，目前部门行政法构型，尤其位次的构型，层次偏低。在新的历史时代下，这种低层次的构型对法治建设非常不利，因为它淡化了法律对社会关系调控的力度。从这个角度观察，位次的提升是其变迁维度的重要内涵，我们既要加大立法机关制定部门行政法的力度，又要加大中央机关制定部门行政法的力度，这是一个方面。另一方面，人们常常用警察国家和福利国家来区分当代社会的国家类型，进而也区分当代国家的法治属性，传统的部门行政法在构型上更多地突出了警察国的属性，治安行政法在我国部门行政法中占有较大比重的事实就证明了这一点。而十九大报告提出新的历史条件下公共服务必须强化，其中相当一部分内容就是围绕福利国家展开的："完善公共服务体系，保障群众基本生活，不断满足人民日益增长的美好生活需要，不断促进社会公平正义"[1]。因此，传统的以警察国家为特征的部门行政法就必须向为以福利国家为特征转化，这是一个非常重要的变迁维度。

（三）部门行政法调控方式的变迁

部门行政法多以"管理"命名的事实证明，我国部门行政法在调控过程中突出了刚性的手段。由于我国行政法赋予了行政主体一定的行政强制权，所以在部门行政法的实施中，行政主体常常会运用这样的强制权力，强制征收、强制征用在我国行政执法中被普遍运用。毫无疑问，行政强制手段的泛化对行政相对人和其他社会主体是非常有害的，于是我国 2011 年制定了《行政强制法》。该法的立法宗旨在于对行政系统强制权力的运用进行规范和约束，它已经起到了非常良好的效果："通过限制行政强制的种类、行政强制的设定主体、行政强制的实施主体来明确限定行政强制权的范围，制约行政权扩张，努力建设有限政府。"[2]同时我们也应当看到，行政法治实践中，刚性的行政手段是行政执法的主流，是行政法治实施的主要依赖，这样的手段显然不能契合给付行政的时代精神，不能契合政府提供公共服务的时代诉求。那么出路在哪里呢？那就是将原来的刚性手段转化为现在的柔性与刚性并重的手段。近年来，学界普遍关注软法在行政法治中的价值，就是要尽可能用软性的手段调整行政过程，用柔性方式让行政相对人接受行政执法。该维度的变化在十九大报告中得到了高度的认可，十九大报告要求行政系统在人民群众对物质生活和精神生活的充分要求和平衡要求中扮演重要角色，而行政主体要实现公众的充分要求和平衡要求，就必须大量运用新的行政手段。最近一段时间，行政系统所进行的精准扶贫就是对这种柔性手段的很好阐释。

（四）部门行政法调控力度的变迁

我国学界和实务部门对行政法总的体系的关注是我国行政法现象的主流。

---

〔1〕 习近平：《决胜全面建成小康社会 夺取新时代中国特色社会主义伟大胜利——在中国共产党第十九次全国代表大会上的报告》（2017 年 10 月 18 日），人民出版社 2017 年版，第 45 页。

〔2〕 关保英：《行政法学》（下册），法律出版社 2013 年版，第 568 页。

换言之，我们更加重视行政法体系的顶层设计，更加重视行政法体系中一般行政法内容的构造。自 1989 年我国制定了行政诉讼法之后，相继制定了行政处罚法、国家赔偿法、行政复议法、行政许可法、行政强制法和政府信息公开条例，学界将其称之为"六法一例"。诸多学者对此有非常高的评价，认为我国行政法治达到了较高的水平[1]，在我们分析和判定行政法的社会价值时，也以"六法一例"为判定标准。就是说，我们给予这些一般行政法以巨大的重视和重用，这也无可厚非，因为我们需要这样的行政法典则。与之相比，我们对部门行政法则没有予以足够的重视，尤其没有重视部门行政法在社会控制中的巨大功用、在社会转型中的巨大功用。上文指出，部门行政法在当下存在着迟滞性，就说明了我们对它的功用的认知还存在着误差，而且它的功用确确实实没有得到充分的发挥。十九大报告关于一般行政法也有诸多新的理念，例如提出完善行政组织法的制定，提出强化行政编制法的功能等。在笔者看来，十九大报告给了部门行政法以足够的重视，提到了乡村治理的问题、区域协调发展的问题、土地承包的问题、市场准入的问题、基层治理的问题、公共服务的问题、社区服务的问题、老年人服务的问题、就业服务的问题、精准扶贫的问题、食品安全的问题、健康生活的问题、环境保护的问题，等等，这实质上都是部门行政法的热点或者焦点。如果要在新的历史条件下实现行政法的功用最大化，部门行政法功用的最大化要比一般行政法功用的最大化更加重要、更加有价值。

四、部门行政法的新走向

在新的历史条件下，部门行政法应当发生新的变化，而这个新的变化就在于部门行政法要形成新的时代精神、有新的精神风貌，这些新的精神风貌至少体现于下列三个方面：第一个方面是要有新的属性。部门行政法在不同的历史时期有着不同的本质属性，如果说传统行政法是以管制为属性的话，那么新的部门行政法则以给付为属性。它的新的属性与新的时代精神是完全

---

〔1〕 我国行政法治与整个法治体系相比，还存在着一定的滞后性。如果说我国法治体系中有关法律的规范体系还存在缺失的话，那么主要就是行政法体系的缺失，我们缺少统一的行政程序法，缺少行政编制法，缺少新闻法，缺少个人信息保护法等。而就行政法治中的实施体系、监督体系和保障体系而论，行政法治也相对比较滞后，诸多行政法规范并没有得到很好的实施。总而言之，行政法的实施体系与规范体系相比，显得更滞后一些。

契合的。第二个方面是要有新的品味。由于我国的部门行政法在我国法治体系中处于相对较低的位次，所以它的法治品味相对较低，例如传统行政法就很少有包容精神，因为它以行政系统为本位，而且行政系统往往通过部门行政法实现自身的利益和价值，而不是实现社会利益和社会价值。传统部门行政法也常常更多地为行政相对人设定义务，而不是赋予权利[1]，其在调整方式上也简单粗暴，管理、管制、干预等都是传统部门行政法的代名词，该品味显然不能契合给付行政的时代精神。在新的历史条件下，部门行政法在品味上应当发生深刻变化，这也是部门行政法能够促成行政法服务精神实现的必由之路。第三个方面是要有新的内容。部门行政法的内容可以被理解为部门行政法中的干货，我国传统上已经形成的内容，有些应当予以淘汰，有些可以继续保留。但在新的历史条件下，更重要的是必须增加新的内容，这既包括部门行政法中相关部类的增加，如公共服务部类的行政法、社会救助部类的行政法、公民权利保护部类的行政法，就应当有所增加，通过增加形成新的部门行政法的部类。还如部门行政法的典则需要增加，有些部类的行政法还缺少诸多的法典，以旅游部门行政法为例，法律层面上的旅游行政法相对比较单薄，我们便可以增加新的法典内容。当然也包括对相关法律条文的充实。通过上述三个方面，完全可以使部门行政法在新的历史条件下有新的属性和精神风貌。就目前来讲，部门行政法新的走向体现于下列方面：

（一）部门行政法趋于体系化

我国的部门行政法目前以行政管理部门进行划分，形成了四十多个部门，它们的形成有着一定的历史基础。但要强调的是，目前我国部门行政法部类的形成是计划经济的产物，即是说，它们是在计划经济的历史条件下形成的。有些部类完全可以整合于其他部类，为其他部类所吸收，如农业、水利、土

---

〔1〕　以《出版管理条例》为例，其共设有9章，除了第1章总则和第9章附则以外，其余7章都凸显了行政主体对行政相对人的管理，第11条规定："设立出版单位，应当具备下列条件：①有出版单位的名称、章程；②有符合国务院出版行政主管部门认定的主办单位及其主管机关；③有确定的业务范围；④……"。第67条规定："有下列行为之一的，由出版行政主管部门责令改正，给予警告；情节严重的，责令限期停业整顿或者由原发证机关吊销许可证：①出版单位变更名称、主办单位或者其主管机关、业务范围、合并或者分立，出版新的报纸、期刊，或者报纸、期刊改变名称，以及出版单位变更其他事项，未依照本条例的规定到出版行政主管部门办理审批、变更登记手续的；②……。"这些内容都为行政相对人设定了诸多义务，而行政主体完全是以管理者的身份出现的。

地就可以整合为一个部类，而目前它们分属三个部类。有些单一部类之中包括了若干规范体系和调控对象，包括了不同的典则和规范，以民政部门行政法为例，就包括了社会救助、公共服务、老年人管理、社会团体登记等诸多的规范体系和典则形式。依据十九大的精神，社会救助、公共服务、老年人权益保障都有相对独立的内涵，它们分别作为部门行政法的部类是完全成立的。基于上述，我国部门行政法必须由原来的分散化转向整体化，由原来的个别化转向一体化，只有当它们成为一个有机的整体时，才能够支持法治系统，才能够形成新的时代精神。

（二）部门行政法趋于给付化

有人将行政法总的体系的历史发展概括为这样几个历史阶段：第一个是控权论的阶段。在这个历史阶段，行政法的主要功能在于控制政府行政权，行政主体"守夜人"的角色定位就是该理论的具体化："行政法是有关行政主体根据法定权力运作的法律部门。"〔1〕事实上，法治发达国家的行政法，一开始就是以控权来定位的，正如韦德所指出的："行政法定义的第一个含义就是它是关于控制政府权力的法。"〔2〕第二个是管理论的阶段。在这一阶段，行政法所凸显的是社会管制的功能。美国在 20 世纪 70 年代，政府管制就达到了顶点。而我国本身就以"管理论"作为行政法的理论基础，所以我国的行政法和部门行政法对管理功能情有独钟，上文我们所指出的部门行政法典则多以管理命名，就印证了这一点。第三个是契约论的阶段。就是在行政法治的调控中大量引入契约精神，并引入私法机制来调整行政关系，这一阶段超越了上述若干历史阶段。第四个是参与论的阶段。它与契约论有一定的契合性，但又有着自己独特的内涵，在这个阶段，相关社会主体有资格和能力参与部门行政法的实施和运作中来，有资格和能力参与整个行政过程中来。第五个是给付行政的阶段。有人对给付行政及其精神做过这样的描述："政府的首要职责是为防老、死、无依无靠、丧失劳动力和失业提供安全保障；为老年人和穷人提供医疗照顾；为小学、中学、大学和研究生提供各级教育；……建立公园并维持娱乐活动；为穷人提供住房和适合食物；制定职业训练和劳力

〔1〕〔新西〕迈克尔·塔格特编：《行政法的范围》，金自宁译，中国人民大学出版社 2006 年版，第 225 页。

〔2〕〔英〕威廉·韦德：《行政法》，楚建译，中国大百科全书出版社 1997 年版，第 5 页。

安排的规划；净化空气和水；重建中心城市；维持全部就业和稳定货币供应；调整购销企业和劳资关系。"〔1〕所谓"给付行政"，就是说行政法所体现的是政府提供大量公共服务的精神，政府必须丢掉原来的管制理念，树立服务于社会、服务于公众的新理念。该理论与福利国家的概念是契合的。法治发达国家认为进入福利国家时代以后，政府所要做的就是提升公众的生活质量，包括部门行政法在内的整个行政法治必须体现让社会公众受益和受惠的精神。中共十九大报告揭示了我国新的社会矛盾，解决这个社会矛盾的基本方式就是大量增加社会的精神财富和物质财富，以此为方针，我们要求行政系统建立精准扶贫体系，建立环境优化体系，建立老年人关爱服务体系，建立保障公民人格尊严的体系，等等。部门行政法在这其中所起的是核心作用，因为每一个服务体系都是通过部门行政法具体构建的。所以我们认为，新的历史条件下，部门行政法趋于给付化。

（三）部门行政法趋于技术化

法律规范在传统构成中有两个主要范畴，一是原则，二是规则，原则是相对抽象的行为准则；"法律中的疑难案件与公共管理者每天在执行其命令中遇到的问题相似，行政命令往往是不清楚的，因此公共管理者不能简单地机械行事。公共管理者们经常需要一些履行命令的准则，而经济和效率则是传统的准则。"〔2〕规则与原则相比，是相对具体的内容，就是直接确定权利和义务的那些行为准则，它们有着很强的操作性能。在一个法律典则中，原则与规则是统一的，二者均不可缺少。然而，在当代的行政法规范之中，产生了一个新的规范内容，那就是技术准则。所谓"技术准则"是指："标准比软规则的拘束力要小。规则界定规则适用的启动条件及其效果，但标准却只限定相关的考量因素。"〔3〕由此可见，技术准则既区别于原则，又区别于规则，它们是带有强烈技术色彩的行为规范，有些技术准则是由国家立法确定的，有些技术准则是由行业章程确定的，还有一些准则是由部门规章确定的。在我

---

〔1〕［美］托马斯·戴伊：《谁掌管美国——卡特年代》（第2版），梅士、王殿宸译，世界知识出版社1980年版，第66页。

〔2〕［美］H. 乔治·弗雷德里克森：《公共行政的精神》（中文修订版），张成福等译，中国人民大学出版社2013年版，第71页。

〔3〕［美］劳伦斯·索伦：《法理词汇：法学院学生的工具箱》，王凌皞译，中国政法大学出版社2010年版，第144页。

国传统部门行政法中，原则和规则是主要的规范形式，技术准则基本上没有存在的空间，而在新的历史条件下，格局发生了变化，就是技术准则要在部门行政法中占有一席之地，甚至要成为部门行政法发展的趋向之一。之所以这样说，是因为部门行政法调整的是社会关系末端的事项，是极其具体的事项，而这些事项单靠法律原则和法律规则往往难以规范和调整，这就给技术规则留下了巨大的空间。

（四）部门行政法趋于民间化

中共十八届四中全会在对我国依法治国的顶层设计中，强调了法律规范构成的多元性，尤其提到了民间规则在调整社会关系中的积极价值。民间规则之所以能够在法律体系中有相应的地位，决定于我们将社会管理的概念改换为社会治理的概念。长期以来，我们用社会管理来框定政府职能，来框定行政法治的属性，而 2013 年我们提出了社会治理的概念，该概念使政府职能和民间的治理机制相契合，同时大大拓展了部门行政法的范围，原来的部门行政法是由行政系统实施的单一法典，而在社会治理之下的部门行政法，除了政府行政系统实施的法典之外，还包括了存在于民间的能够有效调控社会治理的行为规则。十九大报告进一步强调了社会治理在新的历史条件下的地位，强调了社会治理的广泛的社会参与问题，尤其指出存在于民间的习惯、乡规民约、社区规约等在调整社会关系中具有不可低估的作用。这充分表明在新的历史条件下，部门行政法要大量吸收乡规民约，大量吸收行业章程，大量吸收相关的习惯和惯例。基于此，我们认为部门行政法在新的历史条件下趋于民间化。

（五）部门行政法趋于商谈化

哈贝马斯创立了著名的"商谈理论"，关于立法和法治中的商谈，他有这样的论断："商议性的立法实践模式，目的并不仅仅是要获得法规的伦理有效性。相反，法律规范的复杂的有效性主张可以理解成这样一种主张，一方面是在符合共同福祉条件下考虑参与者以策略方式所坚持的利益，另一方面是把普遍主义正义原则带入一个特定领域之中，一个受特殊价值格局影响的生活行使的视域之中。"[1]近年来，我国学者也提出了协商民主的概念。社会协

---

〔1〕［德］哈贝马斯：《在事实与规范之间——关于法律和民主法治国的商谈理论》（修订译本），童世骏译，生活·读书·新知三联书店 2014 年版，第 348 页。

商是我国民主体制的体现，是我国社会民主化的体现。通常认为，民主在不
同的国家有着不同的表现方式，没有绝对的民主形式，即是说，在民主问题
上并不存在普世价值。我们可以认为，西方有些国家实行的是代议民主，就
是公众通过议会行使民主权利，但我国的民主体制属于协商民主，例如有政
治协商会议，十九大要求行政系统要善于与公众协商，善于与行政相对人协
商，善于与其他社会组织协商，等等。笔者认为，商谈既是我国民主的当然
形式，也是我国社会治理的基本方式。部门行政法存在一个典则形成的问题，
存在一个典则实施的问题，存在一个典则实施过程中的保障问题等。在这个
复杂的运作过程中，商谈都可以发挥它的功能，例如在部门行政法典则形成
的过程中，行政主体便可以与其他社会主体进行协商或者进行具体的商谈。
在具体的部门行政执法中，商谈则更加必要，我国目前正在推行的公私合作
治理的模式，就是通过商谈而为之的。而这样的商谈，不仅仅是契约化管理
的问题，更为重要的是通过商谈，行政系统与其他社会主体达成意志和利益
的合致。我们可以大胆地预测，部门行政法在今后的运行中，更多地将以商
谈形式体现出来。

五、部门行政法变迁与行政法体系的重构

部门行政法与行政法体系的关系在行政法学界有下列理论认知：一是将部
门行政法作为行政法体系的有机构成，我国行政法学论著大多持此观点。[1]该
理论主张部门行政法是行政法体系中的一个部分，它与行政法体系的关系是
部分与整体的关系。相对于行政法这个总体而论，部门行政法是其中的一个
部分，部门行政法的相关内容以及变迁应当和行政法体系的变迁保持同步。
该理论还认为部门行政法与行政法体系是个别与一般的关系，即是说部门行
政法是行政法体系中的个别现象，而行政法体系则是一个一般现象。显然，
行政法体系的变迁有赖于部门行政法的变迁，因为事物的发展变化先是个别
的变化、特殊的变化然后才是一般的变化和普遍的变化。当然个别的变化和
特殊的变化是寓于普遍的变化之中的。还应指出，部门行政法在行政法体系
中常常是具体的，它有具体的典则、具体的规范、具体的行为模式、具体的

---

〔1〕　参见宋华琳、邵蓉：《部门行政法研究初探》，载《浙江省政法管理干部学院学报》2000 年
第 2 期。

调控方式等。这样的具体性与特定行政主体相对应，与特定行政相对人相对应，而行政法体系则是抽象的，它们是对行政法中个别现象和特殊现象的概括。基于上述三个范畴的关系形式，该理论主张，部门行政法的变迁不能离开行政法体系的变迁而存在。同时，行政法体系的变迁也应当得到部门行政法变迁的支持。二是将行政法总的体系与部门行政法作为两个不同事物来看待。有学者就认为部门行政法所凸显的是政府的行政管理职能。[1]用管理论框定部门行政法的特性是顺理成章的，因为部门行政法的运作主要是在行政主体的主导下而为之的，而一般意义上的行政法或者我们所理解的行政法总的体系更多的体现控权精神。正如上述，我国的行政六法就是行政法体系中最重要的构成，它们在行政法中是普遍适用的，而它们的功能在于有效控制行政权、有效规范行政权。因此行政法和部门行政法并不是同质的事物，所以部门行政法应当从行政法体系中分化出去。分化以后，部门行政法则可以称为行政管理法。"国家管理具有执行和指挥的性质。管理活动的'执行'是指执行法律和其他法令。管理机关的执行活动常常同时是指挥的，因为它以该机关颁布单方权力性命令，包括适用国家强制措施的命令为前提。"[2]而行政法总的体系则可以称为行政法。上述两种不同认知似乎都有一定道理，而在笔者看来，这是一个分析方法和分析技术的问题，无论对二者进行整合也好，还是对其进行分化也好，都是为了很好地构建行政法治体系。在我国目前行政法治格局下，二者的关系肯定应当予以合理处理，予以很好的整合和重构。部门行政法的变迁是行政法大系统发生变化的内涵之一，而它的变化或者变迁必然能够促成我国行政法体系的重构。笔者试对这样的重构提出下列进路：

（一）关于行政法的一体化构型

全国人大对我国法律的部门作过分类，[3]该分类不仅仅是学理上的，更

---

[1] 参见［德］G. 平特纳：《德国普通行政法》，朱林译，中国政法大学出版社 1999 年版，第 3~5 页。

[2] ［苏］П. Т. 瓦西林科夫主编：《苏维埃行政法总论》，姜明安、武树臣译，北京大学出版社 1985 年版，第 39 页。

[3] 2001 年 3 月 9 日，时任全国人大常委会委员长的李鹏在九届全国人大四次会议上作全国人大常委会工作报告时指出，关于法律部门，法学界有不同的划分方法，常委会根据立法工作的实际需要，初步将中国特色社会主义法律体系划分为七个法律部门，即宪法及宪法相关法、民法商法、行政法、经济法、社会法、刑法、诉讼与非诉讼程序法。

为重要的是，它从制度层面上确立了我国的法律部门。法律部门的划分向来就是一道难题，不同的国家关于法律部门的划分有不同的理论和原则。依据我国官方的这种划分，行政法是一个独立的法律部门，它与刑法、民法、国际法、诉讼法和社会法等法律部门相平行，而在行政法体系之外所存在的其他部门法并没有给部门行政法留下空间。换言之，行政法当然也包括部门行政法，在我国只是一个事物、一个相对独立的事物。至于它们内部的要素如何构成则是另一范畴的问题。基于全国人大的这个分类，我们认为我国行政法总的体系应当作一体化的构型，而不是将部门行政法与行政法总的体系予以拆分。我们所讨论或者主张的部门行政法的变迁中有个非常重要的意蕴，就是强化行政法体系的总的功能，也就是对行政法总的体系做一体化的构型。如果说我国行政法体系在今后的发展中有什么倾向的话，那就是将部门行政法非常好地整合于行政法体系之中，使它们不要成为两张皮，而成为一个一体化的事物。

（二）关于行政法结构的明晰化

上文指出，有理论主张部门行政法应当从行政法体系中分化出去，如果说在我们认可行政法体系统一化、一致化的前提下，让部门行政法有所分化那是科学的，那么，将部门行政法完全从行政法体系中分离出去则存在着这样或那样的障碍。例如在理论上，很难使部门行政法和行政法泾渭分明，在法治实践中也很难将二者贴上两个法律部门的标签。因此，关于部门行政法的变迁，它发生的任何形式上和实质上的革新都应当围绕行政法大系统展开。沿着这个思路，我们认为部门行政法应当促使行政法体系结构的分化，应当将传统行政法的结构予以明晰。我国目前的行政法体系中，部门行政法常常与一般行政法有所混淆，这就使一个部门行政法典中既包含着对具体社会关系的调整和规范，也包含着对行政权的控制。毫无疑问，控制行政权和规范具体的社会关系是两个完全不同的事务，具有不同的价值取向。以《中华人民共和国治安管理处罚法》（以下简称《治安管理处罚法》）为例，它就比较典型地将行政控权与具体关系的调整混合在一起。事实上，《行政处罚法》已经体现了行政的控权功能，《治安管理处罚法》中的行政控权也就自然而然地在《行政处罚法》之中有所体现，而《治安管理处罚法》中也有大量的控权条款〔1〕，这既浪费了立法资源，也使一个法典中常常包含了相对冲突的价值取向。部门行政法的变迁促使行政法的内部结构发生分化，一般意义的行政法以规范和控制行政权为宗旨，而部门行政法则以有效实现行政管理过程为宗旨，这样的分化同样是对行政法体系的重构。

(三) 关于行政法一般性典则的完善

部门行政法的变迁使部门行政法回归自己的本真，更多地体现新的历史条件下的社会关系，与处于相对较低层次的社会资源和社会关系发生密切关联，它们可以整合这样的社会资源，整合这种具体的社会关系，进一步强化它在行政法体系中的相对独立性。而行政法中的一般性典则，主要包括行政组织法、行政程序法、行政救济法等。〔2〕我国目前有关这三个范畴的行政法规范有相当一部分存在于部门行政法之中，例如，《中华人民共和国海关法》（以下简称《海关法》）中涉及了海关行政组织，而《海关法》只是一个部门行政法，它本不该与行政组织发生关联。而《中华人民共和国土地管理法》同样是一个部门行政法，但土地管理法中涉及了一系列程序。《中华人民共和国道路交通安全法》《中华人民共和国税法》《中华人民共和国广告法》等都包括了大量行政程序条款。行政救济条款在部门行政法中的反映则更加普遍。也许，目前我国行政法体系的这种状况会使行政组织法、行政程序法和行政救济法这些一般行政法的内容更加具体、更加具有针对性。然而，我国《立法法》强调了立法的科学性问题，而中共十九大报告也强调了依法立法的问题，将一般意义的行政法典则和规范分散到部门行政法中既违反科学立法的原则，又没有走依法立法之路。正因为如此，笔者主张部门行政法的变迁要倒逼一般行政法典的完善，例如，完善行政组织法将部门行政法中的行政组织规则予以剔除，〔3〕

---

〔1〕《治安管理处罚法》对治安处罚设置了较为严格的程序，包括调查、决定、执行等具体环节，确立了回避制度、罚款决定和执行分离制度以及其他一系列制度，这些制度都非常好地控制了行政权。

〔2〕王名扬教授指出："行政法是控制政府活动的法律，它规定行政机关的权力、权力行使的原则，和人民受到行政活动侵害时的救济手段。行政法的重点是行政机关行使权力的程序，不是它的实体法。行政法涉及实体法时，只是用以说明行政程序和救济方面的问题。"参见王名扬：《美国行政法》，中国法制出版社2005年版，第38~43页。

〔3〕《海关法》本来是部门行政法，从理论上讲，它不应当涉及有关行政组织法的内容，因为行政组织法属于一般行政法，但《海关法》第72条将本来应当由《中华人民共和国公务员法》所规定的内容作了进一步的列举。我们完善部门行政法，就应当将部门行政法中涉及的一般行政法的内容回归到一般行政法体系之中，这样的回归在我国十分必要，但又有非常长的路要走。

制定统一的行政程序法将部门行政法中的程序规则予以剔除。而行政救济法完全可以通过行政复议法、行政诉讼法和国家赔偿法统一，在部门行政法中出现救济条款从哪个角度来看都是不恰当的。

（四）关于行政法的过程化运作

有学者将行政法的基本范畴用两个字进行概括，即"体"和"用"。所谓"体"指的是对行政主体、公务员以及整个行政组织系统进行规范的那些规则，"体"的部分是相对静态的。所谓"用"则是指对行政主体、公职人员以及整个行政系统行为方式进行规范的那些行为准则。它们的作用基点在行为方面，"用"的内容是相对动态的。这个关于行政法构成的理论认知将行政救济法视为行政法运作的最后防线，甚至认为救济规则在大多数情形下不参与行政法过程。该认知具有它的合理性，但在笔者看来，该认知无论对构成"体"的规则的阐释还是对构成"用"的规则的阐释，实质上都是静态的，因为它将行政法的认知基点定在了典则规范上。而中共十八届四中全会将法治体系视为一个动态的过程，另外，与静态的典则体系保持逻辑契合的还有实施体系、监督体系、保障体系等。更为重要的是，在当代法治实践中，除了法的实施以外还存在着法的实现问题。毫无疑问，法的实施和法的实现不是同一意义的概念，法的实施所强调的是法律所设定的权利和义务的执行，而法的实现则强调的是法所设定的权利和义务的社会认可。尽管它们两者都包含着法律规范已经被物质化、法律权利和义务已经被具体化的内涵。但是，此一具体化非彼一具体化，换言之，法实现的具体化是指法已被社会认知和接受的具体化，而法实施的具体化并未包括法已被接受这一事实。行政法作为法治的组成部门同样存在实施和实现的问题，行政法总的体系和部门行政法在新的历史条件下必须被放在社会系统中进行考量，行政法的规范必须通过监督、实施、保障处于动态的运作过程中。使部门行政法有所变迁就是要促使整个行政法过程处于相对动态的过程中，且在这个动态的过程中超越传统的实施和实行状态，使其永远处于实现的状态。这个行政法体系的重构恰恰契合了十九大有关服务行政和给付行政的精神。

行政编制法的新定位*

　　中共中央关于机构改革的方案指出要强化行政编制法对机构改革的调控作用，使行政编制法具有更加具体的内容和刚性的规定。这实际上指明了在新的时代背景下，行政编制法必须很好地服务于行政机构改革，必须有充实的内容和有效的规制技术。在笔者看来，这些判断都是对行政编制法在新历史时代的新定位的阐述。那么，行政编制法的新定位究竟应当如何理解？针对这一问题，笔者撰就本文，拟从传统行政编制法的滞后性、行政编制法新定位的缘由、行政编制法在新时代的价值以及行政编制法新的时代属性等方面对该问题予以探讨。

一、传统行政编制法的滞后性分析

　　行政编制法的主客观状况直接涉及一个国家行政机构的状况，涉及一个国家对行政组织的调控方式，进而也涉及一个国家行政法治的状况，换言之，我们对行政编制法的研究必须和行政机构体系以及行政法治结合起来，在我们考量传统行政编制法时，这些因素都是一些主客观背景。具体而论，有三个方面的问题必须引起我们的注意：

　　一是我国行政机构膨胀化的问题。应当说，我国一直非常重视行政机构的改革，仅就国务院的机构改革为例，改革开放以来，大规模的改革已

　　* 该文发表于《社会科学研究》2019 年第 2 期，原标题为《论行政编制法的新定位》，为 2017 年教育部重大攻关项目"新时期改革与法治实证关系研究"（项目批准号：17JZD004）部分研究成果，"上海市高原学科（行政法）"资助项目，"中央财政支持地方高校建设专项（行政法）"资助项目。

有四次[1]，然而，总体上讲，我国行政机构所表现出来的仍然是膨胀化的趋势。这既包括行政机构数量的增加，也包括行政机构中职位的增多，更包括行政系统中公职人员数量的绝对增多等。与中央层面的机构相比，地方机构的膨胀化则更加明显，行政机构的膨胀化是我们研判和考量行政编制法状况的基本切入点，因为行政编制法既与行政机构的质有关，又与行政机构的量密不可分。

　　二是调控方式的政策化问题。行政编制仅从概念而论，属于科学范畴，是行政学关注的问题，但是，如果我们将编制用规范予以确认，用规则予以表达，那就使行政编制成了行政法的问题，就由科学问题、技术问题变成了法律问题和规范问题。这些法律问题和规范问题直接关系着编制的科学性和技术性。我国在传统上对编制规则的选择大多停留在行政管理层面上而不是行政法层面上，换言之，我们的行政编制法具有明显的政策化的倾向。有学者就指出："我国始终没有一套有强制约束力的控制编制增长的机制。我国编制体制存在的弊端是，编制管理机构不健全，缺乏权威；编制管理体制混乱；编制不科学，缺乏客观科学依据；财政预算约束编制的机制尚未建立；违反编制的法律责任不明确。"[2]这种调控技术几乎是传统行政编制法的一个特性，而我们知道，政策与法律相比，所表现的是更大的灵活性和可变动性以及柔性："法律必须具有高度的明确性，因此，每一部法典或单行法律和法规，都必须以规则为主，而不能仅限于原则性规定，否则，便难以对权利义务关系加以有效调整。党的政策则不同，有些政策文件可以主要或完全由原则性规定组成，可以只规定行为的方向而不规定行为的具体规则。"[3]

　　三是政府法治的重行为治理问题。在行政法和政府法治中，人们常常认为有两个元素，即"体和用"，前者是行政法和政府法治的静态方面，主要指

────────────

　　[1]　改革开放以来，我国分别在1982年、1988年、1993年、1998年、2003年、2008年、2013年和2018年进行了八次规模较大的政府机构改革。历次机构改革都是在对国务院机构与行政管理事项认知的基础上进行的。每一次改革规模都有所不同，但对国务院行政机构的完善都起到了积极作用。我们要指出的是，历次机构改革在有关行政机构目标的分解与综合中都欠深入研究，所以才导致历次改革都未找到国务院行政机构的最佳方案。

　　[2]　孟鸿志等：《中国行政组织法通论》，中国政法大学出版社2001年版，第138页。

　　[3]　张文显主编：《法理学》（第3版），法律出版社2007年版，第398页。

组织机构；后者则指行政法和政府法治的动态方面，主要指行为和行为方式。我国的政府法治在其发展中将治理的侧重点放在了后者，就是说我们通过法治、通过行政法有效调控了政府行政行为。例如，行政六法的着眼点就在行政行为上〔1〕，与之相比，有关组织机构的治理则是相对滞后的，以行政法典则的分布为例，行政组织法和行政编制法所占的比重是非常小的，〔2〕这个现象同样是我们研究行政编制法的切入点。上述三个客观背景对于我们对我国传统行政编制法的状况作出勾画有着非常重要的参考价值。有机地结合上述三个方面，便可以对我国行政编制法在传统上的表现作出一个大体的评判，那就是它的滞后性，而对这个滞后性的分析可以从下列方面展开：

第一，与行政组织法无界分的滞后性。行政组织法与行政编制法究竟是什么关系，学界有不同的认知。广义的行政组织法理论认为行政编制法不是行政法治中的构成板块，它是行政组织法中的一个规制技术而已，诸多学者在给行政组织法下定义时，都下意识地包括了行政编制法。如有学者认为："行政组织法是关于行政组织的职能权限、编制管理以及公务员录用管理等内容的法律制度。"〔3〕另一种观点则认为对行政组织法应当做狭义的理解，而在狭义的行政组织法中不包括行政编制法的内容，行政编制法虽然可以补充行政组织法，但它自己有着独特的法律价值，有着自己的质的规定性。如有学者就指出："所谓行政编制法，是指对行政编制作出规定的法律规范的总称。对这一定义可从以下两个方面分析：第一方面是指对国家立法机关和行政机关制定编制行为进行的规范……第二方面是指确定行政机构中各种数量及比例关系的法律规则……"〔4〕上述理论分析是对行政编制法的两种认知进路。在这两个进路中，行政编制法的概念还是客观存在的，行政编制法还应当是一个相对独立的事物，是一种实实在在的行政法规范。然而，在我国的

〔1〕 参见《行政许可法》第1条，《行政处罚法》第1条，《行政强制法》第2条，《行政复议法》第2条，《行政诉讼法》第2条，《中华人民共和国国家赔偿法》第3条、第4条。

〔2〕 在我国国务院法制办编纂的《法律全书》中，行政法法典包括行政法的总则和部门行政管理法，共有200多件。而在这200多件中，有关行政组织和行政编制的法典还不到10件，这足以反映在我国行政法体系中有关组织和编制的规定还极其单薄，它们与有关行政行为和行政救济的法典完全不成比例。参见国务院法制办公室编：《新编中华人民共和国常用法律法规全书（2018年版）》，中国法制出版社2018年版，目录第5~9页。

〔3〕 马怀德主编：《行政法与行政诉讼法》，中国政法大学出版社2007年版，第21页。

〔4〕 关保英：《行政法学》（上册），法律出版社2013年版，第368页。

行政立法体系中，行政编制法与行政组织法并没有严格的界分，这导致在我国的行政实在法中找不到有关编制法的完整的规范，甚至也找不到有关编制法的法律解释。可以肯定地说，行政编制法与行政组织法是两个不同的行政法现象，行政组织法主要涉及行政组织的质的问题，而行政编制法则涉及的是行政组织的量的问题，质和量虽然共存于一个哲学范畴中，但它们毕竟是两个相互对立和相互补充的东西。它们的区分和界别是顺理成章的。传统上将行政组织法和行政编制法不作界分，模糊二者的界限，模糊二者的法律属性，是其滞后性的首要表现。因为在行政编制法还不能够成为独立的行政法现象时，它调控中具有的针对性和具体性就会遇到这样或那样的问题。

第二，法律渊源偏低的滞后性。行政编制法与行政组织法和行政行为法一样都应当有自己的法律形式，该法律形式就是它的渊源。那么，我国行政编制法的渊源究竟为何呢？前面我们已经指出，长期以来我国对行政机构编制的调整主要采用行政政策，如诸多干部的编制就是通过组织部门的文件予以调控的。这些文件是党内文件，从我国党法作为国家法的构成而论，它们也应当是我国法治体系的内容。在法治体系中有硬法和软法之分，作为党法的法律规范大多是以软法的形式出现的，之所以将它们归入软法的范畴是因为它们缺少后续的法治保障机制，这是一方面。另一方面，行政编制法的诸多内容是以政府规章的形式出现的，我国行政系统的编制法大多由政府人事部门制定。在我国整个行政法体系中，专门规范编制的行政法典在法律层面少之又少，在行政法规层面也仅有个别，如 1997 年制定的《国务院行政机构设置和编制管理条例》，其余基本上都存在于政府规章甚至规范性文件层面[1]，这与行政组织法的法律地位形成了较大反差。行政组织法很好地解决了行政组织的质的问题，而解决量的规则的柔性和地位相对较低的特性必然使量在运行中失去控制，一旦在数量上失去了控制，最终就会影响行政机构

---

〔1〕　目前我国有关行政编制的行政法规范主要是政府规章，例如国家卫生计生委在 2015 年颁布的《中国人口宣传教育中心主要职责内设机构和人员编制规定》；国务院办公厅 2003 年印发的《国务院国有资产监督管理委员会主要职责内设机构和人员编制规定》；2015 年中央编办会同国家发展改革委、工业和信息化部、财政部、人力资源社会保障部、商务部、国资委等部门起草的《关于贯彻落实行业协会商会与行政机关脱钩总体方案涉及事业单位机构编制调整的意见（试行）》；2014 年中央编办、教育部、财政部印发的《关于统一城乡中小学教职工编制标准的通知》等。

体系的质的问题。我国行政机构的膨胀化都首先是在数量上出现了问题，当然最后也体现在质的方面。

第三，量化标准不足的滞后性。行政编制法涉及的是机构中的数量问题，它要求一个行政机构、一个行政部门，尤其是一个大的行政系统有着客观的数量上的确定，包括机构的总的规模、机构中的职位设置、机构中的人员编制等，它们都必须有一个确切的数。除了各个元素中的数量之外，各元素之间的比例关系也是量的问题。现代系统理论认为，总体上的量和分布于总体之下的量并不是完全对等的，这就是我们说的部分之和不等于整体。在部分之和不等于总体的判断中，各部分之间所保持的比例，所保持的结构形式等是非常讲究的，而这个讲究所体现的就是高度的数量上的分析。我国行政编制法由于政策层面上的东西较多，所以有关量化的分析相对较少，量化标准缺少科学依据。强调量的重要性是当代行政机构改革的趋势，所以这次国务院的机构改革也尽可能在数量上大做文章，例如，大大减少了国务院职能机构和直属机构的数量。[1]我国传统行政编制法并不是完全没有数量上的考量，在有些情形下也涉及量的问题，有些量甚至是刚性的，但必须肯定，传统上有关量的确定缺少相应的科学依据。以2002年我国相对集中行政处罚权为例，对四五个职能部门的职权进行整合，从数量上砍掉了一些行政机构，而为何要砍掉这些相关的机构，我们只是有一个理论上的说法叫职能的统一性。在这个过程中，数量上的分析基本上是一个空白。总而言之，传统行政编制法量化标准不足对行政机构的设置和改革是非常致命的。

第四，柔性调控方式的滞后性。法谚有云：法律是长有牙齿的。该谚语表明，通常情况下，法律包含了制裁的功能，它有着后续的制裁手段，有着后续的保障机制，否则法律和其他行为规范例如道德规范就没有质的区别。作为行政编制法是否应当有这样的制裁属性呢？我们应当做出肯定的回答。然而，我国传统行政编制法常常没有设立制裁条款，就是没有对设置行政机构的组织、设置行政机构的领导或者其他设置行政机构的行政责任人进行责

---

〔1〕 改革后，国务院正部级机构减少8个，副部级机构减少7个，除国务院办公厅外，国务院设置组成部门26个。参见全国人民代表大会2018年发布的《第十三届全国人民代表大会第一次会议关于国务院机构改革方案的决定》。

任上的追究。由于失缺了法律责任，机构设立的随意性和任意性就在所难免。
这是行政编制法柔性规制的一个方面。另一方面，一些行政编制法所体现的
是政策导向，是有关的原则精神，而不是严格的规范和制度设计。例如，我
们在大多数行政编制的规则里都能看到提高行政效率和精简行政机构这样的
表述，其所表述的是行政法中的一种价值，是行政机构设立中的一个取向。
该取向要实现就必须有具体的内容和具体要求，而在我国传统行政编制法中
相应的具体要求和这些抽象的原则相比少之又少，这是柔性规制方式的另一
个体现。行政编制法无论在什么情况下都不应当是柔性的，这一点我们必须
予以强调。而且它不是柔性与刚性的结合，而是纯粹的刚性。行政机制中柔
性的东西可以通过行政组织法体现，编制法的科学属性和技术属性就是关于
其刚性规制要求的法律定律。换言之，编制中的科学性和技术性是不可以讨
价还价的，是不可以留下任何宽泛的解释空间的，更是不能够由行政主体和
行政公职人员进行自由裁量的。

二、行政编制法新定位的缘由

行政机构改革是行政法治在新的历史时代的首要任务，中共十九大和十
三届全国人大都对此提出了要求和做了部署。行政法如何在行政机构改革中
发生作用呢？这便必然要回归行政组织法和行政编制法的修改和完善之中。
要完成机构改革首先必须修改行政组织法，我国学界近两年来对行政组织法
修改的呼声日益高涨，中共中央关于机构改革的方案中也提到了这个问题：
"机构编制法定化是深化党和国家机构改革的重要保障。要依法管理各类组织
机构，加快推进机构、职能、权限、程序、责任法定化。"〔1〕与之相比，行政
编制法的发展和完善同样非常重要，它是行政组织法的支脉法，二者密不可
分。然而，行政编制法在我国的研究和客观状况则是令人担忧的，一方面，
有关行政编制法的理论认知有所失缺，我国学界有关行政法和政府法治的研
究将注意力放在了行政法治的其他方面，例如上文所指出的行政行为方面、
行政救济方面、行政程序方面等。行政组织法的研究本身就落后于行政行为
法的研究，而行政编制法的相关理论还没有形成体系，甚至在绝大多数行政

---

〔1〕《中共中央关于深化党和国家机构改革的决定》，人民出版社 2018 年版，第 35 页。

法教科书中行政编制法的概念都没有出现〔1〕。我国学界有关行政编制法的理论体系还处在失缺状态的判断并不为过。另一方面，行政编制法总体理论体系上的失缺，使得它的功能定位也非常不清晰。行政编制法究竟要解决什么问题，我们并没有一个科学的认知。有些国家的法律理论中，关于编制有非常正确的认知，例如，它们将编制与机构体系的整体与部分的关系予以处理，认为编制可以使部分之和大于整体，可以使一加一大于二，编制可以在行政系统中省去非常多的机构。如目标的分析与综合就可以将没有目标的行政机构整合到某一个目标之下，使某一个行政机构见事不见人，在编制理论完善的国家，在编制定位合理的国家，行政机构绝对不会出现因人设事的状况。而我国行政编制的功能定位无论在学界还是在实践中都不甚清晰。上述两个方面的缺陷必然会影响行政编制法的法治实践，行政编制法究竟应当包括什么样的调控技术和调控方式，我们并不明确。中共中央关于机构改革的方案提到了几个导向性的东西，如超过编制的追责，强调编制的刚性等，这都是在新的历史条件下对行政编制法的新认知。从我国行政机构改革的需要来看，行政编制法必须有新的历史定位，这个定位要和机构改革契合，和行政法治的走向契合。关于这些新定位的缘由，笔者试从下列方面予以具体分析：

第一，行政机构改革的缘由。十三届全国人大一次会议通过了国务院机构改革的方案，拉开了我国行政机构改革的序幕，国务院的行政机构改革只是我国行政机构大系统进行重新整合的开始，我们先对中央行政机构进行改革，然后再对省级、市级、县级和乡级行政机构进行改革。结合中共十九大对新时代行政机构的判断〔2〕，行政机构改革是新时代伊始的主旋律。行政机构改革是在法治的轨道上进行的，行政法治、政府法治在这个过程中要发挥

---

〔1〕 应松年主编的《当代中国行政法》，2018 年由人民出版社出版。该书对我国行政法的几乎所有问题都进行了讲解，在体制行政法部分设置了行政组织法、中央行政组织法、地方行政组织法、公务员法、其他承担行政任务的主体、国有财产公物与公营造物等章节，但是没有设置行政编制法一章，甚至在节和目中也没有提到行政编制法。这足以表明我国学界尚未对行政编制法研究予以应有的重视。参见应松年主编：《当代中国行政法》（第 2 卷），人民出版社 2018 年版，第 257 页。

〔2〕 十九大报告对新时代行政机构及其体系的定位是服务型政府，它要求在新的历史时代中政府行政系统必须为社会公众提供让人民满意的公共服务，而且要将公共服务全方位化，如公共就业服务、公共卫生服务、公共安全服务、公共养老服务、社区服务等。为了完成这些职能，政府行政系统的构造必须贯彻精简、高效等原则，做到"放、管、服"的统一。

绝对的积极作用。应当说，传统行政法治尤其是行政组织法和行政编制法已经阻碍了行政机构的现代化，基于这个理由，行政编制法必须进行新的定位，新的定位使它能够直接指导行政机构改革，能够直接确认行政机构改革的成果，能够直接和行政机构改革在今后的发展中进行良性互动并通过刚性手段使行政机构在新的历史时代显得更有活力。

第二，法治体系重构的缘由。中共十八届四中全会对我国的法治进程和依法治国做过一个判断，那就是我国有着法律的规范体系，但是我们还没有形成严整的法治体系，这主要表现在：与法律的规范体系相比，我国的法治实施体系、法治保障体系、法治监督体系还不够完善，要建成法治国家，就必须对法治体系进行重构。笔者认为法治体系的重构是全方位的，它既包括公法体系也包括私法体系，既包括程序法体系也包括实体法体系，既包括法的总的体系也包括部门法体系。行政法体系存在于我国法治体系的重构之中。同时我们应当看到法治体系的重构不仅仅是对相关法律典则和规范的简单相加，而是要从理性的角度对法的诸多元素做出合理的处理。例如，在行政法中将实体规则与程序规则的关系处理好，将组织规则与行为规则的关系处理好，这其中必然也包括将编制规则与组织规则的关系处理好。所以，行政编制法的新定位是我国法治体系重构所使然，它是对法治体系重构的有力支持，反过来说，如果我们还让传统行政编制法继续存在于法治体系之中，那就有可能破坏我国的法治大系统，可能阻碍整个依法治国的大进程。

第三，政府功能服务化的缘由。中共十九大报告对我国建构服务型政府作出了这样的要求："转变政府职能，深化简政放权，创新监管方式，增强政府公信力和执行力，建设人民满意的服务型政府。"[1]该内容是对我国政府行政系统在新的历史条件下的功能定位。如果说我国传统政府行政主要是以管理或者治理为功能定位的话，那么在新的历史条件下，政府行政系统的管理功能和治理功能则要有一定程度的淡化，而要更彰显服务功能。十九大报告对政府行政系统的服务义务也做了诸多具体要求和规定，如社区服务、老年人关爱服务、农村公共服务、城镇服务体系等。近一段时间我国所推行的精准扶贫就充分体现了政府的这种服务功能。政府行政系统的服务功能与管理

---

〔1〕 习近平：《决胜全面建设小康社会　夺取新时代中国特色社会主义伟大胜利——在中国共产党第十九次全国代表大会上的报告》（2017年10月18日），人民出版社2017年版，第39页。

功能是两个不同的价值判断，在管理功能之下，我们叫大政府小社会，而在服务功能之下则是另一种状态，那就是大社会小政府，小政府的命题中包括了政府的规模，政府自身的消耗，政府对社会的压力等。深而论之，政府行政系统为了很好地完成公共服务，首先必须减少自身的消耗，限缩自身的规模，行政编制法在传统行政法治中则没有很好地契合小政府大社会的精神。基于此，在新的历史时代下，行政编制法必须有新的历史定位，就是通过行政编制法使小政府大社会落到实处。

第四，行政组织简化的缘由。机构精简是我国一项非常明晰的宪法原则，[1]该原则在学界和实务部门存在着认知上的差异，有人就认为行政机构一旦设立，就是一个客观存在，不存在精不精或者简不简的问题。正因为这一点，我国行政法教科书在行政法讲解中，甚至在行政组织法讲解中都不再提机构精简原则，该认知是值得商榷的。笔者认为，宪法将机构精简原则规定下来是经过科学论证的，换言之，机构精简原则的存在有它的科学性和规律性，即便在法治发达国家也强调机构精简原则，有学者甚至将机构精简或者机构成本的降低视为新公共管理的基本理念。迈克尔·塔格特在《行政法的范围》一书中就指出："新公共管理还用钱花到值处、国家竞争、问责性、对社区的回应性等语词来表述其积极目标。新公共管理尝试为政府识别出一种核心的作用，提供更好并更具回应性的服务，并发展治理的经验与工具以及能够在不过度妨碍私人部分或公民积极性的情况下达成政策目标。"[2]法国行政法强调机构精简并不是偶然的，因为在当代复杂的机制之下，行政机构所呈现的是膨胀化的倾向，它们自身的规模越来越大，享有的权力越来越多，它们对社会的干预也越来越强烈。在美国，1887年州际商业委员会产生以后，诸多类似的行政机构不断出现，这些机构对社会系统而言是一把双刃剑，从正的方面看，它们为社会提供了公共管理和公共服务，而从负的方面看，它们对社会的压力越来越大，这才导致美国在20世纪70年代发起了放松管制的运动。放松管制既是政府管理方式的改变，也包含着对政府机构的精简之意。我国此次机构改革就强调要实现简约治理，实现程序的效率化。行政组

---

[1]《宪法》第27条第1款规定："一切国家机关实行精简的原则，实行工作责任制，实行工作人员的培训和考核制度，不断提高工作质量和工作效率，反对官僚主义。"

[2][新西]迈克尔·塔格特编：《行政法的范围》，金自宁译，中国人民大学出版社2006年版，第153页。

织的简约化与传统行政编制法的自洽度并不高，这就要求为了契合行政组织简化这一当代行政机构改革的主流，对行政编制法进行重新定位。

第五，行政法治细密化的缘由。行政法在所有部门法中是最为复杂的，笔者曾经把行政法的特征表述为三个方面：一是法群性。指行政法是由无数行政法典则构成的法律群，不像刑法或民法那样有一个统一完整的法典，它是由许许多多个别法典构成的法律群。二是法圈性。指行政法是一个仅仅存在相关法律边沿的法律圈，在这个圈内存在大量的行政法规范、行政法制度，而行政法规范和行政法典则处在不断的发展和变化之中，这个变化比其他任何部门法都来得猛烈。有时候一年之内，国家可以制定数十个行政法典，也可以废止若干个行政法典，对行政法的法圈而论，法典的进与出成为一道亮丽的风景线，这在其他部门法中是不可想象的。三是法阶性。所谓法阶性是指在行政法体系中分布着若干存在联系的层级，就是我们所说的上位法和下位法的问题，在其他部门法中上下位法的概念甚至不存在，因为它们具有同等的效力，而在行政法中从法律到政府规章至少分布了五个层次，而且这其中还大量存在着行政规范性文件。[1]行政法的上述三个特性使行政法进入近现代以来一直处于整合之中，一直处于自我的完善和修复之中。在我国，行政法内部的构成也越来越细密，例如，部门行政法已经成为行政法学界研究的重点对象，也成为国家完善行政法体系所针对的重要内容。[2]行政编制法在我国传统行政法中可能被行政组织法吸收、包容甚至淹没，但随着行政法治的细密化，行政编制法应当回归本真，这时我们对它进行新的定位也就顺理成章了。

---

〔1〕　行政规范性文件在行政法中究竟处于什么样的地位在学界和实务部门认识不一，有人认为，行政规范性文件是行政法的渊源之一，因为它也同样能够为行政相对人设定权利和义务，这样的权利与义务具有普遍约束力。而《立法法》则没有确认行政规范性文件作为行政法渊源的地位，据说当时立法者有很多的担忧，认为一旦认可了行政规范性文件的法律地位就会使行政规范性文件越来越泛化。客观事实是行政规范性文件在我国行政法治中的确是行政法规范的重要形式，而且诸多地方已经通过政府规章的形式确认了行政规范性文件的法律地位。如，《上海市行政规范性文件制定与备案规定》（已失效）、《安徽省行政机关规范性文件制定程序规定》（已于 2017 年修改）、《河北省规范性文件制定规定》（已失效）等。

〔2〕　参见章志远：《部门行政法专论》，法律出版社 2017 年版。

三、行政编制法新的时代价值

新的历史时代由于社会矛盾发生了深刻变化，相关的经济、政治、文化等也自然而然地要发生相应的变化，从整个公法的角度来看，在新的历史时代中，有三个方面必须引起我们的关注：一是宪法和法律至上。2014 年我国对依法治国做了顶层设计，对我国依法治国的若干重大理论和实践问题给予了全方位的阐释。这个阐释并没有明确体现宪法和法律至上。而中共十九大报告明确提出了宪法和法律至上，应当说，通过三年依法治国的实践，我们在理论认识上有所深化，即是说，我们在强调法治国家、法治政府和法治社会建设的过程中，宪法与法律至上是不可以回避的，宪法与法律至上是实现依法治国的正当逻辑和相对较高的价值判定标准。很难想象，若不认可宪法和法律的至上性，依法治国还会有很好的推进和实现。宪法和法律至上对我国公法体系而言，是非常利好的消息。因为，它使我国的公法也有了相对独立的价值，使行政法治包括行政编制法有了正当的法律程序支持。二是国家治理的简约性和社会化。在 2013 年之前，我们所强调的是国家管理，而不是国家治理，那么国家治理和国家管理是否有质的区别呢？回答是肯定的。传统的国家管理强调政府高权的核心地位，强调政府在管理中的高度权威，而行政相对人和其他社会主体仅仅是管理的介入者，而不具有管理中的主人翁地位和精神。社会治理则赋予了治理另一种涵义，就是治理更加多元，更加广泛，更加契合社会发展过程。一方面，政府行政系统在社会治理中要扮演重要的角色，它们要执行规则，甚至要制定规则，德国将此称为法规命令："如果行政机关在执行正式法律时不是一个事件，而是有大量的、数量不可预测的、同类情况需要统一处置，法规命令就是可取的方式。法规命令是伸展空间广阔、针对多数人和持续特定时期的行政处置行为和塑造行为。"[1]它们还要对治理过程进行主导和监督。另一方面，行政相对人和其他社会主体在整个治理中也不是被动和消极的，2016 年以来我国广泛推行的 PPP 模式就充分体现了治理过程中的广泛的社会参与。我们还要指出，十九大报告强调："加强社区治理体系建设，推动社会治理重心向基层下移，发挥社会组织作

---

〔1〕［德］哈特穆特·毛雷尔：《行政法学总论》，高家伟译，法律出版社 2000 年版，第 333～334 页。

用，实现政府治理和社会调节、居民自治良性互动。"[1]这说明，当代的治理应当引入相应的技术标准，应当使行业章程、团体规章和乡规民约发挥重要作用，这实质上使社会治理更加社会化，因此行政系统传统的权力就要有所剥离，就要让渡于其他社会主体。新的治理模式使行政机构体系的功能结构、职权都发生这样或那样的改变，这天然地与行政编制法联系在一起。三是公众权利涵义的拓展。我国宪法对公民权利做了诸多规定，认可了公民广泛的自由权、平等权和受益权。[2]进入新的历史时代以后，国家对公民权利的重视较前发生了深刻变化，从重视权利的形式方面到重视权利的实质方面，从重视权利的个别化方面到重视权利的机制化方面。例如十九大报告提出了公民人格权的概念[3]。传统法治中，人格权是民法上的权利，属于私权的范畴，就是一方私人主体不能伤害另一方私人主体的人格和尊严。而十九大报告中的人格权则主要是针对公权主体而言的，换言之，新的人格权不仅仅指私法上的人格权，其义务主体更多是行政系统和其他公权力主体，这就大大提高了人格权的质量，也拓展了人格权的外延。行政编制法是针对行政主体的，行政编制法强化了行政主体的义务履行能力，而它带来的实际效果便是行政相对人权利的保护和实现。上述三个方面是新时代公法的若干新的特性，我们对新时代行政编制法价值的研究应当与上列三个方面有机地结合起来，这样才能使我们对行政编制法的价值理解有深刻的法律基础。具体而论，行政编制法新的时代价值体现在下列方面：

第一，支持法治体系的价值。上文已经指出，我国今后建设法治国家、法治政府和法治社会重在构建法治体系，而不仅仅在于构建法律的规范体系。我国在 2011 年已经宣布法律的规范体系已经建成，而到目前为止，我国的法治体系还存在诸多的漏洞和短板。一方面，法治体系建设的介入主体相对较

---

[1] 习近平：《决胜全面建设小康社会　夺取新时代中国特色社会主义伟大胜利——在中国共产党第十九次全国代表大会上的报告》（2017 年 10 月 18 日），人民出版社 2017 年版，第 49 页。

[2] 我国宪法在 1982 年制定时有关公民权利的规定就已经有非常广的覆盖面，后来的若干次修正又进一步充实了公民权利的广度和深度。例如，《宪法修正案（2004）》就规定："国家尊重和保障人权"，学界称为"人权入宪"。《宪法修正案（2018）》有若干条文都涉及了公民权利的问题，如第 38 条等。

[3] 人格权本是私法中的权利概念，而十九大报告提出的人格权则超越了私法权的范围，可以说将该权利从私法拓展到了公法。事实上在公法中该权利有着独特的内涵，它要求公权主体在公权行使中要给当事人以高度的尊重，维护其人格尊严，这也是我国法治的一大进步。

少，主要是法律人共同体来建构法治体系，而没有广泛地调动其他社会主体参与法治体系建设的积极性和主动性。这就使得法治体系建设本身具有一定的封闭性。另一方面，法治体系除了法律的规范体系之外，还有法治的实施体系、保障体系和监督体系等，我们可以通过实施体系、保障体系和监督体系，实施法律的规范体系，但法治建设的最高价值是法的实现，就是广大社会公众对法的认同和接受。法的实现是依法治国的最高境界，法的实现就法治本身的运作而论，是通过外在机制体现的，而只有我们在内在机制上做足了文章，外在机制才能发挥很好的作用。行政编制法就是法治建设中的内在机制，通过这种内在机制，我们在法治大系统中率先解决一部分法律人共同体的问题，让他们理性地行使行政权和其他国家权力，进而促进法治在整个社会机制中的实现。以此而论，行政编制法能够有效地支持行政法治体系。

第二，充实行政法治的价值。行政法和行政法治在我国法律体系中扮演着重要角色，因此，国家也在法律体系建设中采取了较其他部门法为多的举措。例如，我国在 2000 年制定了《立法法》，由于《立法法》规定了法律保留原则，所以人们认为《立法法》是一个综合性的法律，它对所有部门法都起作用，包括刑法和民法。这个论断是科学的，不存在什么争议。但同时，我们要看到，《立法法》解决的最核心的问题是行政法治的问题，刑法、民法的立法问题不需要通过《立法法》进行解决，因为刑法、民法本身就体现着法律保留原则的内涵，本身就由全国人民代表大会和全国人民代表大会常务委员会决定。而在《立法法》修改之后，设区的市政府也有权制定地方政府规章，这就使得行政法的立法主体更加广泛。《立法法》在行为中也重点为相关行为主体设定了义务。如《立法法》就规定部门规章只能规定下列事项：一是本部门行政管理的事项；二是执行上位法的事项[1]。这实质上是对行政系统在程序规则和实体规则中的双重要求。它的复杂性与它在调试社会关系中的功能密不可分，行政编制法便是行政法现象中的另一个独特的现象，行政编制法从行政组织法中独立出来，强调它的独特内涵，强调它在新的历史条件下的功能，是对我国行政法治的很好的充实。我国的静态行政法与动态行政法相比是相对滞后的，行政编制法新的定位、新的功能可以使我国动态行政法和静态行政法保持某种平衡。

---

[1] 参见《立法法》第 80 条、第 82 条。

第三，行政机构改革于法有据的价值。依法治国与改革开放的关系是我国学界和实务部门近年来关注的热点问题，客观地讲，我国 2014 年对依法治国进行顶层设计也基于这个理由。即是说，我们认为我国改革开放进入了深水区，尤其在十九大报告中，认为我国社会的主要矛盾发生了深刻变化，主要矛盾体现在不充分不全面的发展与人民对美好生活的需求之间的矛盾。新的历史时代下，社会矛盾较前更加复杂，我们的改革开放应对这些矛盾较前也更有难度，这便是深水区和攻坚期的特性。在这样的背景之下，我们既要大胆尝试也要谨慎为之，大胆尝试体现的是改革的精神，而谨慎为之体现的是法治的精神，如何处理改革与依法治国的关系当然是一道难题，对此，十九大报告和我国其他的党政文件都有新的要求。例如，我们的行为方式、在改革开放中的举措要于法有据。我国在历史上有过许多次的机构改革，有些是成功的，有些是不成功的，成功与否有非常大的或然性。之所以会有改革结果上的不确定性或者或然性，主要是改革本身不是一种法律行为。这一次机构改革我们是在法治的轨道上进行的。中共中央的改革方案就提到行政组织法在其中所应当起的关键作用，也提到了行政编制法在其中所应当起的关键作用："强化机构编制管理刚性约束，坚持总量控制，严禁超编进人、超限额设置机构、超职数配备领导干部。结合全面深化党和国家机构改革，对编制进行整合规范，加大部门间、地区间编制统筹调配力度。"〔1〕我们要设定一个新的机构，要对机构进行新的数量上的确定，首先应当有一个编制规则，这就很好地为改革提供了法律上的依据。行政编制法使行政机构改革于法有据，使我国在新的历史条件下有了改革开放的新思维。

第四，简约行政组织的价值。机构改革说到底是要形成新的行政组织，如果放大一点，它包括三个方面，一是行政机构的总的体系，二是行政部门，三是行使行政权的单个行政机关。广义的行政组织应当包括上述三个方面的内容。事实上，行政组织法对行政组织的设计也是这样进行处理的。有学者就指出："狭义的行政组织法通常包括下述内容：①国家行政机关的性质和法律地位；②国家行政机关的组成及结构；③国家行政机关的职权；④国家行政机关设立、变更、撤销的程序；⑤国家行政机关的基本活动原则和制度。行政组织法有繁有简，但关于行政机关的性质、地位、组织、职权是其必备

---

〔1〕《中共中央关于深化党和国家机构改革方案》，人民出版社 2018 年版，第 54~55 页。

的内容。"〔1〕我国行政组织在上述三个方面都存在一个优化的问题，总体上讲，我国行政系统中在编人员数量相对较多，这其中也包括了事业单位从事行政管理的人员；而行政部门的存在也缺少相应的合理性，有些行政机构职能交叉在一起，有些行政事务有多个行政机构管理，而一个行政机构也常常管理多个不同的行政事务，职能交叉既降低了行政系统处理问题的能力和权威，也带来了执法扰民的问题，因为这样使广大的社会主体承受了来自多方面的压力。在我国，单个行政机关的权力行使也不是高效的和适度的，有些行政机关滥用职权、超越职权，有些行政机关在做出行政决定时缺少严格的法律程序，等等。新的历史条件下，我们要求政府行政系统树立服务理念和给付行政的精神，用福利国家的视野为社会提供公共服务。李克强总理就指出："烦苛管制必然导致停滞与贫困，简约治理则带来繁荣与富裕"〔2〕。这比较恰当地描述了行政组织和行政执法的规律性。行政编制法是一个大的规范体系和系统，它必然会涉及宏观、中观、微观三个方面的内容。严格的行政编制法能使我国的行政组织更加简约，这是行政编制法最为具体的法治价值。

四、行政编制法在新时代的法治特性

行政编制法在新的历史时代至少应当强调下列方面的新的状态：一是新的功能。行政编制法在传统行政法中的功能并不那么清晰，它是不是用来解决行政组织中的量的问题，我们不得而知，因为我们没有通过实在法对此作出阐释，我国学界对此的论证也相对较少。在新的历史时代中，行政编制法究竟应当具有什么样的新的功能，我们应当予以澄清。这个功能需要学界和实务部门进行理论上的论证和阐释。二是新的构成。行政编制法严格来讲与行政组织法处于平行的层次，甚至比行政组织法还要具有强制力。而传统行政法中，行政编制法以政策为主要渊源，以规范性文件为主要渊源，其在行政法中的构成位阶相对较低。我们说不能通过规章来设置编制规则，更不能

---

〔1〕 姜明安主编：《行政法与行政诉讼法》（第5版），北京大学出版社、高等教育出版社2011年版，第88~90页。
〔2〕 参见李克强：《深化简政放权放管结合优化服务 推进行政体制改革转职能提效能——在全国推进简政放权放管结合优化服务改革电视电话会议上的讲话》，2016年5月9日。

通过政策来设置编制规制，是否应当像《立法法》中的法律保留原则那样，让编制的内容处于相对高的法律位阶之上。三是新的规范方式。行政编制法在我国大多体现于政策层面上，这就使得它更多的是一种指导性的规定、引导性的规定、纲领性的规定，而不具有实实在在的法律规范上的特性。那么在新的历史时代下，这种状况是否应当予以改变，对此我们应当做出肯定的回答。但是，行政编制法究竟应怎么样进行具体的规范，采取什么样的方式，是仅仅强调定量呢？还是将定量与定性予以结合，仅仅强调刚性呢？还是刚性与柔性相结合？这些问题都需要我们予以澄清。无论如何，在笔者看来，在新的历史时代下行政编制法列法治属性是不可或缺的：

第一，体系化的属性。行政编制法在我国目前表现出来的是非常明显的碎片化，它们有一部分存在于政策层面上，一部分存在于行政规范性文件层面上；一部分由中央机关制定，一部分由地方机关制定；一部分属于行政性编织，一部分则属于事业编制[1]；等等。这种复杂的非常零散的立法技术必然使它失去了调控行政行为的条件。新的历史时代，我们强调法治体系的统一性和有机性，我们将法治体系看作依法治国的过程化和机制化的东西，这样的视角实质上体现了一种法治思维。行政编制法的变迁应当从这样的法治思维中得到启迪，应当去除碎片化、分散化、个别化、地方化、行政化、政策化等，应将其作为一个有机的体系予以整合。例如，我们在对国务院进行机构改革时，就应当同时出台一部体系化的国务院机构编制法，而这个机构编制法是绝对成体系的，它不能仅仅存在于宏观层面上，而要涉及中观和微观。我们注意到，目前国务院机构改革的编制规则主要是对职能机构和直属机构这种高层次机构的规制，而相对较低的司局级机构、市级机构是否有体系化的编制呢？至少我们在总的方案中没有看到。相比之下，法治发达国家则是将编制作为一个体系来看待的，例如美国外事机构的编制就是如此，从单个的编制到整个机构的构成无一例外[2]。

第二，规范化的属性。在我国传统上行政编制法与其他法律规范的表述

---

〔1〕　我国的事业编制是比较混乱的，有些事业编制属于纯粹的事业编制，这些事业单位实行独立核算但不行使公权力。而有些事业编制则具有强烈的行政编制的属性，它们行使着公共职权，几乎与行政主体没有区别。例如，城管机关、文化执法机关等。

〔2〕　参见［美］詹姆斯·M. 伯恩斯等：《美国式民主》，谭君久等译，中国社会科学出版社1993 年版，第 732 页。

方式存在着非常大的差别。法律的规范是非常科学的关于主体行为和行为结果的规制技术，我们常常认为，法律规范中有三个构成部分，即假定、处理和制裁。假定所指的是一种预设的状况，这种预设的状况是其他后续行为的前提条件；处理则是这种预设状况如果受到某种威胁或者某种障碍，选择什么样的处理路径；制裁则是对某种行为的矫正，当然也包括对负面行为的整治等。[1]我国传统行政编制法在行文技术上则完全没有按照法律规范的严格标准予以表述，例如，2014年国务院制订的《事业单位人事管理条例》，其中涉及事业单位的人事编制管理，就没有针对性地设置制裁条款，而仅仅设置了相关的法律责任。关于法律责任的表述也是非常抽象的。[2]新的行政编制法要回归法治体系中来，它就必然要贴上严格的法律规范的标签。法律规范中的假定条款、处理条款和制裁条款在编制规则中应当得到充分的体现。人们常常说我国的行政编制难以得到执行，其重要原因就在于编制规范本身与法的规范没有契合，人们对它的理解和执行也就失缺了法律上的视角，更不会用法治理念来认可法治规则的内容。因此规范化是新时代行政编制法的非常重要的属性，也是其属性中的核心内容。

第三，标准化的属性。法治发达国家在公务员的职位分类中发明了职位分类的概念，职位分类制强调三个方面的内容：一是统一化，就是在全国范围内同一职位具有统一化的内容，不能因为时间和空间的变化而使职位的内容有所变化。二是定量化，就是指每一个职位所完成的工作都要有严格的量化标准，用数字来说明、用表格来说明。定量化是当代行政管理所追求的目标，公务员职位的定量化体现了当代公务员制度的科学性和严格的技术精神。三是标准化，一个职位一旦确定以后，就要有严格的标准，这些标准中包括了担任这一职位的主体资格。例如学历上的资格、专业知识上的资格、社会阅历的资格。上述三个方面足以说明职位分类制在法治发达国家公务员管理中的优势。这种标准化的管理和编制法的精神实质上是高度契合的，当然这只是就单个的编制的职位而言。我们整个行政机构体系的编制都应当引入法治发达国家这种标准化的机制，我们要使行政机构大系统和立法机关、监察机关和司法机关保持权力行使中的逻辑关系，要对整个行政系统的职权和职

---

〔1〕 参见谢世维，谢瑞智编著：《法律百科全书：一般法学》，三民书局2008年版，第184页。

〔2〕 参见《事业单位人事管理条例》第41条、第42条、第43条。

位的关系进行合理说明、合理定位，对行政机构中的各种职位都应当像公务员法所规定的那样，定量化、标准化和规范化。究竟如何通过行政编制法进行处理需要进一步探讨，但是标准化是编制法的核心内涵。

第四，刚性化的属性。法治体系中有硬法和软法之分，如果按照学界通常对软法的理解，我国行政编制法在传统上讲绝大多数属于软法的内容，因为它们和政策没有多大区别，有些就是政策，这是一方面。另一方面，我国诸多的行政编制本身就没有严格的标准和定量分析，往往是在一个区间之内。这个区间实质上给行政主体留下了非常大的裁量空间，例如有些编制规则规定，此岗位由 1~3 人构成[1]，可以说 1~3 人是一个刚性标准，因为不可以少于 1 人，也不可以多于 3 人，从上限和下限的角度来说，它是刚性的。但是实际上这个表述充满了柔和性，一个机构就有三个选择，即一人的选择，二人的选择和三人的选择，而就全国范围来说，这个选择就不仅仅是三个选择的问题，可能是三十万个选择，一个国家的行政机构体系的某一职位如果有三十多万个选择或者说其他较大额度的选择，那还能叫刚性吗？所以我们认为，我国传统行政编制法柔性成分绝对大于刚性成分。新的历史时代，这样的立法技术必须有所改变，因为刚性是科学性的体现，是技术化的体现，是定量化的体现。

第五，责任化的属性。我国机构多年来有一个说法叫"精简—膨胀—再精简—再膨胀"。即是说，行政机构乃至其他国家机构处于一种恶性循环的状态，每一次的精简在短期之内可以达到某种效果，时过境迁便故态复萌，这使我国长期处于精简和膨胀的怪圈之中。其原因在于我们没有建立相应的追责机制，一个行政领导设立一个行政机构不会带来任何法律责任，按照帕金森定律，行政系统在不称职管理的机构下，就非常愿意多设立一些行政机构，这便是导致行政机构膨胀的逻辑。《中共中央关于深化党和国家机构改革的决定》中指出："加大机构编制违纪违法行为查处力度。严格执行机构编制管理法律法规和党内法规，坚决查处各类违纪违法行为，严肃追责问责。"[2]它非常清晰地指出了，在机构改革中如果有人违背编制规则，就有可能被追究法律责任。由此可见，行政编制的责任化既是刚性编制所要求的，也是规范化

---

[1]　参见《中华人民共和国地方各级人民代表大会和地方各级人民政府组织法》第 14 条、第 22 条。
[2]　《中共中央关于深化党和国家机构改革的决定》，人民出版社 2018 年版，第 37 页。

所要求的，还是行政编制法在调控编制过程中的最后一道防线。在传统上，若没有突破最后一道防线，便不需要承担法律责任，而新的历史格局下，红线的意识和底线的意识在编制规则中照样应当予以正当的存在，至于在编制法中应当建立什么样的责任制，我们需要进一步探讨。我国近年来在行政系统中推行的权力清单、负面清单、责任清单等制度就是可以予以借鉴的。

图书在版编目（ＣＩＰ）数据

行政法主流：新时代行政法趋势/关保英著. —北京：中国政法大学出版社，2019.10
ISBN 978-7-5620-9262-9

Ⅰ.①行…　Ⅱ.①关…　Ⅲ.①行政法－研究－中国　Ⅳ.①D922.104

中国版本图书馆CIP数据核字(2019)第227646号

出 版 者　　中国政法大学出版社

地　　址　　北京市海淀区西土城路 25 号

邮寄地址　　北京 100088 信箱 8034 分箱　邮编 100088

网　　址　　http://www.cuplpress.com (网络实名：中国政法大学出版社)

电　　话　　010-58908289(编辑部) 58908334(邮购部)

承　　印　　北京朝阳印刷厂有限责任公司

开　　本　　720mm×960mm　1/16

印　　张　　17.5

字　　数　　290 千字

版　　次　　2019 年 10 月第 1 版

印　　次　　2019 年 10 月第 1 次印刷

定　　价　　65.00 元